新興国市場のファイナンス分析

永野 護 著
Nagano Mamoru

中央経済社

はじめに

　世界の近現代史では，経済大国が，新興国に周期的に入れ替わる歴史が繰り返されている。故アンガス・マジソン名誉教授の世界各国の歴史統計データによると，1820年時点での中国の国内総生産（GDP）の全世界比33.0％は，2017年の米国24.0％（資料：世界銀行）を遥かに上回る。さらに同年のインドも16.0％と，人口大国が経済規模で欧州諸国を圧倒した時代が19世紀前半までの世界経済だ。ここに19世紀後半，新興国として台頭したのが，独立から100年にも満たない米国である。米国は，1872年に英国，そして遅くとも1890年には中国のGDPを逆転し，20世紀から今日まで，世界最大の経済大国として君臨し続けてきた。2025年以降の世界は，再び中国が，改革開放路線への転換から半世紀にも満たない新興国として，米国を逆転することがほぼ確実である。すでにアジア地域，イスラム圏の新興国の全世界に対するGDPシェアは，主要先進7カ国に肩を並べつつある。

　近代経済学は，20世紀の米国主導の世界経済の中で育まれ，世界190カ国の経済分析において，共通の分析的枠組みを提供することで，世界の人々に，多様な経済構造の共通理解を促してきた。本書は，この分野のひとつ，ファイナンス理論を，共通の分析的枠組みとして用い，21世紀の多様な新興国市場の共通理解を読者に届けることを目的としている。研究内容として，国際資本フローと新興国との関係，新興国における銀行危機・過剰債務のメカニズム，新興国の金融資本市場の発展要因，新興国とイスラム金融，の4つの論点に，4つの命題を掲げ，これらを解明することで，新興国市場の普遍的特徴を明らかにする。市場中心型経済と称される米国，英国，銀行中心型経済と呼ばれる日本，ドイツのように，主要先進7カ国でさえも，マクロ経済構造は多様である。本書は，新興国に存在する，主要先進国とは異なる経済システムとはどのような仕組みであるのか，既存研究にはない，新たな知見を見出すことで，現代ファイナンス研究への貢献を目指している。

　19世紀前半と21世紀前半の時代は，中国およびアジア（新興国）が世界の経

済活動の大半に迫るという共通点を持つ。しかし，この2つの時代の決定的な違いは，現代の世界経済は，金融資本市場の金融資産・負債残高（2018年3月負債残高247兆ドル，国際金融協会）が，世界190カ国のGDP合計額（2017年81兆ドル，世界銀行）を遥かに上回るという事実である。20世紀後半以降，世界の金融取引規模は飛躍的に増大し，多くの雇用を生み出すと同時に，度重なる金融危機をも招いてきた。先進国，新興国を問わず，各国・地域の銀行・金融資本市場の取引残高は，経済発展とともに増大し，資本取引規制の緩和とともにこれらの市場は，国際金融市場との連動性を高めてきた。米国が20世紀の世界経済を牽引し，そして世界恐慌，リーマン危機を経験したように，新興国が，今後，世界経済の成長の牽引役を担うならば，混乱の震源地ともなる可能性もある。本書のファイナンス理論に基づく読者の共通理解が，21世紀の新興国市場の成長とリスクに関する議論を発展させる礎となることができれば幸いである。

　なお，本書では「新興国」の定義を，主要20カ国・地域首脳会合（G20）に参加する国のうち，主要先進7カ国・欧州連合・豪州・サウジアラビアを除く10カ国，もしくは東南アジア諸国連合（ASEAN）所得上位国としている。この定義に基づき，各章では，それぞれの分析手段に応じ，標本数の確保が可能な国・地域を分析対象としている。章によっては，これらと同水準の所得水準を持つ国・地域も含む。

2019年3月
永野　護

目　次

はじめに　i

■序　章　新興国市場のファイナンス分析：解明すべき4つの命題　1

本書の構成　1

1　命題1：新たな国際資本フローがもたらす新興国への影響……5
2　命題2：新興国と銀行危機・過剰債務問題のメカニズム……9
3　命題3：新興国金融マーケット発展の決定要因……12
4　命題4：イスラム金融市場が成長する理由……16

第Ⅰ部　新たな国際資本フローがもたらす新興国への影響

■第1章　市場経済移行国とクロスボーダーM&A：中国・インドの経験　22

1　問題意識：クロスボーダーM&A急増の原因と帰結……22
2　対中国・対インド向けクロスボーダーM&A：2000－2017年……24
3　中国・インドの対内投資誘致策……30
4　先行研究：被買収企業の特徴と株価効果……32
5　仮説：どのような企業が買収対象となっているのか……35
6　分析方法……38

7	データ	41
8	実証分析結果	44
9	考察：発生要因とその帰結	49
10	結論：クロスボーダーM&Aは新興国に何をもたらすのか	51

第2章　グリーンフィールド直接投資 vs. クロスボーダーM&A：新興国進出手段の選択決定要因 ── 53

1	問題意識：2つの直接投資の選択決定要因	53
2	先行研究：法制度とマクロ経済の影響	55
3	仮説：何がどちらの直接投資を選択させるのか	59
4	分析方法	62
5	データ	67
6	推計結果	70
7	考察：法制度・事業目的・株価効果	76
8	結論：新興国開発政策への含意	79

第Ⅱ部　新興国と銀行危機・過剰債務問題のメカニズム

第3章　「2つの中国」のファイナンス研究 ── 82

1	問題意識：異なる金融発展と銀行行動様式	82
2	「2つの中国」の金融発展史	84
3	先行研究と仮説：銀行所有構造とリスク選択行動	92

4	分析方法	97
5	データ	99
6	推計結果	102
7	考察：2つの金融制度改革の異なる帰結	107
8	結論：Too Big To Fail か優勝劣敗か	110

第4章　新興国の銀行－企業関係：市場経済化と銀行エクスポージャの検証 ── 112

1	問題意識：新興国の「ソフトな予算制約」問題	112
2	先行研究：新興国の銀行－企業関係	115
3	仮説：市場経済化と銀行－企業関係の変容	123
4	分析方法	126
5	データ	131
6	推計結果	135
7	考察：良い市場経済化・悪い市場経済化	143
8	結論：銀行危機・過剰債務問題の原因	147

第Ⅲ部　新興国金融マーケット発展の決定要因

第5章　新興国企業の負債選択：社債発行決定要因の研究 ── 150

1	問題意識：新興国直接金融市場の障害は何か	150
2	先行研究：ファイナンス理論と新興国	152

3	仮説：社債を発行する新興国企業	155
4	分析方法	158
5	データ	168
6	推計結果	174
7	考察：社債発行企業と銀行借入依存企業の違い	177
8	結論：新興国社債市場発展の決定要因	180

第6章　市場アクセス性と新興国企業の資本構成 ── 181

1	問題意識：新興国株式市場の障害は何か	181
2	ASEAN分析対象国資本市場発展の経緯	182
3	先行研究：資本市場のアクセス性と株式発行選択	187
4	仮説：新興国固有の企業金融行動	189
5	分析方法	191
6	データ	194
7	推計結果	197
8	考察：ファイナンス理論が整合する企業・しない企業	202
9	結論：株式発行選択する新興国企業の特徴	204

第Ⅳ部　イスラム金融市場が成長する理由

第7章　イスラム金融の謎を解く：スクーク市場のマイクロストラクチャ ──── 208

1　問題意識：スクーク市場はなぜ新興国で拡大するのか ········ 208
2　近年のイスラム金融とスクーク市場 ························· 210
3　先行研究：ファイナンス理論とイスラム金融研究 ············ 214
4　仮説：スクーク発行選択決定要因 ··························· 216
5　分析方法 ··· 219
6　データ ··· 222
7　推計結果 ··· 228
8　考察：発行選択企業の特徴 ································· 237
9　結論：スクーク市場が新興国で拡大する理由 ················· 239

第8章　イスラム金融選択序列の研究：スクーク市場のケース ──── 241

1　問題意識：スクークが多様な仕組みを持つ理由 ··············· 241
2　近年のタイプ別スクーク発行 ······························· 243
3　先行研究と仮説：どの発行体がどのスクークを選択しているのか ··· 245
4　分析方法 ··· 252
5　データ ··· 253
6　推計結果 ··· 257
7　考察：エージェンシー・コスト負担効果 ····················· 264

8　結論：市場内金融ヒエラルキーの構造 …………………………… 267

▌終　章　新興国市場のファイナンス分析：結論 ——— 269

　　1　結論1：新たな国際資本フローがもたらす新興国への影響 ‥ 269
　　2　結論2：新興国と銀行危機・過剰債務問題のメカニズム ……… 272
　　3　結論3：新興国金融マーケット発展の決定要因 ……………… 276
　　4　結論4：イスラム金融市場が成長する理由 ……………………… 279

おわりに　283
参考文献　289

<図表目次>

図表序-1　世界の国内総生産に占める主要先進7カ国・新興国10カ国の比率・4
図表序-2　主要先進国・新興国向け直接投資額の推移・8
図表序-3　主要先進国・新興国向けクロスボーダーM&Aの推移・9
図表序-4　新興国・途上国の主な銀行危機・11
図表序-5　主要先進国・新興国民間非銀行部門の債務残高・11
図表序-6　主要先進7カ国・新興国10カ国の民間非金融企業社債発行残高・15
図表序-7　主要先進7カ国・新興国10カ国の株式市場時価総額・15
図表序-8　イスラム債（スクーク）発行額の推移・19
図表1-1　中国・インド向け直接投資とクロスボーダーM&A・27
図表1-2　中国・インドのM&AとクロスボーダーM&A件数・27
図表1-3　中国・インド向けクロスボーダーM&A買収総額トップ15・28
図表1-4　中国・インド向けクロスボーダーM&Aターゲット企業の業種分布・43
図表1-5　中国・インドのM&Aにおいて買収企業が選好するターゲット企業の特徴・45
図表1-6　中国・インドのM&Aにおける買収企業の累積超過収益率・48
図表2-1　日本企業によるアジア10カ国・地域への直接投資件数の推移・58
図表2-2　日本企業によるアジア10カ国・地域への国・地域別直接投資件数・59
図表2-3　採用変数の記述統計・69
図表2-4　グリーンフィールド直接投資vs.クロスボーダーM&A：直接投資選択要因の実証分析結果・71
図表2-5　グリーンフィールド直接投資vs.クロスボーダーM&A：直接投資選択における株価効果の実証分析結果・74

図表3-1　中国の主要商業銀行・85
図表3-2　台湾の主要商業銀行・89
図表3-3　中国・台湾の商業銀行の所有構造の推移・93
図表3-4　記述統計と平均値の差の検定結果・101
図表3-5　推計結果1：中国・台湾の銀行市場競合度の推計結果・102
図表3-6　推計結果2：中国・台湾銀行の所有構造とリスクテイク行動の推計結果・104
図表4-1　新興国の銀行－企業関係に関わる先行研究・120
図表4-2　実証分析の標本数・132
図表4-3　所有構造別の銀行・借り手企業標本数・133
図表4-4　所有構造別の銀行－企業関係の標本分布・133
図表4-5　採用変数の記述統計・134
図表4-6　実証分析結果1：国有銀行・グループ銀行の取引関係別エクスポージャ・136
図表4-7　実証分析結果2：グループ銀行・外国人保有銀行の取引関係別エクスポージャ・140
図表4-8　実証分析結果3：銀行－企業関係と銀行の費用効率性・144
図表5-1　標本企業の国・地域別分布・160
図表5-2　新興国地域別普通社債発行額上位10社・161
図表5-3　主取引銀行資本の対資金調達額比 vs. 企業価値，金融制約度 vs. 情報非対称度の金融手段別分布・164
図表5-4　標本企業の経営情報透明度上位10社・167
図表5-5　採用変数の記述統計・169
図表5-6　社債発行 vs. 銀行借入，株式発行 vs. 銀行借入の選択確率の実証分析・172
図表5-7　社債発行 vs. 株式発行の選択決定要因・175
図表6-1　分析対象国株式市場の時価総額・上場企業数の推移・184
図表6-2　分析対象4カ国企業の上位時価総額の推移・185
図表6-3　分析対象4カ国と他ASEAN諸国の株式発行企業数の推移・186
図表6-4　分析対象4カ国企業の公募増資頻度と累積株式発行額・195

図表 6-5	分析対象4カ国公募増資経験企業と未経験企業の各変数の差の検定・196
図表 6-6	実証分析結果1：分析対象4カ国企業の公募増資頻度と株式発行選択・198
図表 6-7	実証分析結果2：分析対象4カ国企業の市場アクセス性と株式発行選択・200
図表 7-1	全世界の地域別イスラム銀行の総資産残高の推移・212
図表 7-2	全世界の地域別スクーク発行額の推移・212
図表 7-3	東アジアにおけるスクーク発行額トップ10・213
図表 7-4	銀行借入企業，スクーク発行企業，普通社債発行企業，株式発行企業数の推移・223
図表 7-5	主取引銀行，企業価値，情報非対称度および資金調達手段の標本分布・224
図表 7-6	主取引銀行変数，調達序列関連変数，企業価値関連変数，経営パフォーマンス変数グループの資金調達手段別の記述統計・226
図表 7-7	スクーク発行と銀行借入の選択：実証分析結果1・231
図表 7-8	スクーク発行と株式発行の選択：実証分析結果2・234
図表 7-9	スクーク発行の公募・私募市場選択：実証分析結果3・236
図表 8-1	タイプ別スクークの発行額（全世界）・244
図表 8-2	タイプ別スクークの発行件数（全世界）・245
図表 8-3	イスラム金融に関する近年の先行研究・246
図表 8-4	ムラバハ・スクークの構造・250
図表 8-5	イジャラ・スクークの構造・251
図表 8-6	ムシャラカ・スクークの構造・251
図表 8-7	タイプ別スクークの発行実績・254
図表 8-8	タイプ別スクーク発行体の産業別分布・255
図表 8-9	標本企業の各変数の記述統計1・256
図表 8-10	標本企業の各変数の記述統計2・257
図表 8-11	タイプ別スクーク選択の決定要因：多項プロビット・モデルによる推計結果・259

図表 8-12 タイプ別スクーク選択の決定要因：二値プロビット・モデルによる推計結果・261
図表 8-13 スクーク発行後の累積超過収益率と発行体企業の経営上の特徴・263

序　章

新興国市場のファイナンス分析：
解明すべき4つの命題

本書の構成

　21世紀の世界経済の1つの変化は，1980年代後半のピーク時には世界の名目国内総生産（GDP）全体の約7割を占めた主要先進7カ国のシェアが低下し，代わって，新興国の比率が上昇を続けている点である。直近の2017年には，主要20カ国・地域首脳会合（G20）に参加する新興国，中国，韓国，インドネシア，インド，メキシコ，アルゼンチン，ブラジル，ロシア，トルコ，南アフリカ10カ国の全世界のGDPに占めるシェアは29.8％に達し（**図表序-1**），今後も，2025年にかけこの比率は上昇を続けることが確実視されている。国際金融システムとは，各国・地域の超過貯蓄が，超過投資国・地域へ，外国直接投資，国際証券投資，国際銀行融資他を通じて移転する仕組みを意味する。全世界のGDPに占めるシェアにおいて主要先進国が退潮し，新興国が台頭するとともに，新興国の貯蓄投資差額の移転規模も必然的に増大する。このため，国際金融システムが今後も高い維持可能性を保つためには，新興国の国内金融システムの高い維持可能性も，先進主要国にとって重要となる。本書は，この新興国の金融発展がどのように進み，この過程で，国際資本フロー，国内銀行システム，金融資本市場と，どのように関係しながら固有の構造を持つに至ったのか，微視的視座から4つの命題を解明することでその実態を明らかにする。
　20世紀半ば以降の世界経済は，米国が主導する主要先進国が経済的枠組みを構築し，これをそれぞれの国・地域が自国経済の発展にどうつなげるかが，各国の経済発展に多大な影響をもたらしてきた。通商外交面ではガット（関税及び貿易に関する一般協定：GATT）体制が1947年に確立され，1994年までの約45年間はガット，その後は世界貿易機関（WTO）が貿易取引の推進役を担っ

てきた。金融外交面では，1971年までは国際通貨基金・世界銀行を核とするブレトン・ウッズ体制，80年代以降は主要国財務相・中央銀行総裁会議（G7）が，戦後の国際金融システムの運営役を担ってきた。21世紀の最初の20年間は，こうした時代が1つのターニング・ポイントを迎えている。2000年以降，東アジアでは，日中韓＋ASEAN財務相会合（2012年より日中韓＋ASEAN財務大臣・中央銀行総裁会合）における地域金融協力が，G7よりも金融外交の場として重視され始めている。そして，複数の機関による長期経済予測は共通して，遅くとも2030年前後には中国が米国のGDPを逆転すると報告している[1]。中でも後者の長期経済予測については，すでに2019年時点で，東アジア諸国，ロシア等，多くの国・地域の最大貿易相手国が，米国ではなく，中国へ入れ替わっていることもその予測の信憑性を裏付けている。

戦後70余年のガット/WTOの時代は，この間，最大の経済大国であった米国との二国間貿易を，国際的に透明化されたルールに基づき増大させることが，加盟各国の経済発展に直結した。そして，1980年以降のG7体制の時代は，その貿易取引により増大した経常収支黒字が，同時に世界最大の経常収支赤字国でもある米国金融市場へ還流することで，各国・地域が互いに経済発展が可能となる，持続可能な循環型国際金融システムを作り上げてきた。しかし2000年代に入り，米国の経常赤字額，国内貯蓄不足が，歴史上，最大規模に達し，同時に，対米証券投資流入額がそれを上回る規模に拡大したことで，2008年リーマン危機が発生する。そして2010年代以降の国際金融外交は，G20を交えた多極化の時代を迎えることとなる。

1990年代半ば以降，新興国は，国際資本フローとの結びつきを強める一方，1994年メキシコ危機，1997年アジア危機，1998年ロシア危機，1999年ブラジル危機，2001年アルゼンチン危機等，数々の金融危機を経験した。2000年代は，新興国政府に「国際金融のトリレンマ」に関わる共通理解が浸透したことで，新興国での危機発生の頻度は低下した。しかしその後，2008年リーマン危機，

1　例えば PwC, (2015), "The Long View : How will the Global Economic Order Change by 2050？邦題：2050年の世界," PwC, 2015年，OECD, (2014), "Economic Outlook Long-term Baseline Projections," *Economic Outlook* No. 95, 2014年，HSBC, (2012), "The World in 2050 – From the Top 30 to the Top 100," HSBC Global Research Group, 2012年があげられる。

2009年にはギリシャ危機と，「国際金融のトリレンマ」では説明できないグローバル金融危機が発生し，2012年ハンガリー，2014年にウクライナなどの東欧新興国が国際通貨基金（以下，IMF）からの支援を受けている。さらに2015年以降は，グローバル金融危機の負の影響が沈静化しつつあるものの，中国，マレーシア，タイでは企業の過剰債務問題が顕在化しつつある。

　上記の通り，金融危機の発生原因，発生地域は，時代の変遷とともに変化する。一方で，新興国では，国内金融市場を遥かに超える規模の資本流出入，国内銀行システムの不安定性，企業・政府部門の過剰債務，この3点は，時代の変遷にかかわらず，危機発生の確率を高める共通の原因となっている。また，所得水準以外に，新興国が主要先進国と異なる特徴は，政治制度・社会秩序の不安定性である。21世紀に入り，東南アジア，南アジア，ロシア東欧地域等，多くの新興国で民主的な政治システムが定着し，周期的に実施される選挙が政治リーダーを生み出している。こうした民主的な政治制度の新興国における定着は，21世紀の新興国では，開発政策，成長戦略が，有権者の支持なしには継続不可能であることを意味する。金融危機が，こうした有権者の所得増進，雇用機会を，一瞬にして頓挫させ，これが政治システムを不安定化させる状況は，1990年代以降，多くの新興国が経験した共通の事態である。この政治・社会秩序の不安定化をもたらす金融危機を防ぐため，新興国の経済規模をはるかに上回る国際資本取引といかに付き合うか，そして銀行経営健全化や過剰債務問題への対処，金融資本市場からの資本流出の防止は，新興国の政治リーダーにとっても重要な課題である。

　上記の問題意識に基づき，本書は，①新たな国際資本フローがもたらす新興国への影響，②新興国と銀行危機・過剰債務問題のメカニズム，③新興国金融マーケット発展の決定要因，④イスラム金融市場が成長する理由，の4つの命題を設定している。これら4つの命題を，2000年から2017年の新興国の企業データ，株価データ，証券発行データ，法制度評点データなどを用い，計26種類の仮説検証を行い，新たな知見を導出する。

図表序-1　世界の国内総生産に占める主要先進7カ国・新興国10カ国の比率

① 1990年（22.5兆USドル）

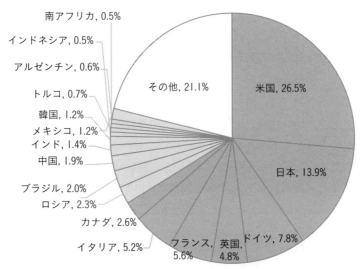

② 2017年（全世界計80.7兆USドル）

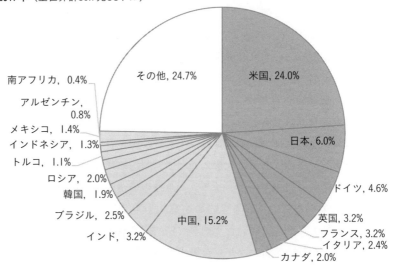

注1：各国GDPはUSドル換算額の全世界比。
注2：G20参加国サウジアラビアはGDPに占める公的セクターの比率が高いため「新興国」から除外した。
資料：世界銀行、https://data.worldbank.org/indicator より筆者作成。

1　命題1：新たな国際資本フローがもたらす新興国への影響

　1990年代から2000年代にかけ，周期的に訪れた金融危機の対策として，各国政府，国際機関は，国際証券投資の監視，そして国際銀行規制の強化を進めてきた。この危機到来と新規制導入が目まぐるしく入れ替わる国際金融情勢の中で，いかに自国の経済発展に資する開発政策を進めていくかは，多くの新興国にとって喫緊の課題である。本書の第1章「市場経済移行国とクロスボーダーM&A：中国・インドの経験」，第2章「グリーンフィールド直接投資 vs. クロスボーダーM&A：新興国進出手段の選択決定要因」は，21世紀において増大した新たな外国直接投資に着目し，これらの新興国・地域への影響について，7つの仮説を検証することで，第1の命題を解明する。

　1945年以降，IMF加盟諸国は，IMF協定8条5項に基づき，国境を越える製品・サービスの取引および所得の取引，本国居住者の対外資産・負債の増減に関する取引把握のため，国際収支統計の整備を続けてきた。戦後70余年，国際収支の作成基準は，計5回にわたり改訂されているが，国・地域を跨ぐ資本取引である金融収支（国際収支作成基準第6版，第5版まで資本収支他）は，この間，一貫して外国直接投資，国際証券投資，その他投資（国際銀行融資他），と定義されている。世界の国際資本取引では，この3つの国際資本フローのうち，国際証券投資，国際銀行融資の2つの資本取引は，リーマン危機，ギリシャ危機以降の2010年代，各国金融当局による規制と監督の強化が進んでいる。他方，外国直接投資は，2000年代以降，それまでのグリーンフィールド直接投資に加え，クロスボーダーM&Aが急増するという新たな状況が生まれている。しかし，各国がこうした新たなトレンドにいかに対処すべきかは，G7・G20首脳会合，国際機関の間でもいまだコンセンサスはない。

　全世界の外国直接投資は，1990年から2017年にかけ，2,049億ドルから1.4兆ドルへ約7倍に拡大することで，海外進出企業の利潤最大化ならびに投資受入国・地域の経済発展に貢献してきた。この四半世紀の間，世界の外国直接投資は，

2つの変化を経験している。直接投資の1つめの変化は、直接投資の受入国が、主要先進国から新興国へシフトし続けている点である。かつては直接投資の受入国として、主要先進7カ国が全世界の直接投資の5割超を占めていたが、2000年以降、新興国向け投資が増大し、直近の2017年には全体の3割弱にまで拡大している（**図表序-2**）。2つめの変化が、新興国向けクロスボーダーM&Aの増大である。新興国向けクロスボーダーM&Aの全クロスボーダーM&Aに占める比率は、1990年の9.7％から2017年の15.6％へ上昇している（**図表序-3**）。

　グリーンフィールド直接投資とは、企業が海外進出において、まず進出先政府から許認可を取得し、その後に現地にて法人設立手続き、生産設備、販売チャネルの構築、従業員の雇用を進める直接投資である。クロスボーダーM&Aは文字通り、企業が海外進出において、進出先企業の株式を取得することで、現地企業に生産・販売活動を行わせる直接投資である。1980年代までは、「外国直接投資」とは、ほぼすべてグリーンフィールド直接投資を指してきたが、2000年代以降、年々、クロスボーダーM&Aの全外国直接投資に占める割合が増加している。この海外進出手段の選択肢が2つに増加したことで、海外進出を計画する企業にとって、どちらの直接投資を選択するかが、海外事業展開の成否に決定的な影響をもたらす時代が訪れている。一方、第1章の先行研究調査でも示す通り、この外国直接投資に占めるクロスボーダーM&Aの比率が上昇することが、新興国にいかなる影響をもたらすのかについて、明確な結論を提示した先行研究は少ない。

　新興国の多くは、経済発展の初期段階に数多くの国有企業を存在させることで、国民生活に最低限、必要とされる基礎的な製品・サービス市場を育む開発政策をまず試みる。そして、経済発展が進むとともに、こうした企業の所有形態では将来、さらなる成長が困難であり、自国の経済発展への貢献度も高まらないことが明らかになる。このため、多くの新興国は、国有企業の市場経済化を進め、さらなる経済発展を目指す。この経済目標達成のため、新興国政府は市場経済移行国として、国有企業の政府保有株式を民間部門へ放出、競争政策や独占禁止法等の法整備を進めることになる。本書第1章「市場経済移行国とクロスボーダーM&A：中国・インドの経験」は、2000年代以降の中国、インドをはじめとする新興国の市場経済化が、クロスボーダーM&Aの急増時期と

重複したことでもたらされる，経済的な影響を検証，考察することで，新興国向けクロスボーダーM&Aと経済発展の因果関係を確認する。

　外国直接投資には，利潤最大化を使命とする実施企業の立場，経済発展を目標とする投資受入国政府の立場の，2つの立場がある。本書第2章「グリーンフィールド直接投資 vs. クロスボーダーM&A：新興国進出手段の選択決定要因」は，外国（本国）企業が海外進出を実施する際，どのような要因が，グリーンフィールド直接投資による進出を促すのか，もしくはクロスボーダーM&Aによる進出を後押しするのか，を確認する。第2章においても詳述する通り，21世紀の新興国では，対内直接投資の誘致は，国内雇用創出と技術移転の促進その他の理由において，重要な開発政策の1つと位置付けられている。それゆえ，新興国政府が，知的財産法制や投資家保護法制改革などの法制整備を進めることの他，どのような国内政策を実施すれば，グリーンフィールド直接投資，クロスボーダーM&A，どちらの対内直接投資が促進されるのかに焦点を当てるのが，第2章の研究である。

　自国の製品・サービス市場で成功を収める企業は，多くの場合，企業価値の更なる増大を目指し，海外進出を計画する。このとき，自社製品を海外で販売するための手段として，輸出，グリーンフィールド直接投資，クロスボーダーM&A，のいずれが自社の利潤最大化に最適であるかを検討する。このうち輸出は，投資受入国にとって，国内生産能力増強や雇用創出に貢献しないため，投資受入国である新興国は，グリーンフィールド直接投資，クロスボーダーM&Aのいずれかによる進出を期待する。先行研究において，これまで議論されてきたのが，投資受入国である新興国の知的財産法制がもたらす対内投資誘因効果である。先進国企業による新興国向け直接投資では，生産設備増強，雇用創出に加え，技術移転が新興国側に期待されるケースが多い。しかし，知的財産法制強化は，自社技術の漏洩を忌避する外国（本国）企業の投資インセンティブを高めるものの，新興国への技術移転の可能性が低下する。それゆえ先行研究では，知的財産法制の強化は果たして，新興国向け直接投資を増加させるのか，減少させるのか，が長らく議論されてきた。これらの先行研究が，グリーンフィールド直接投資を分析対象としているのに対し，本書第2章は，グリーンフィールド直接投資，クロスボーダーM&Aの，2つの選択決定要因の

研究である。それゆえ，第2章では知的財産法制に加え，投資家保護法制，また法制度の公平性・厳格性指標，また法制度以外の規制緩和進展度に関わる指標などを用い，どの法制度改革がどちらの直接投資の誘致に，影響を与えてきたのか，投資受入国の人口規模やマクロ経済ファンダメンタルズ等をも考慮の上，検証する。

　命題1の解明において，第1－2章ともに重要となるのが，企業の新興国進出時における株価効果である。新興国向け直接投資が継続的に経済発展に貢献するためには，新興国の国・地域の経済発展にプラスの効果をもたらすと同時に，これら投資実施企業にも，プラスの効果が存在しなければ，経済活動は成立しない。特に第1章では新興国向けクロスボーダーM&Aが，いくつかの共通の特徴を持つ現地企業を買収対象とした場合に，買収企業に，プラスの株価効果をもたらすことを確認する。また第2章では，先行研究における議論とは異なり，新興国向けグリーンフィールド直接投資が投資実施企業にもたらす株価効果は，クロスボーダーM&A実施による株価効果とは，その発生時期や，もたらされるプロセスが異なることを明らかにすることで，2つの新興国向け直接投資の企業への株価効果の違いを明確化する。

図表序-2　主要先進国・新興国向け直接投資額の推移（単位：10億US億ドル）

	①主要先進7カ国				②新興国10カ国		
	1990年	2000年	2017年		1990年	2000年	2017年
米国	48.4	314.0	275.4	中国	6.8	95.3	136.3
日本	1.8	8.3	10.4	韓国	1.0	11.5	17.1
ドイツ	3.0	198.3	34.7	インドネシア	1.1	−4.6	23.1
英国	30.5	115.3	15.1	インド	0.2	3.6	39.9
フランス	16.5	27.5	49.8	トルコ	0.7	1.0	10.9
イタリア	6.3	13.4	17.1	アルゼンチン	1.8	10.4	11.9
カナダ	7.6	66.8	24.2	ブラジル	1.0	32.8	62.7
				メキシコ	2.6	18.4	29.7
				ロシア	0.0	2.7	25.3
				南アフリカ	−0.1	0.9	1.3

注1：直接投資額のマイナスは投資の流出超を示す。
注2：直接投資額はグリーンフィールド直接投資とクロスボーダーM&Aの合計額。
資料：国際連合貿易開発会議，World Investment Report より筆者作成。

図表序-3　主要先進国・新興国向けクロスボーダーM&Aの推移（単位：件）

①主要先進7カ国				②新興国10カ国			
	1990-99年	2000-09年	2010-17年		1990-99年	2000-09年	2010-17年
米国	5,930	9,079	8,259	中国	871	2,739	1,791
日本	219	789	645	韓国	189	386	529
ドイツ	3,017	3,215	2,568	インドネシア	129	316	392
英国	3,943	4,806	4,720	インド	223	977	1,057
フランス	2,348	2,103	1,593	トルコ	59	329	337
イタリア	1,164	1,124	1,279	アルゼンチン	475	313	168
カナダ	1,752	2,925	3,319	ブラジル	529	731	1,222
				メキシコ	339	452	324
				ロシア	186	968	1,349
				南アフリカ	291	317	296

資料：トムソン・ロイター社 *ThomsonOne* より筆者作成。

2　命題2：新興国と銀行危機・過剰債務問題のメカニズム

　商業銀行と借り手企業の長期取引関係がもたらす互いの経営パフォーマンスへの影響は，すでに数多くの研究が取り組んできた課題である。一連の先行研究では，少なくとも先進国ではこの取引関係は双方のパフォーマンスに好影響を与えるとの結論が支持されている。一方，経済発展の過程において，金融システムの発展が途上にある新興国の，銀行－企業関係の分析を行った先行研究はほとんど見られない。銀行，企業の多数が政府に所有される新興国には，「ソフトな予算制約」に象徴される，先進国には存在しない仕組みを持つ，銀行－企業関係が観察される国・地域が多い。この新興国固有の「ソフトな予算制約」が，市場経済化の進展とともに，銀行危機や借り手企業の過剰債務問題へつながるメカニズムを，第3－4章では実証的に解明する。

　世界の銀行監督当局は，この四半世紀の間，市場メカニズム推進よりも自国の金融システム安定化を優先すべきか，はたまた市場原理に基づく競争政策を

強化すべきか，市場設計の最適解を模索し続けてきた。言うまでもなく，銀行市場が完全競争市場へ向かうほど，金融サービス受益者の効用も増大する。一方で，ひとたび銀行経営破綻が発生すれば，財政負担のみならず，健全な借り手企業までもが金融困難化する事態が生じうる。この金融自由化と銀行優勝劣敗のトレードオフの解決は，1980年代から1990年代までは，米国貯蓄貸付組合（S&L）問題，北欧銀行危機，そして日本における一連の銀行破綻など，先進国のみが直面し，解決すべき課題と見なされていた。他方，1990年代半ば以降，新興国においても銀行危機が多発化したことにより，現代では，この問題は，新興国においても経済発展上，解決すべき重要な課題と捉えられている。特にラトビアに象徴されるように，市場経済化の過程で，銀行市場の対外開放を積極的に進めた新興国ほど，銀行危機に見舞われていることも，各国政府がこうした問題意識を強める理由のひとつとされている[2]（**図表序-4**）。本書第3章「『2つの中国』のファイナンス研究」では，四大商業銀行の Too Big To Fail 行政を堅持する中国と，市場メカニズムの推進に重きを置く台湾の銀行システムの相違点に関する3つの仮説を検証する。そして，第4章「新興国の銀行-企業関係：市場経済化と銀行エクスポージャの検証」において，新興国が経済発展の過程で，銀行危機と借り手企業の過剰債務問題を経験する頻度が高い理由について4つの仮説を設定し，計7つの仮説を検証することで，第二の命題を解明する。

中国の主要銀行は，その設立の歴史的経緯と政府保有比率の高さゆえ，数多くの国有企業と貸出リレーションシップを持つ。これらの商業銀行の最大株主である中国政府は，銀行経営者に，借り手企業の信用力の高低にかかわらず，国策と一致する産業金融を期待する。それゆえ，1990年代の江沢民政権時代の中国商業銀行は，高位な不良債権比率を経験し，これが以降の銀行法制整備と金融制度改革のきっかけとなった。他方，1989年の李登輝総統の就任以降，積極的な金融制度改革と金融市場の国際化を目指した台湾は，1990年代前半，商業銀行新設と，外国銀行の進出誘致を積極化した。両極端な銀行行政を進めてきた両岸政府が，銀行市場にもたらした帰結を定量的に比較検証することで，

---

[2] The Economist, 2012年6月9日号, "Latvian Lessons: The Baltics are growing after austerity – and they resent Mediterranean bail-outs".

図表序-4　新興国・途上国の主な銀行危機

発生年	発生国	破綻銀行
1991-1993年	ベネズエラ	バンコ・ラティーノ，バンコ・コンソリダト，バンコ・デ・ベネズエラ他11行
1995年	ラトビア	バンカ・バルディヤ
1997-1998年	タイ	バンコク商業銀行，ファースト・バンコク・シティ銀行，バンコク・コマース・バンク他
	インドネシア	バンク・ブミ・ダヤ，バンク・ダガン・ネガラ他80行
	韓国	第一銀行，ソウル銀行他
1998-1999年	エクアドル	ソルバンコ，バンコ・コンチネンタル，バンコ・デ・クレタモス他
1998年	ラトビア	リガ・コマース・バンク
2003年	ウルグアイ	バンコ・コマーシャル・デル・ウルグアイ，バンコ・ラ・カハ・オブレラ他
2003年	ミャンマー	アジア・ウェルス・バンク，ヨナ・バンク他
2008年	ラトビア	パレックス・バンク
2014年	ブルガリア	コーポレート・コマーシャル・バンク，ファースト・インベストメント・バンク
2014-2017年	ロシア	オトクリットエーヤ・バンク，プロムスブヤツ・バンク，B&N バンク
2018年	ラトビア	AVLB バンク

注：「破綻銀行」は政府による業務停止処分，公的支援措置を受けその後存続した金融機関を含む。
資料：各種報道資料より筆者作成。

図表序-5　主要先進国・新興国民間非銀行部門の債務残高（対名目GDP比）（単位：％）

	1990年	2000年	2017年		1990年	2000年	2017年
①主要先進7カ国				②新興国10カ国及びASEAN主要国			
米国	123.4	133.9	151.7	中国	88.0	111.7	210.5
日本	211.2	190.6	160.3	韓国	117.5	141.9	193.8
ドイツ	101.8	128.7	107.5	マレーシア	104.7	134.7	154.1
英国	115.6	142.7	170.0	タイ	93.1	117.0	145.6
フランス	122.0	131.8	191.7	インドネシア	55.8	29.9	39.1
イタリア	68.2	78.6	113.0	インド	29.7	32.3	56.8
カナダ	137.9	146.3	213.3	ブラジル	NA	49.1	63.0
				ロシア	NA	21.7	66.1
				メキシコ	26.4	25.1	41.6
				トルコ	16.5	26.0	84.7
				南アフリカ	54.9	58.9	72.5
				アルゼンチン	23.5	37.0	20.7

注：数値は1990年，2000年，2017年第IV四半期のデータに基づく。
資料：国際決済銀行より筆者作成。

新興国における，金融システム安定化の規定要因を明らかにすることが，第3章の分析の目的である。

新興国では，なぜ経済発展の過程で，多くの国・地域が銀行危機を経験し，そして借り手企業は過剰債務問題に直面するのか（**図表序-5**）。第4章は，新興国経済にも，商業銀行と借り手企業の長期取引関係が存在し，経済発展や市場経済化とともにその関係を変化させ，貸出リレーションシップを断つべき借り手企業の債務比率上昇が，銀行のエクスポージャを高めるプロセスを実証的に確認する。標本に，東アジア・南アジア・中東欧ロシア11カ国計30,334件の銀行－企業関係情報を用い，先進国とは異なる貸し手－借り手関係の存在，そしてその変容がもたらす経済発展，金融深化への影響を明らかにする。

第4章は，具体的には，新興国の(A)国有銀行と国有企業との銀行－企業関係，(B)民営化による新たな銀行－企業関係の形成：地場ビジネス・グループ所有銀行－グループ内企業との銀行－企業関係，(C)所有構造の国際化がもたらす銀行－企業関係の変容：外国人保有銀行－地場企業，の3つの貸出リレーションシップについて，実証的な検証を行う。第4章は，新興国の経済発展と市場経済化の過程で，(A)から(B)，(A)から(C)へ，銀行－企業関係の変化が訪れ，銀行エクスポージャがそれとともに変化することを仮説としている。この「ソフトな予算制約」から過剰債務をもたらす銀行－企業関係へ，銀行システムが移行することが，新興国において銀行危機，過剰債務問題が多発するメカニズムであることを立証する。

3　命題3：新興国金融マーケット発展の決定要因

第二次世界大戦後の国際金融システムは，1944年から1971年までのブレトン・ウッズ体制，そして1985年からの「G7の時代」と，一時的な端境期を除けば，2つの時代に区分することができる。単純化すれば，前者は準固定相場制・為替管理を前提とするクローズドなシステムの時代，後者は変動相場制のもとで為替管理が自由化された非システム化の時代，と解釈可能である[3]。

序章　新興国市場のファイナンス分析：解明すべき4つの命題

1980年代以降，G7が定期的な首脳会合の場を持たざるを得なかった理由は，非システム化により数倍に膨張した資本フローへの機動的対処のためである。1993年の世界銀行著『東アジアの奇跡』の刊行が象徴するように，新興国経済は，この国際金融秩序が非システム化された時代に国際社会に台頭した。肥大化した国際資本フローの規模に比べ，新興国の金融資本市場の規模は極めて小さい。このため，1998年，2008年と，これらの国・地域は宿命として周期的な金融危機に見舞われる。自国の金融資本市場の規模を遥かに超える規模の資本が流入し，その後，流出するためである。

　新興国の中でも，特に東アジア諸国の金融外交が，1998年より積極化したのは，この非システム化された国際金融秩序の中で発生する，国際資本フローの流出入に対処するためである。1990年代後半，東アジア諸国はまず，アジア通貨基金構想など，IMF・世銀体制以外の，新たな多国間協定創設が極めて困難であるという現実に直面する。このため，域内各国は，この地域の金融外交を，多国間交渉から二国間交渉へ切り替え，金融安全網構築に関わる二国間協定を，チェンマイ・イニシアティブとして，複数の二国間で締結する。そして最終的にはこの複数の二国間協定を，多国間協定へ衣替えすることで，非システム化された時代のアジア域内金融安全網の整備を目指してきた[4]。新興国では，国内金融資本市場の規模が拡大するほど，国際資本フローの流出入がもたらす影響も軽減される。このため，日中韓プラスASEAN諸国首脳が，金融安全網の整備に加え，アジア債券市場構想による域内金融市場の育成に取り組んだのもこの時期である。

　本書第5−6章は，どのような要因が，新興国において，この自国の金融資本市場の発展を促してきたのかを検証する。そしてこれらの知見を踏まえ，2000年から2010年代半ばまでのアジア金融外交が，自律的な市場の発展に対し，プラスに働いてきたのか否かを考察する。第5章「新興国企業の負債選択：社債発行決定要因の研究」は，経済発展の過程で，それまで経済活動を自社の内部資金や銀行借入に依存し続けてきた新興国企業が，どのような要因により，

---

[3]　猪口孝『日本のアジア政策：アジアから見た不信と期待』(NTT出版，2003年，13−22頁) の定義に基づく。
[4]　篠原尚之『リーマン・ショック：元財務官の回想録』(毎日新聞出版，2018年，212−213頁) より。

社債発行を行い，資金調達手段の多様化が可能となったのかを，企業財務データ，社債発行データ，株価データを用い，分析を行う。

新興国企業の負債選択分析を行う第5章に対し，第6章「市場アクセス性と新興国企業の資本構成」は，企業の資本の部に焦点を当て，新興国企業が，どのような複数の要件を同時に満たした場合に，株式発行による資金調達が可能となったのか，またそれは先進国企業の決定要因とはどのように異なるのか，を明らかにする。企業の資本構成の決定要因，社債・株式発行の決定要因，には数多くの先行研究が存在する。そして，トレードオフ理論，調達序列理論，タイミング理論をはじめとするこれらの先行研究は，必ずしも企業の資金調達手段選択の決定要因について，見解の一致をみていない。本書第5－6章は，これらの先行研究を新興国市場に応用し，新興国固有の決定要因の存在を検証することを通じて，第3の命題：新興国金融マーケットの発展規定要因，を解明する。

国際決済銀行によれば，新興国主要10カ国の社債発行残高は，1990年の98億ドルから2017年には4.1兆ドルへ，過去28年間で約419倍へ増加している（**図表序-6，序-7**）。第5章は，東アジアに加え，南アジア，中東地域等，他地域の新興国企業を標本に加え，どのような要因が，この間，地場企業の社債発行を後押ししたのかを実証的に分析している。ここでは，新興国企業固有の特徴として，資金需要規模の成長率と，経営内容に関する情報非対称性，すなわち投資家から新興国企業の事業内容が見えにくいか否か，に注目する。経済発展の初期段階では，1人当たり所得水準が低く，また国内生産設備規模が小さい新興国は，当然ながら企業の資金調達額の増加速度は，成熟した先進国企業に比べ速い。本書第5章は，主取引銀行の時価資本規模に比べ，この借り手企業の資金需要規模の成長率が高いことが，これらの企業に社債発行選択を促していることを実証的に示す。また新興国企業のもう1つの特徴は，金融資本市場における情報仲介者の活動が，質量ともに乏しいため，主取引銀行に自社の経営内部情報がより独占されやすい点である。こうした背景を踏まえ，本書第5章は，投資家から事業内容や債務履行能力などの情報が見えやすい企業ほど，社債発行選択確率が高いことを立証することで，将来の新興国市場育成策における新たな知見を導出する。

図表序-6　主要先進7カ国・新興国10カ国の民間非金融企業社債発行残高（単位：10億USドル）

	1990年	2017年		1990年	2017年
米国	1,240.2	6,124.8	中国	0.1	2,850.7
日本	246.1	724.0	韓国	1.9	563.2
ドイツ	264.3	661.1	メキシコ	3.4	200.4
英国	100.5	537.5	ロシア	0.0	195.5
フランス	130.1	721.8	ブラジル	0.8	164.6
イタリア	55.8	172.5	南アフリカ	0.8	35.9
カナダ	76.8	503.3	インドネシア	0.1	33.3
			インド	2.6	27.9
			アルゼンチン	0.2	16.7
			トルコ	0.0	9.3

注1：民間非金融機関による発行額の1990年，2017年Ⅳ四半期時点での残高。
注2：償還・残存期間は1年超，1年未満双方を含む。また発行通貨は全通貨の合計額。
注3：自国通貨建て社債，外貨建て社債，居住者の海外での発行残高を含む。
注4：普通社債，担保付社債，ワラント債，転換社債その他すべての社債を含む。
資料：国際決済銀行

図表序-7　主要先進7カ国・新興国10カ国の株式市場時価総額（単位：10億USドル）

	1990年	2017年		1990年	2017年
米国	3,093	32,121	中国	−	8,711
日本	2,225	6,223	インド	115	2,332
ドイツ	355	2,262	韓国	110	1,772
英国	850	1,868	南アフリカ	137	1,231
フランス	312	2,749	ブラジル	55	955
イタリア	112	587	ロシア	−	623
カナダ	459	2,367	インドネシア	−	521
			メキシコ	41	417
			トルコ	36	228
			アルゼンチン	4	108

注1：時価総額は海外上場企業の時価総額を除く。
注2：時価総額は国内すべての株式市場の合計額。
資料：世界銀行，https://data.worldbank.org/indicator より筆者作成。

また，新興国企業が過剰債務問題に陥りやすい1つの理由は，先進国企業に比べ，負債比率の分母の一部，増資が分子の負債の増加ほど，進まないためである（図表序-7）。第6章は，この新興国企業の増資が，どのような要因により促されるのか，また障害となっているのかを，1人当たりGDP3,000ドル以上10,000ドル未満の東南アジア諸国を分析対象として，検証する。第6章が，これらの国々を標本とする理由は，他の新興国に比べ，公募増資企業数が多く，市場の発展度，歴史的経緯が似通っているためである。1990年代に，金融危機を経験した新興国は，2000年代以降，高成長と低成長を繰り返し，年々，その経済成長率の振幅の大きさは拡大傾向にある。この経済成長率の振幅が拡大する1つの理由として，新興国の多くが，主要先進国の外需に依存する経済発展過程を経験しているため，外需減速に脆弱であることがあげられる。具体的には，多くの新興国企業のバランスシートは，輸出売上高の急減が，内部資金力の低下と負債比率の上昇に直結しやすい。このため，GDPに占める企業部門のシェアが高まるほど，マクロ経済成長率の振幅が大きくなりやすい。本書第6章は，新興国株式市場の市場参加者が，公募増資を頻繁に行う「市場アクセス性」が高い少数の企業群と，低い大多数の企業の，2つの階層から構成されることが，市場発展を阻害していることを仮説とする。そして，前者の高市場アクセス性企業は，過剰債務に陥る確率が低く，後者の低アクセス性企業が，急速な資金需要拡大にもかかわらず，銀行借入依存型ファイナンスを続けていることを立証する。本書第6章はこれらの分析を通じ，新興国企業がどのような要件を充足することが，これらの企業の資本増強を促し，過剰債務の是正とさらなる拡大再生産へつながるのかについて，その決定要因を解明する。

4　命題4：イスラム金融市場が成長する理由

　新興国で顕著な拡大を続ける直接金融市場の1つに，イスラム債（以下スクーク）市場がある。元来，イスラム金融は，中東・北アフリカ諸国におけるイスラム銀行融資が注目されていたが，2000年代，マレーシア，インドネシアなどの東アジアのスクーク市場が拡大し，近年のスクーク市場の実証研究では，

これらの国・地域が分析対象として採用されることが多い（**図表序-8①**）。本書第5章で分析する通り，普通社債発行による資金調達を行う新興国企業が少ない理由は，先進国市場とは異なり，様々な制約に直面するためである。このため，新興国では，大規模な資金調達意向を持つ企業が，その資金需要を充足できないケースが発生し，マクロ経済上，成長制約に見舞われるケースが，起こりうる。一方で，マレーシアなどの一部の東南アジア諸国では，スクーク市場拡大により，ともすれば投資家から事業内容が見通しにくい新興国企業であっても，直接金融市場での大規模な資金調達が可能となっている。本書第7章「イスラム金融の謎を解く：スクーク市場のマイクロストラクチャ」は，なぜ新興国においてスクーク市場が拡大を続けることが可能であるのか，について，3つの仮説を検証することで，その理由を解明する。続いて第8章「イスラム金融選択序列の研究：スクーク市場のケース」では，現代ファイナンス理論と，新興国企業のスクーク発行行動は，整合するのか，もしくは資金調達手段としてのスクーク発行の選択は，ファイナンス理論に反する行動様式であるのかを，3つの仮説を実証分析を通じ検証する。

　市場メカニズムの下で締結される貸出約定契約などの銀行ビジネスは，しばしばイスラムの教義（シャーリア）に反する場合がある。このため，市場経済化が遅れるサウジアラビアやイランなどのイスラム主要銀行の総資産残高が，経済発展が進む新興国のメガバンクよりも大きいといった状況が生じている。戦後70余年の世界経済では，市場メカニズムに基づく製品・サービスの取引が，長期経済発展において欠くことのできない前提条件であると理解され続けてきた。しかし，最近の研究では，イスラム金融の発展の理由が，金融サービス利用者が，市場メカニズムによる効率性よりも，倫理や道徳を重視することに因るとの研究報告もある[5]。一方，2011年から2017年にかけ，毎年，1,000億ドル前後のスクーク発行額が続くマレーシアでは，この資金調達手段は，同国企業が大規模な資金調達を行う手段としてすでに定着しつつある。その意味では，新興国企業が資金調達手段としてスクーク発行を選択する理由は，やはりこの資金調達手段の選択が，企業に何かしらの経営上のメリットをもたらすためで

5　例えば Hanifa et. al.（2015）等。

あり，その要因の解明が，第7章に課せられた課題である。

　第7-8章の先行研究調査は，イスラム金融に関する2000年から2018年までの，国際主要学術誌に掲載された論文をほぼ網羅している。世界のイスラム金融研究は，企業がイスラム金融を資金調達時に選択する理由として，やはり企業の情報の非対称性に注目し，様々な観点から分析を行ってきた。第7章の実証分析は，イスラム金融が存在するマレーシア，インドネシアの上場企業のうち，銀行借入，社債発行，株式発行，スクーク発行を行った企業のみを抽出することで，資金需要を持つ企業のみをその分析対象としている。これらの企業を標本として，第5章同様，資金需要規模と主取引銀行の資本の大きさの関係，発行体企業の情報非対称性，株価効果の3点に注目する。本書第5章やShen (2014) が示す通り，新興国の普通社債発行企業には，情報非対称性が小さい企業が多く，投資家は発行体の債務履行能力を，社債発行時に見定めやすい。他方，第7章は，スクーク発行体企業には，情報非対称性が大きい企業が大きい企業が多く，スクークの仕組みが持つエージェンシー・コスト負担効果が，これらの企業に大規模な資金調達を可能とさせている実証的根拠を提示する。

　株式に比べ債券は，資金調達ストラクチャの設計自由度が高いため，多種多様な種類が存在する。これと同様に，スクークにも，様々な仕組みが存在する。トムソン・ロイター社 *ThomsonONE* によれば，2000年から2017年までの間に，世界ではそれぞれ仕組みが異なる10種類超のスクークが発行されている（**図表序-8**②）。本書第8章は，これらのスクークの間にも，それぞれが持つエージェンシー・コスト負担効果の大きさの順に，選択序列が存在することを実証的に明らかにし，現代ファイナンス理論への貢献を目指す。スクークが持つエージェンシー・コスト負担効果は，ムラバハ・スクーク，イジャラ・スクーク，ムシャラカ・スクーク，その他のスクークでその大きさが異なる。このため，発行体がスクークを選択するのに際し，自らの情報非対称性の大きさに加え，調達する資金の規模や期間に応じて，スクーク内で選択序列が存在することを明らかにすることが，第8章の研究目的である。

　Donaldson（1961）やMyers and Majlufs（1984）らを嚆矢とする調達序列理論は，内部資金，銀行借入，社債発行，株式発行などの伝統的な企業の資金調達手段選択が，資金調達者の情報非対称性の程度により，順次用いられると

主張する。第8章はこの理論を発展させ，スクーク内においても，資金調達者の情報非対称性の程度に応じ，エージェンシー・コスト負担効果が大きな順にムダラバ・スクーク，イジャラ・スクーク，ムシャラカ・スクークが選択されることを，実証的に示すことで新たな知見を提示する。第7-8章の研究目的は，単にイスラム金融の資金調達ストラクチャを解明することのみならず，その解明により，現代ファイナンス理論を発展させ，今後の非イスラム圏の国・地域での市場発展可能性を検証し，その政策的含意をも導出することにある。

図表序-8　イスラム債（スクーク）発行額の推移（単位：10億USドル）

①地域別

	マレーシア	インドネシア	中東湾岸協力会議（GCC）加盟国	その他	全世界計
2005年	0.2	0.0	1.6	0.0	1.8
2010年	23.6	0.3	4.8	0.7	29.4
2015年	132.6	2.8	3.3	5.3	144.0
2017年	81.3	8.8	5.0	2.4	97.5

②種類別

	ムラバハ・スクーク	イジャラ・スクーク	ムシャラカ・スクーク	ムダラバ・スクーク	その他	全世界計
2005年	0.0	1.0	0.8	0.0	0.0	1.8
2010年	7.3	8.6	7.8	0.2	5.5	29.4
2015年	122.2	4.9	5.8	0.5	10.6	144.0
2017年	54.7	10.2	2.7	0.9	29.0	97.5

資料：トムソン・ロイター社 *ThomsonONE* より筆者集計。

第Ⅰ部

新たな国際資本フローが
もたらす新興国への影響

第1章

市場経済移行国とクロスボーダーM&A：中国・インドの経験

1 問題意識：クロスボーダーM&A急増の原因と帰結

　外国企業の新興国への進出，すなわち新興国にとっての対内直接投資の増加は，一般的には，現地の雇用創出と経済発展の双方に貢献すると考えられている。例えば1992年に中国に進出した日立製作所は，2018年3月末時点で5千人を超える現地従業員を雇用し，1983年にインドに進出したスズキも，現地で約7千人の雇用を創出している。国連貿易開発会議（UNCTAD）の *UNCTAD World Investment Report* 2018年版によれば，対内直接投資の固定資本形成への貢献度は，この雇用創出効果よりも大きい。世界全体計32兆ドルの累積直接投資額が創出した雇用者数は，日本の労働力人口とほぼ同規模の7,320万人である。さらに，この累積直接投資が創出した有形固定資産残高は，103.4兆ドルと日本の国内総生産（GDP）の約21倍に及ぶ。いずれにせよ，戦後70余年の世界経済において，対内直接投資が，労働，資本双方から進出国・地域の経済発展に貢献してきたことには疑いの余地はない。

　しかし，Neary（2009）が指摘する通り，これまで外国直接投資にかかる議論は，グリーンフィールド直接投資がそのほとんどであることを前提としてきた。したがって，上記の対内直接投資の経済発展への貢献は，主としてグリーンフィールド直接投資による貢献の結果と解釈されている。一方で2000年代，外国直接投資の潮流に歴史的な変革が訪れ，全世界的に，クロスボーダーM&Aの，全直接投資合計額に占めるシェアが高まっている。このクロスボーダーM&Aは，金融資本市場の発展度が高い主要先進国のみならず，新興国向け直接投資に占めるシェアを高めていることもその特徴の1つである。2000年

代以降,多くの新興国は,自国経済の市場経済化とともに,政府保有株式の資本市場への放出を進めてきた。また,先進国企業も,新興国で短期間のうちに操業を始めることを目指し,グリーンフィールド直接投資よりも,クロスボーダーM&Aを選好するケースが増加している。このように,21世紀には,先進国企業が現地進出,新興国政府が市場経済化において,ともに迅速性を求める時代を迎えたことが,近年の新興国向けクロスボーダーM&A急増の1つの背景としてあげられる。こうした状況を踏まえ,第1章は,2000年代,2010年代に市場経済移行とクロスボーダーM&Aの急増が同時に進行した中国,インドを取り上げ,これらの国々へのクロスボーダーM&Aが,どのような要因により誘発され,そしてそれはいかなる帰結をもたらしてきたのかを実証的に検証する。

「市場経済移行国」の定義は,1990年代半ばまでは,市場経済化を目指す旧社会主義体制下にあった民主化直後のロシア・東欧諸国を指してきた。実際,これらの国々が協議に参加した1992年の気候変動枠組条約(附属書Ⅰ)においても,そのように定義されている。しかし2000年代以降,中国,インドが世界の市場経済に台頭してきたことで,近年は,報道機関が「市場経済移行国」を用いる場合,その多くは,中国,インド,ベトナムなど,市場経済化を目指すアジア新興国を意味することが多い[1]。多くの外国企業が進出の機会を狙うこれらの巨大市場では,2000年代以降,いずれの国・地域においても,外国企業によるクロスボーダーM&A件数の伸び率が,国内企業同士のM&Aを上回るペースで,増加を続けてきた[2]。

企業のM&Aに関する先行研究では,主要先進諸国をモデルケースとして,どのような原因によりM&Aブームが到来するのか,そしてクロスボーダーM&Aは国内のM&Aに比べ経済面でより大きな効果をもたらしたのか,といった点に関心が払われてきた。これらの研究は,M&Aブームの発生要因として,短期的には技術革新,規制緩和の進行,中長期的には人口構造の変化をその原因として指摘し,同時にクロスボーダーM&A後の経済効果は,進出

1　例えば,日本経済新聞2009年9月18日朝刊9面「海外直接投資14%減,08年国連貿易開発会議(UNCTAD)調べ,09年は1兆ドル割れも」。
2　国連貿易開発会議(UNCTAD),*World Investment Report* 2000年版,15頁。

国・地域にとってプラス面，マイナス面，双方の帰結がありうることを報告している。これに対し，本章は，市場経済化を進める新興国では，その発生原因と帰結が国内企業同士のM&Aとは異なることを実証分析を通じて明らかにする。具体的には，市場経済移行国へのクロスボーダーM&Aは，経済発展の一過程において，国内企業同士のM&Aとともに増加する。一方で国内企業同士のM&Aとは異なる特徴を持つ企業を買収対象としているため，その帰結が国内企業同士のM&Aとは異なることを実証分析を通じて明らかにする。このクロスボーダーM&Aと国内企業同士のM&Aの比較分析により，市場経済移行国へのクロスボーダーM&Aがいかなる帰結を生み出しているのかについての結論を導出することが本章の最終目的である。

2　対中国・インド向けクロスボーダーM&A：2000－2017年

アジア地域では，特に東南アジア諸国連合（ASEAN）諸国において，1997－98年の通貨危機直後，外国企業による域内企業の買収，合併が急増した。このクロスボーダーM&Aを後押しした要因には，通貨危機により，ASEAN域内企業の株価，同地域諸国の為替レートが下落したこと，国有化された破綻金融機関の再民営化が進められたこと，通貨危機を契機に資本取引に係る法制度が自由化の方向へ向かったこと，が主たる理由として指摘されている[3]。一方，外国為替管理規制が厳しい中国，インドでは，1990年代後半の通貨危機の影響が軽微であったにもかかわらず，2000年代にクロスボーダーM&Aが多発化している。これらの国々は，巨大な人口・市場規模を有するため，かねてより多くの外国企業が進出の機会を狙ってきた[4]。このため，2000年代に入り，両国で企業合併法制の整備，対内投資関連法制の規制緩和が進んだことで，進出を

---

[3] Asian Development Bank (1999), "Interpreting Asian Financial Crisis," *ADB EDRC Briefing Notes*, No. 10.

[4] 2000年代前半，対内クロスボーダーM&Aにより中国進出の機会を目指した日本企業には，例えば，2002年の積水化学工業による上海虹斉机械設公司の買収，また2005年ツバキ・ナカシマによる重慶鋼球の買収がある。

決断する外国企業が続出した。

UNCTADによると，1990年時点での中国，インドの対内直接投資額は，グリーンフィールド直接投資，クロスボーダーM&A合わせてそれぞれ約35億ドル，約2億ドルであった（**図表1-1**）。その後，2000年にまず中国において，この数値が407億ドルへ増大し，直近の2017年には1990年比で約40倍の1,363億ドルへ増大している。特に2013年の習近平国家主席就任以降も，対内直接投資が拡大を続けている状況は，多くの外国企業が，経済変動の有無にかかわらず，中長期的に中国進出の機会を窺ってきたことを裏付けている。インドにおいても対内直接投資は，2000年には76億ドルへ増大し，その後，2010年には274億ドルへ，2017年には1990年比で約169倍の399億ドルへ増大した。インドでは，2004年から2014年までのマンモハン・シン国民会議派政権時代に，インド向け対内直接投資が大きく伸長した。2014年以降のナレンドラ・モディ人民党政権では，さらにこの伸び率が高まっている。両国の対内直接投資増大時の1つの特徴は，クロスボーダーM&Aが2000年以降，急速に増大し，グリーンフィールド直接投資に匹敵する規模にまで拡大している点である。中国では，1990年には800万ドルに過ぎなかった中国向けクロスボーダーM&Aは，ピーク時の2015年には124億ドルへ拡大した。またインドでも，1990年500万ドルのインド向けクロスボーダーM&Aは，2017年には83億ドルにまで拡大している（図表1-1）。

このUNCTADによる中国・インド向けクロスボーダーM&Aのマクロ統計を，トムソンロイター社 *Thomson ONE* により個別企業活動から再確認すると次の通りである。まず，中国の国内企業同士のM&A，クロスボーダーM&Aを合わせた件数の合計は世界貿易機関（WTO）加盟後の2002年より急増，ピーク時の2015年には年間1,985件のディールが記録されている（**図表1-2**）。特徴的であるのは，この急増したM&Aディールのうち，上場企業をターゲットとした案件は必ずしも多くはなく，非上場企業の買収が多いことである。そして外国籍の買収者がこのM&Aブームに大きな役割を果たしており，特に2010年の外国企業による買収比率は全体の約22％の220件を占める。過去16年の買収総額の順にクロスボーダーM&Aを見ると，米シティグループ他による広発銀行の買収（2006年），シンガポールのセント・ジェームスHDによるペ

レニアル不動産の買収（2014年）が，買収総額が大きい大規模クロスボーダーM&Aである（**図表1-3**）。ちなみに，日本企業によるクロスボーダーM&Aでは，2017年の日立ハイテクノロジーズによるオックスフォード・インスツルメンツ（精密機械）の買収，扶桑工業による上海ニッケル・メタル（金属），2009年のヤマト運輸による上海バス・ロジスティクス（運輸通信）の買収が買収総額規模が大きいディールとしてあげられる。

インドのクロスボーダーM&A件数も，中国同様，2000年代半ば以降，増加トレンドが著しい。1990年時点では，3件に過ぎなかったインドのM&Aは，2004年より急増し，2009年のピーク時には年間436件のディールが記録されている。2004年が1つのターニング・ポイントとなった理由は，当時，政権交代により発足したシン国民会議派政権が，対内直接投資誘致策を強化した結果，グリーンフィールド直接投資とともにクロスボーダーM&Aも増加したためである。インド国内企業同士のM&Aディールの増加も，クロスボーダーM&Aに牽引され，2010年のクロスボーダーM&Aは109件と，全体の約27％を占めている。インドの場合，ターゲット企業に上場企業が多いことが，中国とは異なる特徴である（図表1-2）。この理由は，英国統治時代の1875年にムンバイ証券取引所が設立され，上場企業数が2017年末時点で5,615社と，世界最大の上場企業数を有することが背景にある。買収総額順にインドのクロスボーダーM&Aを見ると，英ボーダフォン・グループによる2007年のハチソン・エサール（情報通信）の買収，2010年の米アボット・ラボラトリーズによるピラマル・ヘルスケア（日用品）の買収が，主要な大規模クロスボーダーM&Aである（図表1-3）。日本企業によるクロスボーダーM&Aでは，2017年のトプコンのメーラ・アイテック（医療サービス），2016年のフィデル・テクノロジーズによるリンガソル（ソフトウェア），2012年のNTTコミュニケーションズによるネット・マジック・ソリューションズ（情報通信）の買収が買収総額規模が大きい主なディールとしてあげられる。

第1章　市場経済移行国とクロスボーダーM&A：中国・インドの経験　27

図表 I-1　中国・インド向け直接投資とクロスボーダーM&A

図表は1990年から2017年までの対中国，対インド直接投資およびクロスボーダーM&Aによる総投資額を示す。対内直接投資計はグリーンフィールド直接投資とクロスボーダーM&Aの合計額。M&Aの定義は，本章の実証研究（50％超）と異なり，国連貿易開発会議の定義に準じ目標株式保有比率が10％を超える案件を示す。単位：百万USドル。

	①中国		②インド	
	対内直接投資計	うちクロスボーダーM&A	対内直接投資計	うちクロスボーダーM&A
1990年	3,487	8	238	5
2000年	40,715	2,247	7,622	1,219
2005年	72,406	8,253	6,598	4,210
2010年	114,734	6,758	27,417	5,613
2015年	135,610	12,439	44,064	1,323
2017年	136,320	23,001	39,916	8,297

資料：国連貿易開発会議，*UNCTAD World Investment Report* 各年版，国連貿易開発会議。

図表 I-2　中国・インドのM&AとクロスボーダーM&A件数

図表は1990年から2017年の中国，インドにおけるM&A件数および対中国，対インド向けクロスボーダーM&A件数を示す。M&Aの定義は，目標株式保有比率が50％を超える案件である。「完了」案件のみを集計，「中断」「延期」の案件は除く。中国，インドともに最左列のディール数総数は，ターゲット企業が上場企業，非上場企業，国有企業，子会社である場合を含む。中国，インドともに最右列は対内クロスボーダーM&A，国内企業同士のM&Aのうちターゲット企業が上場企業の案件数を示す。単位：件。

	①中国			②インド		
	M&Aディール数	うちクロスボーダーM&A	うちターゲットが上場企業	M&Aディール数	うちクロスボーダーM&A	うちターゲットが上場企業
1990	1	0	0	3	2	2
1995	55	28	1	53	11	3
2000	129	66	3	177	43	19
2005	403	193	7	329	80	38
2010	1,010	220	11	334	89	36
2015	1,985	173	46	402	108	11
2016	1,322	140	19	298	78	8
2017	847	91	11	270	61	12

資料：トムソン・ロイター社，*Thomson ONE*

図表 I-3　中国・インド向けクロスボーダーM&A買収総額トップ15

図表は、2000年1月1日～2017年12月31日までの対中国企業・対インド企業クロスボーダーM&Aディールのうち、目標株式保有比率が50%を超える案件の買収総額上位15ディールを示す。「完了」案件のみを抽出し、US ドル建て買収総額の上位15ディールを表示した。トムソン・ロイター社 ThomsonOne において、買収総額または目標株式保有比率が空欄もしくは不明の案件を除く。買収に際する支払い手段は「現金」「株式交換」双方を含む。買収総額、目標株式保有比率の単位は、それぞれ百万US ドル、%。

① 中国

	M&A発表日	ターゲット企業	業種	上場の有無	買収企業	買収企業の国籍	買収総額	目標株式取得比率
1	2012年8月13日	フォーカス・メディア	情報通信	上場	ジョバーナ・ペアレント他	米国	3,567.9	100.0
2	2006年12月31日	広発銀行	商業銀行	上場	シティ・グループ他	米国	3,100.0	85.6
3	2014年10月27日	ベレニアル不動産	不動産開発	非上場	セント・ジェームス・ホールディングス	シンガポール	2,781.8	100.0
4	2004年6月30日	P&Gハチソン・ワンポア	石鹸・合成洗剤	非上場	プロクター＆ギャンブル	米国	2,000.0	100.0
5	2015年8月21日	ゲム・アライアンス	医薬品	非上場	ウィンコン・インベストメント	ケイマン諸島	1,953.8	100.0
6	2011年12月16日	徐福記国際集団	チョコレート・ココア製品	非上場	ネスレ	スイス	1,698.3	60.0
7	2012年12月27日	中国第一銀行	商業銀行	非上場	台湾富邦銀行	台湾	904.6	80.0
8	2007年3月29日	杭州華三通信技術	ソフトウェア	非上場	ヒューレット・パッカード	米国	882.0	100.0
9	2014年1月15日	アジアインフォ	コンピュータ・システム	非上場	スキッパー・ホールディングス他	米国	874.8	100.0
10	2014年12月17日	サテリHDビスコース	セルロース繊維	非上場	パシフィック・ビスコース	インドネシア	863.1	100.0
11	2014年4月7日	マジック・ホールディング	化粧品・香水	上場	ロレアル	フランス	843.3	100.0
12	2012年11月21日	中国カンソイ	外科用医療機器	非上場	メドトロニック	米国	802.0	100.0
13	2010年12月1日	スカイランド鉱業	銅鉱石採掘	上場	チャイナ・ゴールド・インターナショナル	カナダ	790.5	100.0
14	2013年3月1日	トラウソン・ホールディングス	医療機器	上場	ストリーカー・コープ	米国	764.0	100.0
15	2001年10月22日	アバンシス・パワー	電子機器	非上場	エマーソン・エレクトリック	米国	750.0	100.0

② インド

	M&A発表日	ターゲット企業	業種	上場の有無	買収企業	買収企業の国籍	買収総額	目標株式取得比率
1	2007年5月8日	ハチソン・エサール	通信・電話	非上場	ボーダフォン・グループ	英国	12,748.0	67.0
2	2010年9月8日	ピラマル・ヘルスケア	医薬臨床研究	非上場	アボット・ラボラトリーズ	米国	3,712.9	100.0
3	2013年7月4日	ヒンドゥスタン・ユニリーバ	石鹸・合成洗剤	上場	ユニリーバ	英国	3,573.4	51.5
4	2011年7月1日	ハチソン・エサール	通信・電話	非上場	ボーダフォン・グループ	英国	3,320.0	89.0
5	2015年10月21日	ヴィオム・ネットワーク	通信・電話	非上場	アメリカン・タワー・コープ	米国	1,953.9	51.0
6	2014年7月2日	ユナイテッド・スピリッツ	ビール	上場	リレイ BV	オランダ	1,900.9	54.8
7	2013年12月4日	アジンラ・スペシャリティーズ	医薬臨床研究	非上場	マイラン	米国	1,850.0	100.0
8	2014年4月11日	ボーダフォン・インディア	通信・電話	非上場	ボーダフォン・グループ	英国	1,652.7	100.0
9	2011年4月15日	インド・シーメンス	電気工事	上場	シーメンス AG	ドイツ	1,354.0	74.4
10	2016年7月28日	グランド・ファーマ・インディア	医薬品	非上場	上海平安保険	中国	1,091.3	74.0
11	2012年11月30日	トランスオーシャン&ドリリング・リグズ	石油ガス採掘	非上場	シェルフ・ドリリング・ホールディング	アラブ首長国連邦	1,050.0	100.0
12	2010年8月13日	ABB	電力事業	上場	ABB アセア・ブラウン・ボベリ	スイス	959.8	75.0
13	2013年2月5日	グラクソスミスクライン・コンシューマー	医薬臨床研究	上場	グラクソスミスクライン Pte	シンガポール	863.7	72.5
14	2006年9月5日	フレクストロニクス・ソフトウェア・システム	コンピュータ関連サービス	上場	コールバーグ・クラビス・ロバーツ & Co	米国	850.0	85.0
15	2016年4月3日	エムファシス	情報通信	上場	マーベル II	シンガポール	823.6	100.0

資料：トムソン・ロイター社、ThomsonONE

3　中国・インドの対内投資誘致策

　中国における、クロスボーダーM&Aの急増は、胡錦涛体制発足直後の2003年4月の「外国投資家の国内企業買収に関する暫定規則」施行に端を発する。さらに2006年9月、中国商務部、国家外貨管理局、国家税務総局、証券業監督管理委員会が「外国投資家の中国企業買収に関する規則」を交付したことにより、クロスボーダーM&Aによる外資受入れが広く認められることとなった。同規則では、外国企業の企業買収時には、現金のみならず、株式交換による企業買収を認める旨の細則も含まれている。日本において、1999年の商法改正による株式交換解禁後にM&Aブームが訪れた経緯同様、中国においても、この制度を活用したクロスボーダーM&A、国内企業同士のM&Aがたびたび発生した[5]。その後、2015年には、国務院が「国有企業改革を深化するための指導意見」を公表し、2010年代半ばの株価低迷期にも、国有企業を株式交換により再編を進める施策が打ち出されている。

　この中国政府の対内投資促進策強化の目的は、2005年10月の共産党中央委員会において採択された第11次五カ年計画綱要、第7章「経済社会発展の指導原則と主要目標」において端的に示されている。この第11次五カ年計画綱要において中国政府は、「対外開放による新たな経済発展方式」の実行を提唱し、対内投資の促進を実行することで、経済発展を目指す「新たな経済発展方式」を奨励している。この第11次五カ年計画綱要後の、中国の直接投資統計を見ると、グリーンフィールド直接投資に加え、クロスボーダーM&Aが劇的に拡大していることがわかる（図表1-2）。さらに、第11次五カ年計画綱要では、それまで主要都市・地域に集中していた外国資本の誘致を、地方へ分散化するための法制改革も併せて進めたことも、対内直接投資のさらなる拡大をもたらした。具体的には、この誘致策の1つが、2007年に発令された外商投資産業指導目録の発令であり、この法令は、製造業からサービス業まで多様な産業の中国進出

5　例えば2012年の優酷（情報通信）による土豆網（同）の株式交換による買収がある。

を促進することが公布の目的であると定められている。2つめが，2008年の企業所得税法施行であり，進出企業の意思決定を税制面から後押しし，外国企業の税負担を軽減することで，この時期以降の，中国向けグリーンフィールド直接投資，クロスボーダーM&Aの拡大を後押しした。結果的に，この2つの対内直接投資関連法制の発令後，特に2000年代後半，地方都市において非製造業向け対内投資が拡大している。

インドでは，2004年から2014年までの第一次・二次マンモハン・シン政権，2014年以降のナレンドラ・モディ政権と，政権与党が国民会議派，インド人民党であるかにかかわらず，対内投資誘致策は，重要な開発政策として位置づけられてきた。1991年に財務大臣として経済自由化政策転換の旗振り役となったマンモハン・シン氏は，2004年の首相就任以降，各州政府に対し，対内投資誘致策を促す施策を実施するよう指示した。そして，2010年に統合版対内直接投資政策を発表し，2004年以降に定められた様々な対内投資誘致策を統合し，窓口を商工省産業政策促進局に一本化することで，さらなる対内投資の誘致を目指した。

2004年以降のシン政権で促進されたのは，まず政府主導による二国間投資誘致策である。例えば，2007年，インド政府はデリー－ムンバイ間1,483キロの貨物鉄道を新設する「デリー－ムンバイ産業大動脈構想（DMIC）」の実施を発表している。これは，日本からの政府開発援助を呼び水として，民間部門の対印投資を誘致する目的で進められた投資誘致策である。1947年の独立後，インドでは，鉄道敷設や交通インフラの整備は各州政府主導により進められてきた。このため，中国とは異なり，州際を越える国内物流と交通手段の未整備が外国企業にとって進出の障害となってきた。このため，シン政権の対内投資誘致策では，まず二国間援助によるインフラ投資を民間投資に先行する手順が採用されている。2014年以降のモディ政権においても，この対内投資誘致策強化は継続されている。モディ首相は2015年の日印首脳会談後，ムンバイ－アーメダバード間にインド高速鉄道を建設する計画を発表している。この計画は新幹線方式を採用し，日本の国際協力銀行による返済期間50年の低利融資が用いられる。この構想は資金の8割が円借款により賄われるが，2割はJR東日本，川崎重工，日立製作所等の民間企業の直接投資が見込まれている[6]。シン政権

のデリー・ムンバイ産業大動脈構想と同様，このムンバイ－アーメダバード間高速鉄道構想も，まず二国間開発援助によるインフラ投資を呼び水として，海外から直接投資を誘致する計画である。

　他方，インドでは二国間投資誘致を推進する反面，民間企業の進出にかかる規制緩和の進捗が中国に比べ大きく遅れてきた。直近の2019年時点においても，8業種の対内投資が全面禁止される「ネガティブリスト」が，国内産業保護，貧困対策を目的として残存する。さらにネガティブリスト以外にも小規模企業への出資規制，立地規制など，依然として強い対内投資規制が残存し，第二次シン政権期には，対内グリーンフィールド直接投資は頭打ちの状況が続いてきた。また，2005年の韓国ポスコのオリッサ州進出に象徴されるように，規制以外に住民の反対により進出用地収用が拗れる事例も多発した。こうしたグリーンフィールド直接投資が様々な制約により滞ったことも，規制緩和が先行した資本市場を通じて，クロスボーダーM&Aを促した面もある[7]。

4　先行研究：被買収企業の特徴と株価効果

　中国・インド企業が関わるクロスボーダーM&Aに関する先行研究は極めて少ない。他方，Nocke and Yeaple（2007），Giovanni（2005），Head and Ries（2008），Erel et al.（2012），Ashraf et. Al.（2017）など，2000年代後半以降，北米地域，欧州諸国を分析対象とするクロスボーダーM&A研究は現在も，増加傾向にある。ドイツ・マンハイム大学のノッケ教授らの研究グループは，Nocke and Yeaple（2007）において，グリーンフィールド直接投資とクロスボーダーM&Aの選択意思決定に，どのような決定要因の違いが存在するのかについての，検証結果を発表している。彼らの理論的枠組みに基づく研究では，企業の生産要素の国際移動性が，この2つの海外進出手段の選択意思決定要因であるとの結論を導出している。具体的には，ある企業が仮に労働と資本の2

---

[6]　日本企業の対内投資以外に，リライアンス・インダストリー（複合企業）等の地場企業による鉄道駅周辺の都市開発投資も予定されている。
[7]　Economist Intelligence Unit, *Country Finance : India* 2010年版より。

つの生産要素を携え，国内製品サービス市場で成功を収めているとする。この2つの生産要素のうち，例えば労働の国際間移動が円滑であれば，外国（本国）企業はグリーンフィールド直接投資を選択し，移動に強い制約がある場合には，クロスボーダーM&Aを選択し，現地企業資本の所有者となることで労働力を確保する，と結論付けている。この結論はAshraf et al.（2017）においても実証的に支持されている。

バルセロナ経済学大学院のジオバンニ教授は，当該研究分野では比較的早い時期の2005年に，*Journal of International Economics*誌において，外国企業が当該国・地域にクロスボーダーM&Aを実施する要因に関する実証研究成果を発表している。このGiovanni（2005）では，外国企業がクロスボーダーM&Aにより，新市場へ進出する際の必要条件として，進出先の資本市場が十分に発展していること，金融関連法制の自由化と公平性が担保されていること，の2つを指摘している。同様に，ブリティッシュ・コロンビア大学のヘッド教授らも，Head and Ries（2008）において，クロスボーダーM&A実施の決定要因に関する実証分析結果を報告している。彼らの研究では，進出相手国の経済動向など，クロスボーダーM&A実施の決定要因は，グリーンフィールド直接投資の意思決定と共通の要因を持つが，クロスボーダーM&A独自の要因も存在することを指摘している。この独自の要因として，例えば，クロスボーダーM&Aを実施する場合には，進出企業（買収企業）と買収対象となる進出先企業（被買収企業）の業績動向や両国企業が持つ固有の財務面での特徴が，実施の意思決定に影響を与えることを報告している。これらの実証研究は，すべて米国企業もしくは経済協力開発機構（OECD）加盟国をはじめとする主要先進国企業を分析対象としている。

2010年に*Review of Financial Studies*誌において発表されたノースカロライナ大学のチャリ教授らの論文は，筆者の知る限り，初めて新興国向けクロスボーダーM&Aを分析対象とした研究である。このChari et al.（2010）では，先進国企業が新興国企業をクロスボーダーM&Aにより買収した場合，累積株価超過収益率（以下，累積超過収益率）で計る買収側企業の企業価値が，平均的に1.2％上昇していることを報告している。2012年の*Journal of Finance*誌で発表されたErel et al.（2012）は，先進国・新興国企業を含むクロスボーダー

M&A56,978ディールの分析を行っている。このオハイオ州立大学のエレル教授を中心とする研究チームは，買収側企業の株価が，二国間の為替レート変動率調整後で見て高い場合に，クロスボーダーM&Aが誘発されるとの実証結果を報告している。同様にエレル教授らは，2015年の*Journal of Finance*誌において，欧州におけるクロスボーダーM&Aが，被買収企業の金融制約を緩和しているとの実証分析に基づく結論も報告している。

　先進国では，国内企業同士のM&A，クロスボーダーM&Aは，ともになぜ周期的に多発するのかについても，多くの先行研究が存在する。この周期的発生要因について，先行研究では，(1)シナジー効果，(2)経営改善効果，(3)株価の変動，の3つの原因を指摘している。(1)の「シナジー効果」に関するBradley, et.al.（1988）の先行研究では，企業は，M&Aを実施することにより，規模・範囲の経済性，新技術の取得などによる生産性上昇を期待できることが，M&Aの意思決定を促すと結論付けている。また，(2)の「経営改善効果」にかかるMorck et.al.（1990）やLang. et.al.（1989）の研究は，企業価値増大に貢献しない経営者が，株主から排除されるプレッシャーを常に受け続けていることで，経営改善が実現されるためであると報告している。具体的には，株主が，企業価値増大という目的を達成するため，この経営者を排除する手段の行使が，景気後退期や規制緩和時に集中的に発生するため，M&Aが周期的に頻発すると結論付けている。これらの先行研究の結論は，中国政府が2000年代後半，クロスボーダーM&Aを誘致する法制度を整備した理由と整合する。すなわち，中国において2003年「外国投資家の国内企業買収に関する暫定規則」，2006年9月「外国投資家の中国企業買収に関する規則」が施行された目的は，政府がM&Aを通じて，国有企業もしくはすでに民営化された企業の生産性改善，経営改善を促すためと，解釈することができる。

　先行研究では，国内企業同士のM&A，さらには外国企業による国内企業の買収が，買収企業，ターゲット企業の経営にプラスの効果をもたらしたのか否かを計測するため，株価を用いた株価効果の研究が，分析手段として用いられてきた。具体的には，「イベント・スタディ」と呼ばれるM&Aの株価効果の計測手段が，頻繁に採用される傾向にある。この短期的な株価を用いた分析が頻繁に採用される理由は，買収企業の株価は，企業の将来の事業の成長性や，

キャッシュフローをはじめとする財務状況など，様々な情報を反映し，内包しているとみられているためである。このため，M&Aによりこの情報の集合体である株価がどのように「限界的に」反応するのかを検証することが，M&A固有の効果を検出しやすいと解釈されてきた。逆にM&A前後の財務データを用いた「パフォーマンス・スタディ」の場合，過去の事業活動の結果にすぎない財務データには，マクロ経済の景気動向などの様々なM&Aの影響以外の効果が含まれる。このため，「パフォーマンス・スタディ」はM&A独自の効果のみを抽出することは困難であるとして，分析手段から外される傾向にある。

5 仮説：どのような企業が買収対象となっているのか

本章では，先進国（本国）と新興国（進出先）間のクロスボーダーM&Aの意思決定を促す要因，そして国内企業同士のM&Aとの株価効果の違いを検証するため，クロスボーダーM&Aに関する一連の先行研究を踏まえ，次の仮説を設定する。米国企業を標本とする先行研究では，Hartford（2005）が，国内企業同士のM&A決定要因として，ターゲット企業（被買収企業）のキャッシュフローの潤沢さをあげている。換言すれば，Hartford（2005）は，ターゲット企業がフリー・キャッシュフローを潤沢に保有するということは，経営者が過去に設備投資や研究開発投資を積極的に行わなかったためであり，このことがターゲット企業の企業価値を低位に据え置いていると結論付けている。このため，同論文は，買収側企業は，こうした現預金を生産能力増強や新規研究開発プロジェクトに活用できるため，この特徴を持つ企業はM&Aのターゲットとなりやすい，と主張している。同様に，Hasbrouch（1985）は，企業価値が十分に大きい企業（小さい企業）は，買収ターゲットとして狙われにくい（狙われやすい）と述べている。なぜなら，仮に買収企業がこうした株高（株安）企業を買収し，事業に介入したとしても，経営マネジメントの改善余地が小さく（大きく），買収以前よりも企業価値を高められる確率が低い（高い）と，

事前に予見できるためである。一方で，Hanson (1992) と Smith and Kim (1994) は将来，高い収益性が見込まれる事業機会に直面しながら，内部資金が欠如するために，事業機会を収益として実現できない企業が，M&A のターゲットして狙われる確率が高いことも指摘している。これらの先行研究が提唱する M&A 決定要因を総合すると，要するに，経営者が企業価値増大に貢献しないか，もしくは資金がない，のいずれかが M&A を誘発するきっかけである，と述べられていることになる。Lang et al. (1991) や Servaes (1992) などの先行研究も概ね，こうした仮説を支持している。

ただし，Xu et al. (2013)，Hao et al. (2014) は，新興国において政府保有比率が高く，政治的な結びつきが強い借り手企業は，国有銀行からの融資により金融制約が緩和されるとの実証分析結果を報告している。したがって，本章の仮説は，政府保有比率が高く，「ソフトな予算制約」の恩恵にあずかる企業が多い中国，インドでは，Hanson (1992) と Smith and Kim (1994) が指摘するような金融制約に直面する企業は少なく，Hartford (2005) や Hartford (2005) が指摘する，被買収企業のフリー・キャッシュフローの多さがクロスボーダーM&A の意思決定の主たる決定要因であると考える。すなわち，先進国 M&A 市場での経験が豊富な外国企業は，新興国で多額のフリー・キャッシュフローを抱える企業をターゲットとし，経験が乏しい国内企業が買収者となる国内企業同士の M&A は，フリー・キャッシュフローの有無はターゲットの選択に影響を与えないことを第一の仮説とする。

仮説 1：中国・インド等の市場経済移行国では，国内企業の保有現金の潤沢さは，外国企業（国内企業）の買収対象となる確率を高める（確率を高めない）。

次に，新興国におけるクロスボーダーM&A と株価効果の関係について，仮説設定を行う。外国企業，国内企業が中国・インドにおいて企業を買収することの目的の 1 つに，生産能力の増強もしくはこれらの国々での販売チャネルの獲得がある。しかし，外国企業が新興国企業を買収する場合，過去に温存されてきたフリー・キャッシュフローの活用や経営そのものの規律付けなど，国内

企業が所有者となるよりも，経営改善効果が大きいため，外国買収企業の企業価値がより増大すると考えるのが本章の仮説2である。

Jensen（1986, 1988）やShleifer and Vishny（1986, 1988）は，企業の所有集中化と企業価値に正の関係が存在することを報告している。株主数が多数の場合，例えば，経営者に現在から10年後までの長期的な利益を求める株主グループ，1年後に利潤最大化の達成を求める株主グループなど，利益配当請求に関する見解が株主間で分散することが多い。しかし，第一位株主に所有が一極集中する場合には，こうした問題は解消され，経営者に対する経営規律付け効果が高まる。中国，インド企業は，多くの企業で政府による所有の集中が顕著である。仮説2は，これらの株式が市場へ放出され，結果的に外国買収企業へ所有が集中した場合，経営規律付け効果，経営改善効果が大きいことから，外国買収企業はより大きい正の株価効果を経験すると仮説設定する。

また，M&Aにおいて有望なターゲット企業を探索する場合，国内買収企業よりも，M&A市場での経験が豊富な外国買収企業の方が，国内企業よりも情報生産活動において一日の長があるはずである。Chang（1998）およびHansen and Lott（1996）は，ターゲット企業が上場しているか否かは，その後の買収企業の株主価値へ影響を与えると指摘している。本章の第三の仮説は，情報生産活動に比較優位を持つ外国企業が，情報非対称性が強い非上場ターゲット企業の内部情報を探索してターゲットとする場合，この外国買収企業はさらに大きな正の株価効果を享受すると仮説設定する。

仮説2：外国買収企業は，中国・インド企業の買収において，国内企業同士の買収よりも企業価値を増大させている。

仮説3：外国買収企業は，中国・インドの非上場企業を買収する場合，上場企業を買収する場合よりも大きな企業価値の増大を実現している。

本章では，仮説1～3をクロスボーダーM&Aと国内企業同士のM&Aの2つの標本において検証し，それらの相違点を確認する。そして，このクロスボーダーM&Aと国内企業同士のM&Aの発生要因，帰結が異なることがいか

なる原因からもたらされるのかを，先行研究と本実証結果から考察し，市場経済化を進める新興国への対内クロスボーダーM&Aの影響にかかる結論を提示する。

6 分析方法

6.1 分析1：市場経済移行国の対内クロスボーダーM&A発生要因

　市場移行経済国のクロスボーダーM&A，国内企業同士のM&Aを誘発する原因は，どちらも先行研究の結論に合致するのか，あるいはクロスボーダーM&Aを誘発する要因は，国内企業同士のM&Aをもたらす原因とは異なるのか。本章の第1の分析では，仮説1を検証するため，どのような特徴を持つ中国・インド企業が外国企業のクロスボーダーM&Aのターゲットとなっているのかを分析する。ここでは，クロスボーダーM&Aと国内企業同士のM&Aのターゲット企業の特徴の違いを比較分析することで，市場移行経済国におけるクロスボーダーM&A多発化の理由を実証的に確認する。

　本研究では下記の (1.1) (1.2) の実証モデルをパネル・トービット推計を行うことにより検証する。ここでは被説明変数 *Stock Share* は，買収企業が公表する目標株式保有比率を採用している。*Stock Share*[1] がクロスボーダーM&Aを実施する外国企業の目標株式保有比率，*Stock Share*[2] が国内M&Aを実施する国内企業の目標株式保有比率を示す。標本には，外国企業，国内企業の買収ターゲットとならなかった企業も含まれており，これらの企業は *Stock Share* = 0 となる。この被説明変数に影響を与えうる説明変数は，次の変数を採用する。まず，企業の規模や負債比率がもたらす影響をコントロールするため，ターゲット企業の総資産残高（USドル建て）の自然対数値（*ASSET*），負債資本比率（簿価負債／時価資本；*Debt to Equity*）を採用する。さらにSmith and Kim（1994）らの議論に基づき，ターゲット企業の内部資金力の代理変数として総資産利益率（営業利益／総資産残高；*Return on Asset*）を採用する。また，Hartford（2005）らの議論を踏まえ，フリー・キャッシュフローの代理

変数として，現金保有比率（現預金残高／総資産残高；$CASH$）を説明変数として採用する。また，これに関して，経営者が経営努力を怠らず，設備投資を積極的に行ってきたか否かを確認する指標として，有形固定資産の総資産比率（有形固定資産／総資産残高；$Fixed\ Asset$）を併せて採用する。さらに，Hanson（1992）が指摘するように，ターゲット企業が有望な収益機会に直面しているか否かが買収企業のM&Aの意思決定に影響を与えているか否かを検証するため，ターゲット企業の資本の時価・簿価比率｛(時価資本＋簿価負債)／総資産残高；$Market\ to\ Book$｝を採用する。また，中国企業の場合，民間に保有される流通株式が極端に少なく，大多数の株式が政府保有である企業が多数存在することのM&Aへの影響を確認するため，非流通株式比率｛(全発行済み株式数－流通株式数＋政府保有株式数)／全発行済み株式数；GWN｝，全発行済み株式数の自然対数値（$SISSD$）を採用する。データは，説明変数は，1998年から2017年のデータを用い，2000年から2017年までの各年直近3年平均値を用いた。(1.1)(1.2)式にはこれらの説明変数のほか，年ダミー変数，産業ダミー変数，地域ダミー変数を加えている。産業ダミー変数は，米国産業分類コード2桁，地域ダミー変数は，中国については，地域1：本社所在地が北京市または上海市に所在する企業，地域2：福建省，広東省，浙江省に所在する企業，地域3：吉林省，遼寧省，黒龍江省に所在する企業，地域4：山東省，河北省に所在する企業，地域5：湖南省，湖北省，河南省，山西省に所在する企業，地域6：四川省，貴州省，重慶市に所在する企業，地域7：その他地域に本社が所在する企業，とした。またインドは，地域1：本社所在地がニューデリー，ムンバイ，バンガロール，チェンナイに所在する企業，地域2：マハラシュトラ州，カルタナカ州に所在する地域1以外の企業，地域3：タミルナド州，アンドラプラデシュ州に所在する企業，地域4：オリッサ州，西ベンガル，グジャラート州，ラジャスタン州に所在する企業，地域5：ハリヤナ州，パンジャブ州に所在する企業，地域6：その他地域に所在する企業，とした。

$$Stock\ Share^1_{it} = const + \alpha_1 ASSET_{it-1} + \alpha_2 Debt\ to\ Equity_{it-1}$$
$$+ \alpha_3 Return\ on\ Asset_{it-1} + \alpha_4 CASH_{it-1}$$
$$+ \alpha_5 Fixed\ Asset_{it-1} + \alpha_6 Market\ to\ Book_{it-1}$$
$$+ \alpha_7 GWN_{it-1} + \alpha_8 SISSD_{it-1}$$
$$+ \alpha_9 GWN_{it-1} \times SISSD_{it-1}$$
$$+ \alpha_{10} CASH_{it-1} \times Market\ to\ Book_{it-1}$$
$$+ v^1_{it} \tag{1.1}$$

$$Stock\ Share^2_{it} = const + \beta_1 ASSET_{it-1} + \beta_2 Debt\ to\ Equity_{it-1}$$
$$+ \beta_3 Return\ on\ Asset_{it-1} + \beta_4 CASH_{it-1}$$
$$+ \beta_5 Fixed\ Asset_{it-1} + \beta_6 Market\ to\ Book_{it-1}$$
$$+ \beta_7 GWN_{it-1} + \beta_8 SISSD_{it-1}$$
$$+ \beta_9 GWN_{it-1} \times SISSD_{it-1}$$
$$+ \beta_{10} CASH_{it-1} \times Market\ to\ Book_{it-1}$$
$$+ v^2_{it} \tag{1.2}$$

$Stock\ Share^1$：t年に外国企業により買収された場合の目標株式保有比率，国内外いずれの企業にも買収されない場合＝0

$Stock\ Share^2$：t年に国内企業により買収された場合の目標株式保有比率，国内外いずれの企業にも買収されない場合＝0

$ASSET$：総資産規模（USドル建て，自然対数値）
$Debt\ to\ Equity$：簿価負債/時価資本
$Return\ on\ Asset$：総資産利益率
$CASH$：現預金/総資産
$Fixed\ Asset$：固定資産/総資産
$Market\ to\ Book$：（時価資本＋簿価負債）/総資産
GWN：（発行済み株式数－流通株式数＋政府保有株式数）/発行済み株式数
$SISSD$：全発行済み株式数（自然対数値）

6.2　分析2：クロスボーダーM&Aは企業価値増大に貢献しているのか？

次に第2，第3の仮説を検証するため，M&Aを実施した買収企業の累積超

過収益率を用い，クロスボーダーM&Aと国内企業同士のM&Aの帰結の違いを確認する。ここでは，Brown and Warner（1985）以降，伝統的にM&Aの効果を検証する際に用いられてきたイベント・スタディの手法を踏襲する。

$$AR_i = r_i - r_m \tag{1.3}$$

$$CAR_i = \sum_{k=1}^{T} AR_i \tag{1.4}$$

ここでr_iは，日次での企業iの株価変動率，r_mは企業iの株価理論値の日次変動率である。(1.3) に基づく (1.4) により算出されたクロスボーダーM&Aの累積超過収益率が国内企業同士のM&Aよりも高いのか否かを検証することで，このディールがもたらす買収企業の企業価値への影響の違いを定量的に計測する。具体的には，第2の実証分析では，M&Aディール・データを用い，M&A発表日前後3日間（－1，＋1）および発表日前後22日間（－1，＋20）を標本期間として累積超過収益率を算出し，ディールがクロスボーダーM&Aか国内企業同士かの違い，そしてターゲット企業の株式公開の有無による累積超過収益率の違いを統計的に検証する。ここでは，買収企業の累積超過収益率が高ければ高いほど，買収企業とターゲット企業の，買収後の事業再構築と成長戦略が資本市場から高く評価されていると解釈する。買収企業個々の外国買収企業，国内買収企業の株価理論値の算出には，M&Aアナウンス256日前から21日前までの標本期間の企業の株価，市場インデックスを用い，理論値を算出した。この他，アナウンス後20営業日以内に同一買収者から発表された案件は標本から除外した。

7 データ

近年のクロスボーダーM&Aの増加が，いかなる産業において活発に行われているのかを確認するため，**図表1－4**では，産業別のディール数を掲載している。これを見ると，中国では，2002－2012年の胡錦涛時代の建設ブームを反

映し，外国企業が不動産・賃貸業を買収するディールが数多く行われていることがわかる。インドでは運輸通信業の企業買収が多く，この傾向はシン政権，モディ政権時代，共通の特徴でもある。もう1つの特徴は，中国では電子産業の国際買収が多く，インドでは医薬品産業，産業用機械の買収が多い点である。中国は，2013年の台湾長華科技股份公司（電子機器）による恵州電子（電子部品）の買収が象徴するように，近年，中国国内での生産能力増強を目的とする，現地企業買収件数が増大している。他方，インドでは，2008年の第一三共によるランバクシー・ラボラトリーズ（医薬品）の買収（2014年にサン・ファーマへ売却）に象徴されるように，先進国企業が，後発医薬品事業をテコ入れするために行われる国際企業買収が頻発した。すなわち，クロスボーダーM&Aにおけるターゲット産業の違いは，建設産業と情報通信産業の発展が近年進んだ中国と，情報通信産業および医薬品ビジネスの発展が進んだインドという，両国の業種効果も1つの要因であると考えられる。

　実証分析のデータはトムソン・ロイター社 *Eikon* および *ThomsonONE* より入手した。標本データは，2000年1月1日から2017年12月31日までにアナウンスされた案件からデータセットを作成した。標本データは，分析1は，外国・国内買収企業は上場企業・非上場企業，ターゲット企業は中国企業，インド企業の上場企業のみを採用している。分析2は外国・国内買収企業は上場企業のみ，ターゲット企業は，上場企業と非上場企業である。先行研究とは異なり，ディール額総額の下限については設定していない。買収企業のうち，金融業と公益事業は標本から除外した。また，買収者が20営業日間に2回以上のディールを実施している場合には標本から除外した。この場合，いずれのディールから超過利潤が発生しているのかを識別するのが困難であるためである。中国企業のM&Aには支払タイプは非公開がほとんどのため，支払タイプ別の分析は行っていない。

図表 I-4　中国・インド向けクロスボーダーM&A ターゲット企業の業種分布

図表は，2000年1月1日～2017年12月31日までの中国・インド向けクロスボーダーM&Aディールのうち，目標株式保有比率が50％を超える案件のターゲット企業の業種分布を示す。業種の定義は米国産業分類コードを採用し「完了」案件のみを抽出，業種分布を表示した。買収総額または目標株式保有比率が空欄もしくは不明の案件を除く。買収に際する支払い手段は「現金」「株式交換」双方を含む。単位は件，％。

	①中国				②インド			
	ターゲット企業		買収企業		ターゲット企業		買収企業	
農林水産業	29	(1.0%)	9	(0.8%)	15	(1.2%)	7	(0.6%)
鉱業・石油・ガス採掘業	131	(4.4%)	108	(3.4%)	23	(1.7%)	16	(1.1%)
建設業	34	(1.1%)	29	(1.3%)	23	(2.0%)	12	(1.5%)
製造業	1,370	(45.9%)	1,127	(43.1%)	478	(42.2%)	470	(38.0%)
医薬品	124	(4.2%)	87	(4.5%)	69	(4.9%)	62	(4.3%)
石油化学製品	9	(0.3%)	7	(0.6%)	2	(0.4%)	1	(0.5%)
ゴム・プラスチック製品	69	(2.3%)	55	(1.1%)	16	(1.2%)	12	(0.6%)
鉄鋼・非鉄金属	133	(4.5%)	104	(3.1%)	41	(2.8%)	40	(2.4%)
産業用機械	86	(2.9%)	70	(4.5%)	53	(4.2%)	38	(3.4%)
電子機器	61	(2.0%)	61	(7.5%)	29	(3.5%)	34	(3.8%)
輸送機械	69	(2.3%)	67	(3.1%)	28	(2.4%)	26	(2.6%)
その他製造業	819	(27.5%)	676	(22.7%)	240	(19.0%)	257	(20.4%)
卸売業	133	(4.5%)	93	(3.0%)	50	(2.7%)	31	(1.8%)
小売業	94	(3.2%)	66	(2.1%)	17	(2.1%)	12	(1.4%)
運輸通信業	266	(8.9%)	214	(7.0%)	85	(7.6%)	94	(6.2%)
金融保険業	80	(2.7%)	86	(2.7%)	54	(7.6%)	52	(6.9%)
不動産・賃貸業	236	(7.9%)	124	(5.3%)	21	(3.4%)	12	(2.9%)
その他	610	(20.4%)	1,127	(31.2%)	495	(29.5%)	555	(39.6%)
合計	2,983	(100.0%)	2,983	(100.0%)	1,261	(100.0%)	1,261	(100.0%)

資料：トムソン・ロイター社，ThomsonONE

8　実証分析結果

8.1　実証結果1：市場経済移行国のクロスボーダーM&A発生要因

　推計モデル（1.1）（1.2）の推計結果が，**図表1-5**に示されている。中国の分析結果（①）を見ると，まずクロスボーダーM&Aと国内M&Aの共通のターゲット企業の特徴が，企業規模（*ASSET*）と総資産利益率（*Return on Asset*）である。企業規模（*ASSET*）の係数値は，クロスボーダーM&A，国内M&Aともに負の有意な結果を示しており，総資産規模が小さい企業ほど，買収ターゲットの対象となりやすいことを示している。また総資産利益率（*Return on Asset*）もクロスボーダーM&A，国内M&Aともに正の有意な係数値が得られており，収益性が高く，内部資金力が高い中国企業ほど，外国企業，国内企業双方の買収ターゲットとなりやすい。

　インドの分析結果（②）については，クロスボーダーM&Aと国内M&Aのターゲット企業の類似性は，現預金総資産比率（*CASH*）のみであった。インドではキャッシュフローが潤沢な企業ほど，外国企業，国内企業双方の買収ターゲットとなりやすい。

　本章が注目するクロスボーダーM&Aのターゲット企業が，国内M&Aのターゲット企業とは異なる特徴は，①中国の場合，現預金比率（*CASH*）と資本の時価・簿価比率（*Market to Book*）の交差項の係数値が有意であった点である。現預金比率（*CASH*）と資本の時価・簿価比率（*Market to Book*）は，それ自身のみでは，推計された係数値はそれぞれ非有意であった。しかし，交差項はクロスボーダーM&A実施の有無を標本とする場合のみ，係数値は負の有意な結果を示している。この結果は，外国企業はキャッシュフローが豊富にあり，かつ経営非効率性が著しい，もしくは株価が低迷している中国企業をターゲット企業として選択する確率が高いことを示している。一方で，中国の国内企業が買収者となる場合には，これらの変数は重視されていない。国内企業同士のM&Aを標本とする分析結果を見てみると，流通株式数・政府保有

図表 I-5 中国・インドのM&Aにおいて買収企業が選好するターゲット企業の特徴

	①中国 (被説明変数:クロスボーダー＝ターゲット企業目標式保有比率)				②インド (被説明変数:クロスボーダー＝ターゲット企業目標式保有比率)			
	(a) クロスボーダーM&A		(b) 国内企業M&A		(c) クロスボーダーM&A		(d) 国内企業M&A	
	係数	Z値	係数	Z値	係数	Z値	係数	Z値
ASSET	−0.111***	(−2.760)	−0.146***	(−6.410)	0.325	(0.990)	0.988***	(3.640)
Debt to Equity	0.655	(1.230)	0.355	(0.740)	−0.847	(−1.160)	−0.365	(−1.020)
Return on Asset	1.002***	(4.440)	0.992***	(3.110)	1.258***	(4.650)	0.440	(0.960)
CASH	0.877	(0.580)	0.295	(0.870)	0.555**	(2.250)	0.986***	(3.440)
Fixed Asset	0.979	(1.050)	−0.047	(−0.710)	0.004	(0.580)	0.442	(1.110)
Market to Book	0.001	(0.740)	0.600	(0.540)	0.695	(1.350)	0.001	(0.040)
GWN	−0.471	(0.180)	1.112	(0.900)				
SISSD	−0.674***	(0.980)	0.540***	(5.610)				
GWN*SISSD	0.664	(0.740)	0.879***	(3.640)				
CASH*Market to Book	−0.186***	(−3.660)	−0.384	(−0.060)	−0.981***	(−2.660)	0.004	(1.410)
定数項	−3.420***	(−5.130)	−2.647***	(−4.580)	−3.114***	(−3.310)	−5.166***	(−3.460)
年ダミー	yes		yes		yes		yes	
産業ダミー	yes		yes		yes		yes	
地域ダミー	yes		yes		yes		yes	
推計方法	変量効果モデル		変量効果モデル		変量効果モデル		変量効果モデル	
ワルドχ²検定	2,449.7***		2,488.0***		1,996.6***		2,075.4***	
Likelihood-Ratio Test of rho=0	997.4***		980.8***		796.1***		710.4***	
企業数	2,696		2,711		1,972		2,021	
標本数	19,704		19,858		18,335		18,751	

図表は、中国企業、インド企業をターゲット企業とするモデル (1.1) (1.2) のトービット・モデルによる推計結果を示す。推計結果(a) (b)の標本はそれぞれ中国上場企業、(c)(d)はインド上場企業である。4つの推計式の被説明変数Stock Shareはいずれもターゲット企業目標株式保有比率である。説明変数の定義は、ターゲット企業の総資産残高 (US ドル建て) の対数値 (ASSET)、負債資本比率 (Debt to Equity)、総資産利益率 (Return on Asset)、現預金残高の総資産比率 (CASH)、有形固定資産の総資産比率 (Fixed Asset)、資本の時価・簿価比率 (Market to Book)、全発行済み株式数の全保有株式数に対する比率 (GWN)、全発行済み株式数の自然対数表示 (SISSD)、である。

注:***、**、*はそれぞれ1%、5%、10%での有意水準を示す。

株式数（GWN）と発行済み株式数（SISSD）の交差項が，正の有意な結果を示している。これは，中国国内企業が買収する際に選好する企業は，非流通株式比率が高い，もしくは政府保有比率が高い企業であることがわかる。逆に，これらの政府保有比率が高い地場企業は，外国企業からは買収ターゲットの対象とは見なされにくい。

②インドの分析においても，外国企業がクロスボーダーM&Aにおいて好むターゲット企業は，キャッシュフローが潤沢な企業である。クロスボーダーM&Aを標本とする推計結果では，現預金比率（CASH）が正の有意な係数値を示し，現預金比率（CASH）と資本の時価・簿価比率（Market to Book）の交差項が負の有意な係数値を示している。これは，インドにおいても，外国企業はキャッシュが豊富にあり，かつ経営非効率性が著しい，もしくは投資家から見て情報非対称性が強い等の理由で株価が低迷している企業をターゲット企業として選択する確率が高いことを示している。

8.2　実証結果2：対内クロスボーダーM&Aは企業価値増大に貢献しているのか？

図表1-6①は，クロスボーダーM&Aによる中国企業の買収がもたらす株主価値への影響に関する分析結果を示している。まず，標本期間がM&A発表前後1日の累積超過収益率を確認してみると，クロスボーダーM&Aが2.7%であるのに対し，国内M&Aが0.7%であった。そしてこの中央値はそれぞれ，1.3%および0.2%であった。スチューデントのt検定により平均値，そしてウィルコクソン順位和検定により中央値の差の検定結果を見ると，ともにクロスボーダーM&Aの累積超過収益率が有意に大きいとの結果が得られている。この結果は，標本期間がM&A前後22日の長期累積超過収益率において同様であった。

図表1-6②は，クロスボーダーM&Aのうち，中国の上場企業，非上場企業をターゲットとするディールのみを抽出して2つの標本を作成し，それぞれ（-1, +1），（-1, +20）の標本期間の買収企業の累積超過収益率を算出した結果を示している。これを見ると，上場企業をターゲットとするクロスボーダーM&Aの累積超過収益率は，平均値，中央値がともに2.1%であり，非上場

企業をターゲットとするクロスボーダーM&Aの累積超過収益率は平均値，中央値がそれぞれ2.3%，2.2%であった。この上場企業ターゲット，非上場企業ターゲットの買収企業の累積超過収益率の差は，ともに後者が有意に大きく，非上場企業をターゲットとするディールの方が，買収者により大きな株主価値をもたらしていることが確認されている。

図表1-6③は，クロスボーダーM&Aによるインド企業の買収がもたらす株主価値への影響に関する分析結果を示している。標本期間がM&A発表前後1日の累積超過収益率では，クロスボーダーM&Aが2.0%であるのに対し，国内M&Aが0.8%であった。そしてこの中央値はそれぞれ，1.5%および0.7%であった。平均値，中央値の差の検定結果を見ると，ともにクロスボーダーM&Aの累積超過収益率が有意に大きいことを示している。この結果は，標本期間がM&A発表前後22日の長期の累積超過収益率において同様であった。

図表1-6④は，クロスボーダーM&Aのうち，インドの上場企業，非上場企業をターゲットとするディールのみを抽出した2つの標本の累積超過収益率の比較結果を示している。これを見ると，上場企業をターゲットとするクロスボーダーM&AのM&A発表前後1日の累積超過収益率は，平均値，中央値がそれぞれ0.8%，0.6%であり，非上場企業をターゲットとするクロスボーダーM&Aの累積超過収益率はそれぞれ2.6%，2.0%であった。標本期間をM&A発表前後22日間の結果も同様であり，インド企業の分析においても，非上場企業をターゲットとするディールの方が，外国人買収者により大きな株主価値をもたらしていることが確認されている。

図表 I‑6　中国・インドの M&A における買収企業の累積超過収益率

① クロスボーダーM&A と国内の M&A の場合（中国）

下表は M&A 発表日前後3日間（−1, +1）および発表日前後22日間（−1, +20）を標本期間として累積超過収益率を算出し，ディールがクロスボーダーM&A か国内企業同士かによる累積株価超過収益率の違いの有無を統計的に検証している。(2)と(3)の平均値の差はスチューデントの t 検定，中央値の差はウィルコクソンの順位和検定の結果を示している。

		全サンプル (1)	クロスボーダー M&A (2)	国内 M&A (3)	差 (2)−(3)	
CAR (−1, +1)	平均値	0.011	0.027	0.007	0.020 ***	[3.610]
	中央値	0.003	0.013	0.002	0.011 *	[1.840]
CAR (−1, +20)	平均値	0.051	0.111	0.035	0.076 *	[1.700]
	中央値	0.038	0.083	0.023	0.059 *	[1.600]
	標本数	5,896	1,295	4,601		

② クロスボーダーM&A におけるターゲット企業が上場企業，非上場企業の場合（中国）

下表は M&A 発表日前後3日間（−1, +1）および発表日前後22日間（−1, +20）を標本期間として累積超過収益率を算出し，クロスボーダーM&A ディールのターゲット企業が上場企業か非上場企業かによる累積株価超過収益率の違いの有無を統計的に検証している。(5)と(6)の平均値の差はスチューデントの t 検定，中央値の差はウィルコクソンの順位和検定の結果を示している。

			全サンプル (4)	上場企業 ターゲット (5)	非上場企業 ターゲット (6)	差 (5)−(6)	
CAR (−1, +1)	クロス ボーダー M&A	平均値	0.023	0.021	0.023	−0.002 **	[−2.110]
		中央値	0.020	0.021	0.022	−0.001	[−0.260]
CAR (−1, +20)	クロス ボーダー M&A	平均値	0.127	0.075	0.128	−0.053 **	[−2.240]
		中央値	0.088	0.058	0.091	−0.033	[−0.410]
		標本数	1,295	16	1,279		

注1：***, **, * はそれぞれ1％，5％，10％での有意水準を示す。
注2：標本期間は2000年～2017年。

③ クロスボーダーM&Aと国内M&Aの場合（インド）

図表はM&A発表日前後3日間（-1, +1）および発表日前後22日間（-1, +20）を標本期間として累積超過収益率を算出し、ディールがクロスボーダーM&Aか国内企業同士かによる累積株価超過収益率の違いの有無を統計的に検証している。(8)と(9)の平均値の差はスチューデントの t 検定、中央値の差はウィルコクソンの順位和検定の結果を示している。

		全サンプル (7)	クロスボーダーM&A (8)	国内M&A (9)	差 (8)－(9)	
CAR (-1, +1)	平均値	0.011	0.020	0.008	0.012 ***	[4.120]
	中央値	0.008	0.015	0.007	0.007 ***	[3.050]
CAR (-1, +20)	平均値	0.079	0.129	0.064	0.065 ***	[3.500]
	中央値	0.070	0.090	0.063	0.027 ***	[2.750]
	標本数	1,777	411	1,366		

④ クロスボーダーM&Aにおけるターゲット企業が上場企業、非上場企業の場合（インド）

図表はM&A発表日前後3日間（-1, +1）および発表日前後22日間（-1, +20）を標本期間として累積超過収益率を算出し、クロスボーダーM&Aディールのターゲット企業が上場企業か非上場企業かによる累積株価超過収益率の違いの有無を統計的に検証している。(11)と(12)の平均値の差はスチューデントの t 検定、中央値の差はウィルコクソンの順位和検定の結果を示している。

			全サンプル (10)	上場企業ターゲット (11)	非上場企業ターゲット (12)	差 (11)－(12)	
CAR (-1, +1)	クロスボーダーM&A	平均値	0.025	0.008	0.026	-0.019 ***	[-3.100]
		中央値	0.016	0.006	0.020	-0.014 ***	[-2.600]
CAR (-1, +20)	クロスボーダーM&A	平均値	0.103	0.089	0.104	-0.015 **	[-2.420]
		中央値	0.065	0.074	0.099	-0.024	[-0.880]
		標本数	411	21	390		

注1：***、**、*はそれぞれ1%、5%、10%での有意水準を示す。
注2：標本期間は2000年〜2017年。

9　考察：発生要因とその帰結

本章が実施した、中国、インドの、クロスボーダーM&Aの発生要因、そして、クロスボーダーM&Aがもたらす帰結の、3つの仮説に対する実証分析結

果の考察は次の通りである。まず市場経済移行国における，対内クロスボーダーM&Aの発生要因について，図表1-5では，現預金比率が潤沢であり，資本市場からの評価が低い地場企業が，外国企業の買収対象となる確率が高まるとの結果が得られている。この結果は，Hardford (2005) やHasbrouch (1985) らの先行研究とも一致する。換言すれば，一般的に外国企業は，国境を越える企業買収に際し，ターゲット企業の事業再構築や将来の成長戦略を目的として，潤沢な現預金を持つ企業を探し出す努力を払う。この探索努力の結果，自らの株主価値増大につながる企業に限り，クロスボーダーM&Aの買収対象とする。その行動パターンは，中国，インド企業を買収する場合にも共通することを，本章の実証結果は示している。実際，2016年の米キャップストーン・テクノロジーズ（教育サービス）によるチャイナ・バイリンガル・テクノロジー&エデュケーション（中国，教育サービス）の買収や，2006年の米マイラン・ラボラトリーズ（ヘルスケア）によるマトリックス・ラボラトリーズ（インド，ヘルスケア）の買収においても，これらのターゲット企業のディール発表直前の現預金対総資産比率は高水準である。

　図表1-5の実証結果によれば，中国では，国内企業が国内企業を買収する場合には，非流通株式数が多く，そして流通株の大半が政府に所有されている企業ほど，買収ターゲットとなる確率が高い。この結果は，中国では2005年以降，国有企業の民営化において，国内企業が放出株式の買い手としての役割を果たしてきたことを示唆している。この典型的な事例が，2017年に実施された飛尚非金属材料科技有限公司（非鉄金属）や寧波万豪控股股份有限公司（一般機械）の政府株放出にともなう国内M&Aである。一方で，これらの事例を含めて，中国，インド双方において，図表1-5に示される実証分析結果からは，国内企業同士のM&Aターゲット企業が持つ共通の財務的な特徴や，買収企業の共通の特徴を，統計的に明らかにすることはできない。このため，少なくとも本章の実証結果からは，国内企業同士のM&Aが，ターゲット企業の事業再構築や買収企業の成長戦略に資する目的で実施されていると解釈することは困難である。

　本章の2つめの仮説は，市場経済移行国における外国企業によるクロスボーダーM&Aが，より大きな企業価値増大をもたらしてきたかについてである。

図表1-6①③を見ると，中国，インドいずれにおいても，M&A発表前後の標本期間の長短にかかわらず，外国買収企業の累積超過収益率は，国内買収企業のそれを統計的に有意に上回っている。この結果，本章の2つめの仮説であるクロスボーダーM&Aは国内M&Aよりも大きな株主価値を買収企業にもたらす，との仮説が支持される。また，図表1-6②④において，クロスボーダーM&Aが，ターゲット企業が非上場企業の場合に，より大きな株主価値を買収企業にもたらしている結果は，本章第3の仮説を支持している。新興国では，非上場企業は，上場企業よりも圧倒的に情報非対称性が大きい。このため，企業の情報生産能力に比較優位を持ち，ターゲット企業の事業再構築による自らの経営パフォーマンスの改善，という明確な目的を持つ外国企業は，非上場企業をターゲットするケースが多いと考えられる。これらの結果は，上記の第一の考察とも整合する。すなわち，外国企業は，情報非対称性が大きいキャッシュ潤沢企業の事業について情報生産し，事業再構築を進めることを目指すため，結果的により大きな企業価値がもたらされる確率が高いと解釈することができる。

図表1-3に示したクロスボーダーM&Aリーグテーブルから，本章の結論に整合する事例をあげれば，次の通りである。まず，中国では2012年の台湾富邦銀行による中国第一銀行（銀行，非上場）の買収が，実施後，台湾富邦銀行の親会社である富邦金融控股の時価総額を大きく押し上げることに貢献している。また，インドにおいても，2010年の米アボット・ラボラトリーズ（医薬臨床研究，非上場）による，ピラマル・ヘルスケアの買収は，アボット・ラボラトリーズの株価を上昇させている。これらのディールはいずれも，キャッシュ潤沢企業（非上場企業）を外国企業が買収し，買収企業の株主価値，企業価値が増大したケースである。

10　結論：クロスボーダーM&Aは新興国に何をもたらすのか

2000年代，増大を続けた新興国向け直接投資は，2010年代も増加が続いてい

る。こうした中，本章冒頭に述べたように，現地への進出において，クロスボーダーM&Aという，新たな手段を用い，新興国進出を迅速に行う企業も増加している。そしてこのトレンドは，市場経済移行国と呼ばれる，開発政策とともに市場経済化を進める国々では，特に顕著な傾向を見せ続けている。グリーンフィールド直接投資は，雇用創出，固定資本形成，両面で，新興国の経済発展に多大な貢献を果たしてきた。他方，新たな直接投資手段であるクロスボーダーM&Aは，果たして，市場経済移行国において，進出する外国企業，現地企業，に何をもたらしてきたのか。この命題に対し，本章は以下の結論を導出した。

本章第2節で示した通り，2000年代半ばの中国，インドでは，対内投資規制ならびに外国企業による国内企業買収に関わる規制緩和が進行した。この対内投資規制緩和の中，多くの外国企業が，中国，インドへの進出を短期間に実現することを目指したため，クロスボーダーM&Aのターゲットとして，大きなキャッシュフローを抱え，市場の評価が低い地場企業の株式を取得する投資が急増した。そして，これらのクロスボーダーM&Aは，国内M&Aよりも，結果的に大きな株主価値をもたらしている。さらに非上場企業のように情報非対称性が大きい現地企業がターゲット企業である場合，クロスボーダーM&Aはより大きな株主価値をもたらす確率が高い。

以上3つの結論を総合すると，第4の結論として，市場経済移行国におけるクロスボーダーM&Aは，国内企業同士のM&Aよりも，新興国の地場企業の市場経済化を進める効果が大きいと結論付けることができる。外国企業が，自らの株主価値を高める地場企業を探索，発掘し，これらの地場企業の事業再構築を後押しするためである。他方，国内企業同士のM&Aは，政府保有株式の放出時の買い手にはなるものの，被買収地場企業の延命以上に市場経済化に貢献する統計的証拠は得られていない。よって，近年の市場経済移行国における対内投資誘致とクロスボーダーM&Aに関わる規制緩和は，市場経済移行国の政府保有株式の放出をより迅速に進め，これら外国企業と地場企業の株主価値の増大に，プラスの貢献を果たしていると結論付けることができる。

第 2 章

グリーンフィールド直接投資vs.クロスボーダーM&A：新興国進出手段の選択決定要因

1 問題意識：2つの直接投資の選択決定要因

　前章では，中国およびインドを事例として，新興国向けクロスボーダーM&Aを誘発する原因ならびに帰結が，現地企業同士のM&Aとは異なることを実証的に示した。同時に，外国企業の対中国，インド向けクロスボーダーM&Aは，キャッシュフローが潤沢なこれらターゲット企業の買収を通じ，自らの株価・株主価値の増大とともに，国内ターゲット企業の事業再構築に貢献している，との結論も導出した。これらの結論より第1章では，人口規模が大きい新興国市場への迅速な参入を目指す外国企業と，国内企業の迅速な事業再構築を目指す中国，インド政府の双方の利害が一致していることが，近年の新興国向けクロスボーダーM&A急増の原動力であることが示されている。

　一方で，日本の製造業者が新興国へ進出する際，依然として，その大半は，グリーンフィールド直接投資である。例えばホンダは，2000年から2017年の間にASEANにおいて，計18件の現地法人設立を行っている。そのうち17件がグリーンフィールド直接投資であり，クロスボーダーM&Aは2001年のフェデラル・モーター（現アストラ・ホンダ・モーター）の買収1件のみに過ぎない。いずれの進出手段を選択するにせよ，企業が，海外進出手段を計画する，その究極の目的は利潤最大化である。その意味では，新興国進出において，多くの先進国企業は，2つの外国直接投資の選択が可能となったものの，依然として，グリーンフィールド直接投資を選択しているケースが多いことになる（**図表2-1**）。

　第1章で取り上げた中国，インドに限らず，多くの新興国政府は，重要な開発政策の1つとして，これまで直接投資誘致を強化してきた。この理由は，対内直接投資は，新興国の固定資本形成の増加，すなわち国内生産能力の増強と

技術移転の双方が期待できるためである。2001-2006年のタイ・タクシン政権，2004-2014年のインドネシア・ユドヨノ政権，2014年-のインド・モディ政権，いずれも彼らの任期中の対内直接投資の増大が，政権支持率安定に少なからず貢献している[1]。この1つの背景に，開発独裁時代が終焉した2000年以降，アジア地域では民主的な選挙制度が定着し，有権者がもたらす政治的影響力が強まってきたことがあげられる。2004年以降，大統領選挙に直接選挙制を導入しているインドネシアでは，2004年，2009年，2014年，いずれも各候補者は雇用対策と所得増進策の強化実施を，選挙公約において掲げている。またフィリピンにおいても，2000年以降の4度の大統領選挙では，いずれも雇用創出が争点となっている[2]。上記2カ国のみならず，多くの新興国政治リーダーにとって，雇用創出や所得増進に直接貢献する直接投資誘致は，今日の新興国では政権基盤安定のための強力な政策手段となっている（図表2-2）。一方で，新興国政府が，外国企業に，グリーンフィールド直接投資，クロスボーダーM&Aどちらの進出手段を望むかにかかわらず，その意思決定は外国企業に委ねられている。それゆえ，新興国政府が，開発政策として直接投資誘致をより効果的に進めるには，どちらの対内直接投資がそれぞれどのような国内政策，国内要因により促されるのかを，統計的に確認し，理解しておく必要がある。

　第1章でも述べた通り，これまでの学術研究では，多くの研究が新興国向け直接投資のほとんどがグリーンフィールド直接投資であるとの前提を置き，その誘致がもたらす新興国経済への影響を検証してきた[3]。グリーンフィールド直接投資は，進出を計画する外国企業が，進出先の新興国政府の許認可を得て，初めて実施可能となる。この投資形態では，外国企業は，新興国において現地従業員を雇用し，現地事務所の開設や生産拠点の建設を進め，利潤最大化の達成を目指す。一方で，この進出手段は，外国企業が，確実に現地進出を達成できる反面，任務完了までに数年単位の時間を要することが，かねてより進出企

---

[1] 例えば日本経済新聞2014年6月29日朝刊5頁「インド経済再建「官邸主導」，モディ政権1カ月，閣僚大幅減，決定速く，汚職や縁故の排除課題」。

[2] 日本経済新聞2016年4月25日朝刊7頁，「フィリピン大統領選，接戦，過激発言ドゥテルテ氏に勢い，「南シナ海」影響も，来月9日投票」。

[3] 例えばRafiquzzaman (2002), Javorcik (2004), Park and Lippoldt (2005), Branstetter et al. (2006), Nair-Reichert and Duncan (2008), Ivus (2010), Branstetter et al. (2011) など。

第2章　グリーンフィールド直接投資 vs. クロスボーダーM&A：新興国進出手段の選択決定要因　　55

業にとっての経営課題とされてきた。この課題を克服するため，近年は，「時間を買う」海外進出手段であるクロスボーダーM&Aを選択する企業が，急増しているということになる。最近は特に，銀行業や通信事業の海外進出では，この手法による海外への進出パターンが頻繁に見られる。例えば銀行産業では，三菱東京UFJ銀行（現 三菱UFJ銀行）が2012年にはタイのアユタヤ銀行を買収し，2016年にはフィリピン・セキュリティ銀行，2017年にはインドネシア・ダナモン銀行への出資を発表している。通信業者では，NTTドコモが2008年にインド・タタ・テレサービシスに出資し，新興国ではないが，ソフトバンクが2012年に米国スプリント・ネクステルを買収，現地進出を試みている。

　外国企業が新興国へ進出する場合，どのような場合にグリーンフィールド直接投資を選択し，どのような場合にクロスボーダーM&Aを選択するのか。本章は，企業のその進出手段選択の意思決定要因を解明する。本章は，外国企業が2つの外国直接投資，すなわちグリーンフィールド直接投資とクロスボーダーM&Aのいずれかを選択する際，投資を受け入れる新興国側の法制度の発展度，外国企業の事業目的・進出実績・経営パフォーマンス，新興国側のマクロ経済動向等の要因が，この選択意思決定へ影響を与えることを仮説とし，これらを検証する。新興国のどの法制度がどちらの選択に影響を与えるのか。また，外国企業のいかなる経営パフォーマンスが，どちらの直接投資選択を促すのか。これらを明らかにするため，本章は，インドネシア，マレーシア，フィリピン，タイ，シンガポール，インド，中国，香港，台湾，韓国，のアジア10カ国・地域へ進出する日本企業を標本として用い，実証分析を通じて新たな知見を導出することを研究目的とする。

　本章では，次節において，実証研究の進め方を提示し，続いて実証結果を報告する。最後に実証結果に関する考察を示し，結論を提示する。

2　先行研究：法制度とマクロ経済の影響

　新興国が，対内直接投資を誘致する際，影響を与える要因の1つとして，多くの先行研究が注目してきたのが知的財産法制である。一連の先行研究では，

投資受け入れ国である新興国側の知的財産制度の強化は，対内直接投資の増加，減少の双方の可能性を指摘している。まず，知的財産法制の強化が，新興国への対内直接投資を促すと結論付ける研究には，Braga et al. (1998), Javorcik (2004), Ivus (2010), Branstetter et al. (2011), Tanaka and Iwaisako (2014) がある。これらの実証研究では，新興国の知的財産制度の強化は，外国企業の投資インセンティブを高め，新興国への直接投資を促進すると結論付けている。また，Javorcik (2004), Branstetter et al. (2011) の研究では併せて，新興国側にとっても，いずれ特許失効後に技術移転が進むため，法制強化による対内投資増加は，経済発展へのプラスの効果が大きいと指摘している。

一方で，知的財産制度の強化が，対内直接投資を減少させると結論付ける研究には，Helpman (1993), Maskus and Penubarti (1995), Lai (1998), Glass and Saggi (2002), Saiz and Castro (2017) がある。これらの研究では，新興国の知的財産法制の強化は，外国企業の進出後，国内での技術移転の機会が減少するため，新興国側の対内投資受入が減少すると報告している。さらに，Lee and Mansfield (1996), Maskus (1998), Smith (1999), Rafiquzzaman (2002), Park and Lippoldt (2005), Branstetter et al. (2006), Nair-Reichert and Duncan (2008) は，この知的財産法制と対内直接投資の関係は，その他の変数からの影響次第で，正と負の双方の因果関係が存在する可能性があると主張している。具体的には，新興国のマクロ経済環境や政治汚職，知的財産法制以外の法制度などの条件が変わることで，知的財産法制と対内直接投資の間の因果関係の正負も変化すると結論付けている。このように，先行研究は，新興国の知的財産法制と対内直接投資の関係について，様々な結論を提示しているものの，いずれも暗黙的にグリーンフィールド直接投資を想定している。

2000年代半ば以降，世界の外国直接投資に占めるクロスボーダーM&Aの比率が急上昇した経緯を受け，この外国企業のクロスボーダーM&A実施の決定要因に関する実証分析が数多く発表されている。第1章でも述べたNeary (2004), Nocke and Yeaple (2004), Govanni (2005) は，外国企業がクロスボーダーM&Aを選択する際の規定要因として，進出現地の操業において必要となる生産要素，すなわち従業員や生産設備の，外国企業本国からの国際移動性の影響を指摘している。また，進出相手国の資本市場の発展度，外国為替レート

を決定要因として指摘した研究には，Head and Ries（2008）や Uysal et al.（2008），Erel et al.（2012），Ahern et al.（2012），Erel et al.（2015）がある。これらの研究では，投資家保護法などの投資家保護法制および株式市場の発展度，株価ならびに外国為替レートの変動率が，クロスボーダーM&A 選択の主要因であることを報告している。特に，Erel et al.（2012），Erel et al.（2015）は，企業の株価，両社間の為替レート変動がクロスボーダーM&A 実施を促す要因として影響が大きいと指摘している。

　上記のように，近年の外国直接投資に関する研究では，外国企業のクロスボーダーM&A 実施を促す要因の研究が急増中であるが，グリーンフィールド直接投資とクロスボーダーM&A との選択決定要因の違いに関する実証研究は少ない。こうした点を踏まえ，本章は，新興国進出を計画する外国企業が，グリーンフィールド直接投資，もしくはクロスボーダーM&A を選択する場合の決定要因を，双方もしくはいずれかの手段を実施した企業の標本を用いて検証することにより，2つの直接投資選択の決定要因の相違点を特定化する。

　本章は第1に，これまでの外国直接投資に関する一連の先行研究を踏まえ，新興国側の法制度整備を，外国企業の対内直接投資に影響を与える1つの要因として着目する。そして，まず新興国法制度の変化がもたらす影響が，グリーンフィールド対内直接投資と対内クロスボーダーM&A との間で異なることを実証的に示す。

　第2に投資を実施する外国企業の固有の要因と2つの直接投資選択との関係を精査する。ここでは，外国企業側の固有の要因として，過去の現地への進出・活動状況，進出後に実施する事業のタイプ（生産・販売・研究開発）がもたらす直接投資選択への影響を検証する。

　第3に，もう1つの外国企業側の固有の要因として，外国企業の株価と直接投資選択との関係を精査し，外国企業の株価が，グリーンフィールド直接投資とクロスボーダーM&A では，異なる影響をもたらすことを実証的に示す。上記3つの要因以外に，本章の分析では，新興国の経済ファンダメンタルズの影響を考慮に入れることとする。本章では次節において関連する先行研究の結論を提示し，これらの調査結果をもとに第3節において仮説を設定する。これらの仮説を検証するための分析方法及びデータを第4節，第5節で説明し，第6

節で実証結果を提示する。第7節と第8節では，得られた実証結果を考察し，結論を提示する。

図表2-1　日本企業によるアジア10カ国・地域への直接投資件数の推移

図表は，実証分析で用いた日本企業によるアジア10カ国・地域への外国直接投資の実施件数を示す。アジア10カ国・地域の定義は，インドネシア，マレーシア，フィリピン，タイ，シンガポール，インド，中国，香港，台湾，韓国である。件数データおよび，現地進出の目的，過去の進出実績の出典は，①グリーンフィールド直接投資が東洋経済新報社『海外進出企業総覧』，②クロスボーダーM&Aはトムソン・ロイター社 ThomsonONE である。①②ともに，金融業，不動産業，公益産業を除く。クロスボーダーM&Aはアナウンス時の目標株式取得比率が50%を超え，かつディールが「完了」している案件のみを抽出した。単位：件。

	①グリーンフィールド直接投資			②クロスボーダーM&A		
	合計	生産活動のための進出	過去の進出実績	合計	生産活動のための進出	過去の進出実績
2000	119	90	68	8	4	1
2001	189	139	108	9	5	1
2002	253	190	156	8	5	0
2003	221	156	155	11	7	0
2004	254	197	162	16	9	2
2005	206	138	144	21	10	4
2006	180	117	92	12	8	0
2007	123	99	88	10	7	2
2008	129	89	90	18	9	2
2009	126	79	70	28	6	0
2010	182	118	102	29	14	4
2011	279	188	161	41	19	5
2012	329	210	174	52	22	4
2013	213	133	165	46	26	4
2014	152	91	81	53	31	5
2015	105	60	59	45	26	2
2016	54	31	28	37	24	4
2017	62	24	25	28	17	2
Total	3,176	2,149	1,928	472	249	43

注：進出後の活動が生産・販売・研究開発他のいずれかは，『海外進出企業総覧』各現地法人の「事業目的」欄から生産事業数をカウントした。また，同資料において直接投資実施年度以前に進出した現地法人が存在する場合を，過去に進出実績がある直接投資として数えた。
資料：東洋経済新報社『海外進出企業総覧』各年版，トムソン・ロイター社 ThomsonONE

図表2-2　日本企業によるアジア10カ国・地域への国・地域別直接投資件数

図表は、実証分析で用いた日本企業によるアジア10カ国・地域へのグリーンフィールド直接投資、クロスボーダーM&Aの実施件数を示す。件数データの出典は、①グリーンフィールド直接投資が東洋経済新報社『海外進出企業総覧』各年版、②クロスボーダーM&Aはトムソン・ロイター社 ThomsonONE である。①②ともに、金融業、不動産業、公益産業を除く。クロスボーダーM&Aはアナウンス時の目標株式取得比率が50％を超え、かつディールが「完了」している案件のみを抽出した。単位：件。

国＼年	①グリーンフィールド直接投資		②クロスボーダーM&A	
	2000－2009	2010－2017	2000－2009	2010－2017
インドネシア	76	151	10	34
マレーシア	49	59	15	29
タイ	199	198	9	39
フィリピン	33	39	12	24
シンガポール	79	107	22	27
インド	81	110	19	28
韓国	109	97	14	27
台湾	97	79	14	18
香港	75	70	19	15
中国	953	515	40	57
合計	1,751	1,425	174	298

資料：東洋経済新報社『海外進出企業総覧』各年版、トムソン・ロイター社 ThomsonONE

3　仮説：何がどちらの直接投資を選択させるのか

　本章は先行研究を踏まえ、次の4つの仮説を設定する。第1の仮説は、知的財産法制や資本市場関連法制等、新興国（進出相手国）側の法制度要因がもたらす外国企業の直接投資意思決定への影響についてである。第2の仮説は、進出を計画する外国企業の過去の当該新興国への進出経験の有無がもたらす意思決定への影響についてである。第3の仮説は、外国企業の本国での企業価値が高く評価されているか否かがもたらす直接投資選択への影響についてである。第4の仮説は、対内投資を受け入れる新興国側のマクロ経済要因についてである。

オックスフォード大学のジャボルチック教授，コロンビア大学ビジネススクールのブランステッター教授らは，それぞれ Javorcik（2004）と Branstetter et al.（2011）において，新興国の知的財産法制の整備は，外国企業のグリーンフィールド直接投資を誘致することに，プラスの影響をもたらすと結論付けている。一方で，ダブリン大学ニアリー教授の Neary（2004）における先行研究サーベイでは，新興国側の知的財産法制がもたらす，外国企業のクロスボーダーM&A 実施の意思決定への影響に関する研究は皆無である。さらに，同じダブリン大学のアーヘン教授，オハイオ州立大学のエレル教授らの研究グループは，Ahern et al.（2012）および Erel et al.（2012），Erel et al.（2015）において，新興国側の資本市場関連法制はグリーンフィールド直接投資の受け入れには影響を与えないが，クロスボーダーM&A の受け入れには影響を与えると指摘している。これらの研究を踏まえ，本章では，新興国の知的財産法制の整備は，グリーンフィールド直接投資，クロスボーダーM&A の誘致にともにプラスの影響を持つと仮説設定する。一方で，新興国の投資家保護法制の整備は，クロスボーダーM&A の誘致にはプラスの効果をもたらすが，グリーンフィールド直接投資の誘致に影響をもたらさないと仮説設定する。

仮説 1：新興国の知的財産法制強化は，グリーンフィールド直接投資，クロスボーダーM&A の誘致をともに促し，投資家保護法制強化はクロスボーダーM&A のみを促す。

第 2，第 3 の仮説は，投資を実施する外国企業側の要因についての仮説である。慶應義塾大学の木村教授らの研究グループは，Kimura and Kiyota（2006）および Kimura et al.（2008）において，一般機械産業について検証を行い，過去における生産ネットワークとグローバル・バリュー・チェーンの形成が，現地事業の生産性を上昇させ，追加的生産能力増強の費用を節約的にすると指摘している。こうした先行研究の結論を踏まえ，本章の仮説 2 は，次の仮説を設定する。外国企業が，過去に当該新興国への直接投資実施経験があり，生産もしくは販売ネットワークを有する場合，新興国政府から得るべき許認可，審査にかかる費用が節約される。このため，このような外国企業は，クロスボー

ダーM&Aよりもグリーンフィールド直接投資を選択する確率が高い。

仮説2：過去に当該新興国へのグリーンフィールド直接投資を実施した外国企業は，次回の直接投資時もグリーンフィールド直接投資を選択する。

　Javorcik（2004）およびBranstetter et al.（2011）は，新興国への参入を計画する外国企業の株価とグリーンフィールド直接投資は，正の関係を持つと指摘している。その理由は次の通りである。まず，外国企業の本国株式市場において，企業価値を高く評価される企業は，製品サービスの競争力や事業の費用効率性等，何かしらの高株価の理由を持つはずである。そして，（本国）国内製品サービス市場で成功を収めた企業の多くは，その市場を国外に拡張することを試みるため，企業価値はさらに高まると，これらの先行研究は解釈している。また，クロスボーダーM&Aの場合にも，Giovanni（2005），Chari et al.（2010），Erel et al.（2015）は，外国企業の株価と新興国向けクロスボーダーM&Aの意思決定との関係は，正の関係にある，と結論付けている。

　このように先行研究は，外国企業の企業価値の増加が，グリーンフィールド直接投資，クロスボーダーM&A，双方の選択確率の上昇にプラスに働くと結論付けている。しかし，実際には，これらの研究が実証分析において採用した「企業価値」の代理変数は，研究ごとに異なっている。具体的には，Javorcik（2004）およびBranstetter et al.（2011）は，直接投資実施前1－12カ月間の外国企業の株価を用い，「成長機会」と呼ばれる資本時価・簿価比率を算出し，採用している。これに対し，Chari et al.（2010）やErel et al.（2015）は，M&A発表直前・直後の日次データから算出される累積超過収益率を用いている。この先行研究の手法の相違点に着目し，本章は，進出前に，株価が長期にわたり高位に推移している外国企業は，新興国進出時にグリーンフィールド直接投資を選択する確率が高いと仮説設定する。他方，クロスボーダーM&Aを選択する外国企業は，進出発表直前・直後に株価は高位に推移するが，実施前の中長期的な株価は必ずしも高くない，と仮説設定する。

仮説3：持続的に高い株価を持つ外国企業はグリーンフィールド直接投資を選

択し，クロスボーダーM&Aを選択する企業は，その発表前後に株価との関係が強まる。

　Javorcik (2004) や Huizinga and Voget (2009)，Ivus (2010) は，新興国のマクロ経済要因が，外国企業からのグリーンフィールド対内直接投資，対内クロスボーダーM&A，双方のタイプの直接投資を促すことを指摘している。これらの先行研究では，その対内直接投資を促すマクロ経済要因として，所得水準，人口規模，税制を指摘している。また，Stepanock (2014) は，二国間貿易取引の規模が，これら二国間の直接投資を促すことを指摘している。これらの先行研究を踏襲し，本章においても，新興国の家計の所得水準が高く，人口規模が大きく，法人税率が低い場合，そして外国企業との間の二国間貿易規模が大きい場合，グリーンフィールド直接投資，クロスボーダーM&Aはともに促進されることを第4の仮説とする。

仮説4：外国企業のグリーンフィールド直接投資，クロスボーダーM&Aの意思決定は，ともに新興国の所得水準，人口規模，税制，二国間貿易規模の影響を受ける。

4　分析方法

4.1　標準モデル

　本章の実証分析では，第3節で示した仮説を検証するため，新興国向け直接投資を実施する「外国企業」として日本企業の標本を用い，投資を受け入れる新興国としてアジア10カ国・地域のデータセットを採用する。データセットは，被説明変数としてグリーンフィールド直接投資（$GFFDI=1$，実施なし$=0$），クロスボーダーM&A（$CBMA=1$，実施なし$=0$），の実施の有無を示す被説明変数とその説明変数を用いる。外国直接投資を実施する企業は，日本の上場製造業社である。具体的には，2種類の実証モデルは次式を採用する。

$$GFFDI_{ic} = X_c^L \beta_1^{GF} + X_i \beta_2^{GF} + X_c^M \beta_3^{GF} + u_{ic}^{GF} \tag{2.1}$$

$$CBMA_{ic} = X_c^L \beta_1^{CB} + X_i \beta_2^{CB} + X_c^M \beta_3^{CB} + u_{ic}^{CB} \tag{2.2}$$

上記の実証モデル（2.1）（2.2）は，企業 i が，アジア10カ国・地域への進出を計画していることを想定している。企業 i がいずれかの国・地域を選択し，直接投資を実施した場合，この進出相手国である c 国のみ被説明変数が「＝ 1」となり，その他 9 カ国は自動的に「＝ 0」となる。潜在的な進出対象国をアジア10カ国・地域とした理由は，日本との地理的距離が近い国・地域を標本として採用することで，日本と投資対象国間の地理的距離の違いがもたらす影響を緩和するためである。X^L は c 国の法制度に関する変数群であり，本章の場合は c 国における知的財産法制，投資家保護法制の整備度・厳格さ・公正度を示す。X_i は投資実施企業 i の株価関連指標をはじめとする財務上の特徴，経営パフォーマンスの変数グループである。企業 i に関する説明変数 X_i は，10カ国・地域で共通の変数を採用する。X^M は，企業 i の投資の意思決定に影響を与えうる c 国のマクロ経済変数群である。

X^L は具体的には，スイス国際経営開発研究所（IMD）が1989年以降，アンケート調査をもとに毎年，発表する各種法制度に関する各国・地域の評点の変数グループである。この変数グループにはまず，アジア10カ国・地域の知的財産法制の整備度・公平性・透明性を表す評点を知的財産法制の整備度の代理変数（*IP Right Score*）として採用した。また，投資家保護法制や株主権利法制に関わる評点を投資家保護法制の整備度の代理変数（*SH Rights Score*）として採用した。Lai（1998）や Branstetter et al.（2006）の結論が，グリーンフィールド直接投資のみならずクロスボーダーM&A にも当てはまるのであれば，本研究においても，知的財産法制スコアがもたらす，(2.1)(2.2) 式の被説明変数への影響は，ともに正の影響が検出されるはずである。一方，本章では，新興国の投資家保護法制の整備度が高い場合，外国企業は外国直接投資においてクロスボーダーM&A を選択しやすい，と仮説設定する。特に，現地での販売チャネルの敷設に象徴されるように，外国企業の本国から生産要素を持ち運ぶことでの進出が難しい事業の場合，この法制度の改善，整備はクロスボーダー

M&Aの選択を促すと考えられる。

2種類目の変数グループX_iには,企業iの将来の投資機会を示す資本の時価・簿価比率(Market to Book),企業規模を示すUSドル建て総資産残高の自然対数値(Firm Size)を採用する。ここで,企業の資本の時価・簿価比率は,一連の企業設備投資に関する先行研究同様,簿価の企業価値に対する時価の価値が大きければ,外国直接投資の実施にプラスの影響をもたらす代理変数と考えている。企業規模を示す変数は,企業規模が大きいほど,過去に外国直接投資を経験し,海外事業展開を実施するノウハウが社内に携えられている可能性が高いと考え,採用した。また,株価や財務面以外の企業固有の特徴を示す変数として,投資を実施する企業iの生産販売ネットワークの代理変数(Regional Networks)を採用した。この変数の定義は,外国企業の本国−新興国の二国間貿易額の全貿易額に対する比率(Bilateral Trade)と過去の企業iの新興国c国への進出の有無(Regional Experience)の交差項とした。Regional Experienceは,企業iが直接投資実施時点で新興国c国への過去の進出実績がある場合を「=1」,ない場合を「=0」とした。また企業iの進出目的を示す代理変数としてEntry Purposeを採用した。Entry Purposeの定義は,販売チャネル敷設を目的とする場合を「=1」とし,製造・生産能力増強・研究開発を目的とする場合およびその他のケースを「=0」とした。

X^Mはc国のドル建て1人当たりGDP(per capita GDP),人口規模の自然対数値(Population),外国企業iの本国とc国との間のドル建て二国間貿易額の全貿易額に対する比率(Bilateral Trade),c国の法人税率(Corporate Tax)を採用した。これらの説明変数選択の理由は,c国の1人当たりGDPが大きければ,外国企業iの収益機会において魅力的と受け留められる可能性が高く,併せて人口規模が大きければ,その市場規模も大きいと考えたためである。また法人税率の水準は,c国で事業を実施する上で重要な要因であり,外国企業iの本国とc国の二国間貿易額の規模が大きければ,2つの国々の経済相互依存度が高く,c国への対内直接投資を後押しすると考えたためである。Javorcik(2004),Ivus(2010)らの研究は,経済成長率,人口規模,二国間貿易額は,いずれも外国企業のグリーンフィールド直接投資誘致に影響をもたらすと結論付けている。本章においても,これらのc国のマクロ経済変数は,

外国企業 i のグリーンフィールド直接投資，クロスボーダーM&A，いずれの直接投資意思決定にも影響をもたらすと考えている。実証モデルでは上記の X_c^L, X_i, X_c^M 以外に，年ダミー変数，国ダミー変数，産業ダミー変数（SIC 2桁）を採用している。

推計は，(2.1)(2.2) 式を SUR（Seemingly Unrelated Regression）回帰分析により2方程式のパラメータを同時推計する。SUR 推計を採用する理由は，同じ標本と説明変数を用いることで，外国企業がグリーンフィールド直接投資とクロスボーダーM&A のいずれかを選択する際に，影響を与える説明変数，影響を与えない説明変数の違いを，明らかにするためである。ふたつ目の理由は，2種類の直接投資の選択要因として同じ説明変数を採用し，この係数について $\beta^{GF} - \beta^{CB} = 0$ の検定を行うことで，グリーンフィールド直接投資とクロスボーダーM&A の意思決定に影響を与える変数の影響度の大きさが異なることを統計的に明らかにするためである。

4.2 直接投資選択と株価効果の検証

本章では第2の実証分析として，進出を計画する外国企業固有の特徴（X_i）として，投資を実施する外国企業の株価と直接投資選択の関係を検証する。4.1の実証分析では，新興国 c 国の知的財産制度と投資家保護法制が，外国直接投資の選択に影響を与える有力な候補と考えている。一方で，4.2の分析では，外国企業の企業価値の指標に，月次の株価データを用い，株価が直接投資選択に与える影響の有無ならびにその大きさを確認する。ここでは，仮説3に沿い，投資を実施する外国企業の株価が投資実施前に持続的に高い場合，グリーンフィールド直接投資が選択され，クロスボーダーM&A は選択されないという仮説を検証することを分析の目的としている。逆にクロスボーダーM&A が選択される場合には，実施前の中長期的な株価はこの投資選択に影響を及ぼさないが，投資発表実施直前・直後に，外国企業の株価が反応するという仮説を併せて検証する。

例えば日本企業の原データを見ると，グリーンフィールド直接投資を実施する企業の多くは，電気機械，輸送機械，精密機械の産業分類に属する。これらの企業の大半は，過去にアジア地域での多額の直接投資実績を持ち，これまで

域内生産ネットワークの構築を進めてきたと考えられる[4]。本章は，これらの企業が国内市場で競争力が高い製品を生産・販売し，国内資本市場で企業価値を高く評価されている場合に，海外進出手段として，グリーンフィールド直接投資を選択する確率が高いと仮説設定している。他方，原データを見る限り，クロスボーダーM&Aを実施している企業の多くは，過去にアジア地域での外国直接投資実績を持つ企業ではない。例えば，標本期間中の日本企業のアジア・オセアニア地域のクロスボーダーM&Aを買収総額順に見ると，最も買収総額が大きいのが2009年実施のキリン・ホールディングスによる豪ライオン・ネイサン（飲料）買収，続いて2008年に実施された第一三共の印ランバクシー製薬（医薬品）買収の順である。そしてキリン・ホールディングスは2009年まで豪州進出実績はなく，第一三共のインド進出は前年の2007年に設立した研究開発拠点第一三共インディア・ファーマのみである。これらに象徴されるように，日本企業のクロスボーダーM&Aでは，過去に進出実績の乏しい地域において，現地販売チャネルを拡大する，もしくは新プロジェクトを立ち上げることが実施の理由となっているケースが多い。したがって，これらの場合にはディール実施前後に株価が変動するケースが多発するものの，投資実施以前からの持続的な株価の上昇が実施の要因となっている可能性は低いと考えられる。例えば，株価とクロスボーダーM&Aの関係を検証したErel et.al.（2012）では，クロスボーダーM&Aの発表と買収企業の株価の上昇が，ほぼ同時に発生すると報告している。

　推計式は，(2.1)(2.2)式と同様，推計モデルをSUR回帰分析により推計する。4.2の推計モデルが(2.1)(2.2)式と異なる点は，直接投資選択に影響を与える企業要因X_iの変数に，資本の時価・簿価比率（*Market to Book*）の替わりに，市場インデックス指数調整済み株価変動率（*Market Adj Price*）および為替レート変動調整済み株価変動率（*Forex Adj Price*）を用いる点である。この2つの株価変動率は，直接投資実施時点から過去40営業日の企業iの株価

---

[4]　東洋経済新報社『【会社別編】海外進出企業総覧2018』では，日本企業の海外現地法人数の上位2社は順にパナソニック（電気機械，255社），ダイキン工業（機械，177社）である。上位10社のうち9社が，いずれも国別現地法人数1位が中国であり，2位，3位にマレーシア，タイなどのASEAN諸国が続いている。

からマーケット・インデックスとの差の平均値（*Market Adj Price*）およびこの *Market Adj Price* から過去40営業日の外国企業 *i* の本国と投資対象国 *c* 間の二国間の外国為替レート変動率を差し引いた値（*Forex Adj Price*）である。併せて，本章では，直接投資実施前後20営業日（計41営業日），直接投資実施前20営業日＋実施後40営業日（61営業日）の累積超過収益率の2種類の累積超過収益率（*CAR1m*，*CAR2m*）を採用する。株価の変数は日次データを用いて算出し，それぞれ20営業日，40営業日を期間1カ月，2カ月と見なし採用した。この日次データを月次データとして採用した理由は，グリーンフィールド直接投資の実施時期に関する情報が，月次ベースでのみ入手可能であり，またアナウンス時期については非開示であったためである。

5　データ

企業 *i* によるグリーンフィールド直接投資のデータ（*GFFDI*）は，東洋経済新報社『海外進出企業総覧』のデータを採用した。同誌は日本企業の海外進出状況の全数を掲載しており，このうち上場企業のアジア10カ国・地域進出データを採用した。このデータにおいて，掲載される「設立年月」のデータを直接投資の実施時期とした。このデータは，グリーンフィールド直接投資，クロスボーダーM&A 双方による海外進出を含むため，入力された全標本からクロスボーダーM&A による進出を除外したデータセットを，グリーンフィールド直接投資データと定義した。一方のクロスボーダーM&A のディールデータ（*CBMA*）の入手先はトムソン・ロイター社 *ThomsonONE* である。*ThomsonONE* のデータベースより日本の上場企業とアジア10カ国・地域に所在する企業との間の，目標株式取得比率50％以上の「完了」M&A ディールを抽出し，クロスボーダーM&A データを作成した。このデータセットの作成では，*ThomsonONE* のデータベースにおいて，「中断」「延期」「撤退」「不明」と示される案件は，標本から除外した。また M&A 発表後，20営業日以内に同一買収者から発表された案件も標本から除外した。

投資受入国の法制度に関するデータ X^L は，知的財産法制（*IP Rights Score*）

と株主権利法制（*SH Rights Score*）の整備度を示す2つのデータを採用している。ここでの2つの法制度の整備度を示す定量データは，スイス国際経営開発研究所（IMD）が毎年発行する『国際競争力ランキング』に掲載される，331種類の分野別評点の中から，「知的財産制度の整備度・公平性・透明性に関する評点」，「投資家保護法制の整備度・公平性・透明性に関するに関する評点」，の標本期間中の各国・地域別時系列データを用いている。このデータは，IMDが毎年，世界各国の研究者，実務家4,000〜5,000名へアンケートを実施し，各国・地域間で比較可能な定量化を目的として，この集計結果を1から10の間の評点へ基準化した定量データである。

これまで，知的財産法制の整備度に関する指標は，Rapp and Rozek (1990)，Ginarte and Park (1997) により開発された指数が，また株主権利法制についてはGompers et al. (2003) のガバナンス・インデックス指標が，先行研究では好んで用いられてきた。Rapp and Rozek (1990) の知的財産法制指数は客観性に優れているものの，指数の発表頻度が毎年ではなく，またデータの対象国も先進国5カ国のみである。Ginarte and Park (1997) の知的財産法制指数も本章が分析対象の中心とするアジア新興国を網羅しないという難点を持つ。また，Gompers et al. (2003) の株主権利法制の評点は，国の法制度の評価を定量的に示した指数ではなく，各国所在企業の企業統治に対する取り組み姿勢などを，国・地域ごとに評価した指標である。これらの理由により，本章では，分析対象国・地域の法制度に関する評点を，1989年以降毎年発表されるIMD『国際競争力ランキング』の項目別評点から採用している。

2種類目の変数グループ X_i は，トムソン・ロイター社 *Eikon* より，直接投資を実施する日本企業の，将来の投資機会の有無を示す資本の時価・簿価比率（*Market to Book*），投資実施企業の企業規模を示すUSドル換算総資産残高の自然対数値（*Firm Size*）を採用した。生産ネットワークの有無を示す変数（*Regional Networks*）には，東洋経済新報社『海外進出企業総覧』の掲載情報から，投資対象国における過去の進出の有無を表すダミー変数（実績あり；*Regional Experience* = 1，なし = 0）に財務省『貿易統計』の二国間貿易取引額の全取引額に対する比率（*Bilateral Trade*）を乗じた変数を用いている。また，進出後の事業が製造・生産関連事業か販売等を目的とした事業かを示すダ

図表 2-3 採用変数の記述統計

図表は、実証分析において採用した変数の記述統計量を示している。記述統計量は平均値と標準偏差を示しており、それぞれグリーンフィールド直接投資、クロスボーダーM&A、外国直接投資を実施していない外国（進出）企業の3種類の記述統計を示している。データは、スイス国際経営開発研究所『国際競争力ランキング』、東洋経済新報社『海外進出企業総覧』、トムソン・ロイター社 ThomsonONE、Eikon、国際通貨基金 International Financial Statistics より採用した。採用変数の定義は、「4 分析方法」に示している。

	X^L：新興国法制度要因			X^M：新興国マクロ経済要因			X^f：外国（本国）企業要因				
	IP_Rights Score	SH_Rights Score	Market-to-Book	per capita GDP	Population	Corporate Tax	Bilateral Trade	Market Adj Price	Forex Adj Price	CAR1m	CAR2m	Firm Size
グリーンフィールドFDI を選択 (GFFDI=1) 平均値 (N=3,176)	1.874	1.710	0.242	8.112	20.554	23.307	−2.666	0.069	0.006	0.344	0.487	12.705
標準偏差	0.186	0.184	0.468	1.204	1.889	4.179	0.286	0.091	0.154	0.719	0.304	1.592
クロスボーダーM&A を選択 (CBMA=1) 平均値 (N=472)	1.714	1.796	0.334	8.711	18.164	21.331	−2.854	0.025	0.019	0.549	0.481	13.332
標準偏差	0.311	0.177	0.264	1.511	1.749	4.263	0.581	0.107	0.113	0.543	0.533	1.541
直接投資未実施企業 (CBMA=0 & GFFDI=0) 平均値 (N=31,110)	1.706	1.865	0.151	8.847	18.842	25.329	−2.990	0.038	0.008	0.280	0.358	12.429
標準偏差	0.280	0.186	0.402	1.451	1.841	4.327	0.392	0.118	0.166	0.272	0.677	1.694

ミー変数（販売；*Entry Purpose* = 1）は，東洋経済新報社『海外進出企業総覧』の掲載情報を用いている。4種類の株価関連データ（*Market Adj Price*, *Forex Adj Price*, *CAR1m*, *CAR2m*）はトムソン・ロイター社 *ThomsonONE* より，企業 i，各国・地域株価インデックス・データを入手し，算出した。

3種類目の投資受入国の経済状況に関する国要因データ X^M は，1人当たりGDP（*per capita GDP*），人口（*Population*），法人税率（*Corporate Tax*）は国際連合，世界銀行から入手している。なお，Svensson（2005）や Olken and Barron（2009）が指摘するように，近年の新興国向け対内直接投資に係る研究では，進出対象国の汚職の度合いが対内投資に影響をもたらす1つの要因として議論されている。Nagano（2013）では，国際非政府機関 Transparency International 社の Corruption Perception Index を用い，(2.1)(2.2) 式に加えることで汚職の程度がもたらす影響を確認したが，いずれも非有意であった。このため，本章の推計においても，この変数を採用していない。上記に示した，本章の採用変数の記述統計は**図表2-3**に示されている。

6 推計結果

6.1 2つの直接投資の比較分析

図表2-4は，第4節で示した実証モデル (2.1)(2.2) の推計結果を示している。推計式(1)(2)の実証結果は，まず法制度要因が与える直接投資選択の影響について，グリーンフィールド直接投資，クロスボーダーM&Aの実施に対して，ともに，知的財産法制スコア（*IP Right Score*）は有意な正の影響を与えていることを示している。また，投資家保護法制スコア（*SH Right Score*）は，クロスボーダーM&Aの選択には正の有意な影響を与えているが，グリーンフィールド直接投資に対しては影響を与えていない。また，企業固有の要因がもたらす影響については，過去の生産・販売ネットワークの構築の有無を示す変数（*Regional Networks*）が，グリーンフィールド直接投資に対して有意に正の影響を与えている。

図表2-4 グリーンフィールド直接投資 vs. クロスボーダーM&A：直接投資選択要因の実証分析結果

図表は，2000年から2017年に日本企業がアジア10カ国・地域に進出する際，グリーンフィールド直接投資（GFFDI＝1，進出なし＝0），クロスボーダーM&A（CBMA＝1，進出なし＝0）の選択に，どのような要因が影響をもたらしたのかについて，SUR推計による実証結果を示している。説明変数グループは，新興国法制度要因（X^L），外国（本国）企業要因（X_i），新興国マクロ経済変数要因（X^M）である。外国企業要因（X_i）の企業価値・株価の代理変数には，本推計では資本時価・簿価比率（Market to Book）を採用している。パネル(A)はこの推計結果を示し，パネル(B)はパネル(A)の係数値の(1)-(2)の差の検定結果を示す。

	パネル(A)			
	被説明変数			
説明変数	(1) GFFDI		(2) CBMA	
IP Rights Score	0.490	***	0.101	***
	(3.460)		(3.560)	
SH Rights Score	0.029		0.935	***
	(0.260)		(4.550)	
Market to Book	7.24E-03		5.00E-05	
	(0.260)		(0.460)	
Firm Size	-0.008	***	0.004	***
	(-6.000)		(5.260)	
Regional Networks	0.845	***	0.008	
	(64.361)		(0.700)	
Entry Purpose	-0.010		0.054	**
	(-0.360)		(2.110)	
per capita GDP	-0.063	***	-0.048	***
	(-3.680)		(-2.800)	
Population	0.427	***	0.204	***
	(4.360)		(3.560)	
Bilateral Trade	0.056	***	0.003	***
	(4.210)		(2.880)	
Corporate Tax	-0.080	***	-0.077	***
	(-4.130)		(-4.280)	
定数項	-8.597	***	-2.735	***
	(-7.280)		(-3.860)	
年ダミー変数	yes		yes	
産業ダミー変数（SIC 2桁）	yes		yes	
国・地域ダミー変数	yes		yes	
ワルドχ^2検定	56,258.1	***	466.4	***
Pseudo R2	0.554		0.026	
標本数			34,758	
	パネル(B)			
IP Rights Score	0.389		(0.860)	
SH Rights Score	-0.906	***	(-3.510)	
Market to Book	0.007		(0.110)	
Regional Networks	0.837	***	(7.440)	
Entry Purpose	-0.064	***	(-3.670)	
Corporate Tax	-0.003	***	(-3.400)	

注：***，**，*はそれぞれ1％，5％，10％有意水準を示す。

次に進出国の経済ファンダメンタルズ要因が直接投資選択に与える影響は，1人当たりGDP（*per capita GDP*）はグリーンフィールド直接投資，クロスボーダーM&A双方に対し，有意に負の影響を与えている。進出国の人口規模（*Population*）はグリーンフィールド直接投資，クロスボーダーM&A双方に対して有意に正の影響を与えている。法人税率（*Corporate Tax*）はグリーンフィールド直接投資，クロスボーダーM&A双方に対し有意に負の影響を与えている。

パネル(B)ではパネル(A)で得られた係数値の推計式(1)と(2)の差の検定結果を示している。結果を見ると，知的財産法制スコア（*IP Right Score*）の係数値は，被説明変数がグリーンフィールド直接投資，クロスボーダーM&Aの2つの場合で，係数値に有意な差は見られない。一方，投資家保護法制（*SH Right Score*）の係数値は，クロスボーダーM&Aの係数値がグリーンフィールド直接投資の係数値よりも有意に大きい（係数値の差の符号が負）ことが示されている。法人税率（*Corporate Tax*）の係数値の絶対値も，クロスボーダーM&Aが被説明変数の場合，グリーンフィールド直接投資の場合よりも，係数値は有意に大きいことが示されている。すなわち，外国企業のグリーンフィールド直接投資の意思決定は，新興国の法人税率が高いほどその選択確率が低下するが，その選択確率低下の度合いはクロスボーダーM&Aの場合よりも大きいことを示している。

6.2 直接投資選択と株価効果

外国企業の株価がもたらす直接投資意思決定への影響に関する分析結果が**図表2－5**に示されている。推計式(3)(4)の実証結果では，知的財産法制スコア（*IP Right Score*），投資家保護法制スコア（*SH Right Score*），進出相手国1人当たりGDP（*per capita GDP*），人口（*Population*），二国間貿易取引額（*Bilateral Trade*）の係数値の結果は，概ね図表2－4の推計結果と一致している。株価の変数では，海外進出企業の株価変動率からマーケット・インデックス変動率を差し引いた市場インデックス指数調整済み株価変動率（*Market Adj Price*）は，グリーンフィールド直接投資の実施に対して有意に正の影響を有するが，クロスボーダーM&Aの実施に対する影響の有無は，統計的に非有意であった。

推計式(5)(6)の実証結果も,知的財産法制スコア（*IP Right Score*),投資家保護法制スコア（*SH Right Score*),進出相手国1人当たりGDP（*per capita GDP*),人口（*Population*),二国間貿易取引額（*Bilateral Trade*) の係数値の結果は,概ね図表2-4の推計式(1)(2)の推計結果ならびに図表2-5の推計式(3)(4)の推計結果と一致している。為替レート調整済み株価変動率（*Forex Adjusted Price*)が与える直接投資選択への影響は,グリーンフィールド直接投資への影響において,有意に正の影響を示しており,クロスボーダーM&Aに対しては,統計的な因果関係は検出されていない。

図表2-5推計式(7)-(10)は,株価の代理変数として,直接投資実施前後1カ月,直接投資実施後2カ月の累積超過収益率を採用した場合の推計結果を示している。推計式(7)および(8)では,被説明変数がグリーンフィールド直接投資の場合の,累積超過収益率1カ月（*CAR1m*)の係数値は非有意であったが,被説明変数がクロスボーダーM&Aの場合にはこの係数値は,正の有意な値を示している。推計式(9)および(10)において,この変数に直接投資実施前後2カ月間の累積超過収益率（*CAR2m*)を採用した場合も,同様の結果を示している。すなわち,グリーンフィールド直接投資に対しては,この変数からの影響の有無は統計的に非有意であるが,クロスボーダーM&Aに対しては有意に正の影響が検出されている。

図表2-5パネル(B)ではパネル(A)で算出された各説明変数の係数値の差の検定結果が示されている。推計式(3)-(10)のパネル(B)は,知的財産法制スコア（*IP Right Score*),株主権利法制（*SH Right Score*)の係数値の差の検定結果が,図表2-4パネル(B)と同様であり,前者はグリーンフィールド直接投資とクロスボーダーM&Aとの間で係数値に有意な差は見られないが,後者はクロスボーダーM&Aの係数値が有意に大きいことを示している。推計式(3)-(6)のパネル(B)では,市場インデックス指数調整済み株価変動率（*Market Adj Price*),為替レート調整済み株価変動率（*Forex Adj Price*)の係数値の差異は,グリーンフィールド直接投資がクロスボーダーM&Aをどちらも有意に上回っており,直接投資実施前の投資企業の中長期的な株価の動向は,より強くグリーンフィールド直接投資の選択へ影響を与えていることを示している。図表2-5推計式(7)-(10)のパネル(B)では,累積超過収益率1カ月（*CAR1m*),累積超過

図表 2-5 グリーンフィールド直接投資 vs. クロスボーダーM&A：直接投資選択における株価効果の実証分析結果

図表は、2000年から2017年に日本企業がアジア10カ国・地域に進出する際、グリーンフィールド直接投資 ($GFFDI=1$、進出なし=0)、クロスボーダーM&A ($CBMA=1$、進出なし=0) の選択に、どのような要因が影響をもたらしたのかについての、SUR 推計による実証結果を示している。説明変数グループは、新興国法制度要因 (X^l)、外国企業要因 (X^f)、新興国マクロ経済変数要因 (X^m) である。外国企業要因 (X^f) の企業価値・株価の代理変数には、(3)–(6)式が Market Adj Price および Forex Adj Price、(7)–(10)式が $CAR1m$ および $CAR2m$ を採用している。パネル(A)は推計結果を示し、パネル(B)はパネル(A)の係数値の(3)–(4), (5)–(6), (7)–(8), (9)–(10)の差の検定結果を示している。

パネル (A)

説明変数	(3) GFFDI	(4) CBMA	(5) GFFDI	(6) CBMA	(7) GFFDI	(8) CBMA	(9) GFFDI	(10) CBMA
IP_Rights Score	0.240 ***	0.095 ***	0.248 ***	0.112 ***	0.200 ***	0.094 ***	0.252 ***	0.104 ***
	(3.540)	(3.330)	(3.410)	(3.260)	(3.620)	(3.300)	(3.440)	(3.110)
SH_Rights Score	0.018	0.946 ***	0.014	0.851 ***	0.014	0.951 ***	0.016	0.884 ***
	(0.410)	(4.690)	(0.390)	(4.960)	(0.350)	(4.770)	(0.380)	(4.860)
Market Adj Price	0.022 *	−0.011						
	(2.450)	(−1.400)						
Forex Adj Price			0.041 **	−0.018				
			(2.180)	(−0.990)				
CAR1m					−0.031	0.055 **		
					(−1.500)	(2.410)		
CAR2m							−0.010	0.043 **
							(−0.664)	(2.120)
Firm Size	−0.011 ***	0.001 ***	−0.014 ***	0.003 ***	−0.024 ***	0.001 ***	−0.022 ***	0.003 ***
	(−5.910)	(5.320)	(−5.740)	(5.400)	(−6.020)	(5.290)	(−5.940)	(5.360)
Regional Networks	0.910 ***	0.005	0.897 ***	0.003	0.884 ***	0.001	0.891 ***	0.002
	(71.250)	(0.960)	(61.410)	(0.740)	(69.460)	(0.840)	(65.440)	(0.690)
Entry Purpose	−0.022	0.045 **	−0.005	0.049 **	−0.034	0.039 **	−0.033	0.045 **
	(−0.540)	(2.140)	(−0.480)	(2.110)	(−0.620)	(2.260)	(−0.580)	(2.360)
per capita GDP	−0.075 ***	−0.049 ***	−0.074 ***	−0.045 ***	−0.084 ***	−0.044 ***	−0.082 ***	−0.045 ***
	(−3.710)	(−2.910)	(−3.680)	(−2.860)	(−3.690)	(−2.870)	(−3.700)	(−2.850)
Population	0.453 ***	0.184 ***	0.448 ***	0.190 ***	0.541 ***	0.179 ***	0.526 ***	0.191 ***

	(1)	(2)	(3)	(4)	(5)	(6)	(7)	(8)
	(4.290)	(3.610)	(4.310)	(3.600)	(4.110)	(3.590)	(4.230)	(3.610)
Bilateral Trade	0.061 ***	0.003 ***	0.059 ***	0.006 ***	0.059 ***	0.002 ***	0.062 ***	0.004 ***
	(4.180)	(2.710)	(4.260)	(2.690)	(4.090)	(2.960)	(4.160)	(2.920)
Corporate Tax	−0.071 ***	−0.070 ***	−0.089 ***	−0.067 ***	−0.065 ***	−0.086 ***	−0.071 ***	−0.075 ***
	(−4.290)	(−4.340)	(−4.410)	(−4.430)	(−4.660)	(−4.610)	(−3.990)	(−4.550)
定数項	−7.997 ***	−2.374 ***	−8.884 ***	−2.432 ***	−8.114 ***	−4.770 ***	−8.794 ***	−5.764 ***
	(−6.829)	(−4.110)	(−7.970)	(−3.920)	(−7.190)	(−3.900)	(−7.550)	(−3.660)
年ダミー変数	yes	yes	yes	yes	yes	yes	yes	yes
産業ダミー変数	yes	yes	yes	yes	yes	yes	yes	yes
国・地域ダミー変数	yes	yes	yes	yes	yes	yes	yes	yes
ワルドχ²検定	51,481.7 ***	512.5 ***	55,414.1 ***	506.4 ***	59,485.5 ***	565.4 ***	63,248.4 ***	554.2 **
Pseudo R2	0.614	0.031	0.586	0.028	0.598	0.056	0.577	0.061
標本数	34,758	34,758	34,758	34,758	34,445	34,445	34,445	34,445

パネル(B)

	(1)	(2)	(3)	(4)	(5)	(6)	(7)	(8)
IP_Rights Score	0.145	0.136		(0.620)	0.106	(0.551)	0.148	(0.610)
	(0.640)							
SH_Rights Score	−0.928 ***	−0.837 ***		−2.980 ***	−0.937 ***	−3.170 ***	−0.868 ***	−3.030 ***
	(−2.960)							
Market Adj Price	0.033 **	0.059 ***		2.860 ***				
	(2.100)							
Forex Adj Price								
CAR1m					−0.086 *	(−1.840)		
CAR2m							−0.053 ***	2.960 ***
Regional Networks	0.905 ***	0.894 ***	5.360 ***	5.440 ***	0.883 ***	5.870 ***	0.889 ***	5.770 ***
Entry Purpose	−0.067 ***	−0.054 ***	−3.100 ***	−3.220 ***	−0.073 ***	−3.640 ***	−0.078 ***	−3.620 ***
Corporate Tax	−0.002 ***	−0.022 ***	−4.410 ***	−4.110 ***	0.021 ***	4.260 ***	0.004 ***	4.190 ***

注：***，**，*はそれぞれ 1 %，5 %，10%有意水準を示す。

収益率2カ月（$CAR2m$）の係数値の差の検定が示されている。双方ともに，係数値の差が有意な負の値を示しており，この変数が，よりクロスボーダーM&Aに対し，影響を大きく及ぼしていることを示している。

7　考察：法制度・事業目的・株価効果

　本章の実証分析結果は，新興国の知的財産法制の強化・整備は，対内直接投資の大半を占めるグリーンフィールド直接投資の誘致にプラスの影響を与えることを示している。この結果は，Lai (1998)，Branstetter et al. (2006)，Javorcik (2004)，Takada and Iwaisako (2014) らの一連の研究結果と整合する。また本章の実証分析結果は，知的財産法制の強化は，近年急増中のクロスボーダーM&Aの誘致にも，促進効果を持つことを示している。これらの結果を総合すると，新興国にとって，知的財産法制の整備は，外国企業にグリーンフィールド直接投資，クロスボーダーM&A，どちらのタイプの対内直接投資をも促進すると結論付けられる。それゆえ，本章のこの結論は，新興国政府にとって，知的財産法制の強化が，対内投資誘致を通じる経済発展において有力な開発政策となりうることを示唆している。図表2-4，図表2-5パネル（B）の実証結果が語るグリーンフィールド直接投資とクロスボーダーM&Aの主要な違いは，前者は生産拠点の設立を必要とする場合に選択される確率が高く，後者は販売チャネルを必要とする場合に採用されるケースが多いことである。第2節で述べた通り，Neary (2004)，Nocke and Yeaple (2004) は，2つの直接投資選択の決定要因として，進出する外国企業側の生産要素の国際移動性の違いを指摘している。これらの結論が正しいとすれば，生産拠点の設立，販売チャネルの敷設，いずれの投資目的においても，本国からの生産要素の国際移動性が，直接投資選択の決定要因であることになる。しかし，本章の第1の結論は，生産要素の国際移動性の有無にかかわらず，自社が持つ知的財産が保護されることは，外国企業に，グリーンフィールド直接投資，クロスボーダーM&A，いずれの実施をも促すことを示している。

　さらに本章の実証結果は，新興国の投資家保護法制は，クロスボーダー

M&Aの誘致には促進効果を持つが、グリーンフィールド直接投資の誘致には影響を与えないことを示している。この結果は、Govanni（2005）が指摘する金融関連法制の整備度とクロスボーダーM&Aの関係に関する結論と一致する。IMD評点の原データを確認すると、インドネシア、フィリピンのASEAN 2カ国は標本国・地域の中でも低い水準が続いている。一方、マレーシア、シンガポール、インドは、2000年代半ば以降、先進国並みの評点が続いており、この投資家保護法制への評価が両国へのクロスボーダーM&Aが近年、増加している一因であると解釈することができる[5]。中国も、インドネシア、フィリピン同様、低い投資家保護法制の評点が続いている。しかし、それでも同国へのクロスボーダーM&Aが増加し続ける理由は、同国の高い経済成長率と経済規模が、投資家保護法制の未整備を補って余りある影響をもたらしているためと考えられる。これらの実証分析結果を踏まえると、新興国の知的財産法制と投資家保護法制がもたらす、外国企業の対内直接投資選択への影響に関する本章の第1の仮説は、支持される。

仮説2の既存ネットワークの有無が直接投資選択にもたらす影響は、新興国進出を計画する外国企業固有の要因である。本章では、過去の進出の有無と二国間貿易取引の規模の交差項を既存ネットワークの有無の代理変数と見なしている。この変数はグリーンフィールド直接投資に対しては正の有意な影響を持ち、仮説2を支持している。それゆえ、この変数は、グリーンフィールド直接投資の選択決定要因として、重要な役割を担っていると結論付けることができる。一方で、この変数はクロスボーダーM&Aへの影響力は小さい。換言すれば、過去に直接投資の経験がなく、現地にネットワークが存在しない場合、クロスボーダーM&Aが選択されるケースが多いが、逆に進出実績が複数回の場合、グリーンフィールド直接投資が高い確率で選択される、と解釈することができる。2016年の旭硝子によるタイ・ビニタイ（石油化学）買収のケースが、この考察に整合する事例の1つである。同社は、直接投資実施時点まで、タイ

---

[5] La Porta et al. (1998), Beck et al. (2003) の研究は、投資家保護法等の法制度整備と金融発展の正の関係を実証的に明らかにし、さらにその法制度の歴史的起源が、現在の金融発展度の高低にも影響をもたらすと指摘している。IMDの投資家保護法制に関する評点が高いマレーシア、シンガポール、インドの法制度は、いずれも英国法体系を起源としている。

に5社の現地法人を保有していたが，いずれもガラスレンズ，ガラス基板の製造・販売会社である。石油化学関連事業は，AGC ケミカルズ・タイが1964年に設立されているが，同分野での生産・販売ネットワーク構築を迅速に進めるため，グリーンフィールド直接投資ではなく，クロスボーダーM&A を2016年に選択している。

仮説3を支持する，投資を実施する外国企業の株価と直接投資選択の関係は，本章の第3の重要な結論である。本章の実証結果は，企業の株価が，投資実施前に長期にわたり上昇している場合，グリーンフィールド直接投資選択の意思決定に追い風となることを示している。換言すれば，これは，外国企業が本国市場において長期的に株価・企業価値が増大している局面では，この企業はグリーンフィールド直接投資による海外進出の確率を高めることを意味している。外国企業は，本国市場での競争優位が明らかとなると，多くの場合，海外での市場拡大を計画する。このため，投資実施前の外国企業の本国市場での株価とグリーンフィールド直接投資は，統計的に正の因果関係を有すると結論付けられる。

他方，本章の実証結果は，クロスボーダーM&A の場合，投資実施前の中長期的な企業の株価は，投資の意思決定に影響を与えないことを示している。しかし，実証結果は併せて，クロスボーダーM&A の場合，投資発表直前・直後に，株価が変動するため，この直接投資選択と累積超過収益率の間に，統計的に正の有意な因果関係が存在することも示している。本章2.2の事例で示した通り，クロスボーダーM&A を実施している日本企業は，海外での新規顧客獲得を目指すケースが多い。クロスボーダーM&A はグリーンフィールド直接投資とは異なり，短期的に自社の販売活動を他国に展開することが可能である。しかし，それにもかかわらず，多くの企業が，海外進出において，クロスボーダーM&A でなく，グリーンフィールド直接投資を選択する理由は，買収後の事業パフォーマンスのためではなく，アナウンス後，M&A ディール完了まで辿り着ける確率が低いためである。本章のクロスボーダーM&A データは472ディールを分析対象としているが，これらはすべて，トムソン・ロイター社 *ThomsonONE* において「完了」と示されたディールを標本としている。*ThomsonONE* のM&A データでは，日本－アジア10カ国・地域のクロスボー

ダーM&Aは，2000年から2017年において472件のディール完了に対し，233件のディールが発表後，「中断」「延期」「撤退」を余儀なくされている。換言すれば，クロスボーダーM&Aの選択は，グリーンフィールド直接投資に比べ，現地進出の迅速性ではメリットが大きいが，その半数近くが，「中断」「延期」「撤退」の可能性があり，進出実現が困難であることが後々明らかとなるケースが多い直接投資であると言える。この点が，長期的に株高下にある企業が，より高い確率でグリーンフィールド直接投資を選択し，短期的な市場獲得を目指す企業が中断確率が高い，ハイリスクなクロスボーダーM&Aを選択する1つの理由であると考えられる。本章の結論は，株価とクロスボーダーM&A実施の関係を検証したErel et al. (2012) と，酷似している。しかし，本章の分析は，グリーンフィールド直接投資とクロスボーダーM&Aの2つの直接投資に対して，株価効果の影響が及ぶタイミングの違いを解明した点が，先行研究との違いであり，新たに検出された知見である。

仮説4について，直接投資に影響を与えうる国・地域要因の本章の実証結果は，概ね先行研究の結果と整合する。本章においても1人当たりGDPの係数値は，被説明変数がグリーンフィールド直接投資，クロスボーダーM&A，双方において，負の有意な値を示している。これは，同様の結果を報告するJavorcik (2004) でも指摘されるように，経済発展度よりも単位労働コストの低さが，結果的に対内直接投資に対し統計的に有意な影響をもたらしているためと考えられる。また，人口規模や貿易取引の規模も，グリーンフィールド直接投資，クロスボーダーM&A双方に有意に影響を及ぼしている。一方で，これらのマクロ的な国・地域要因は，2つの直接投資双方に対して影響をもたらすが，2つの投資の選択決定要因にはならない。

8　結論：新興国開発政策への含意

本章は，外国企業が新興国へ進出する際，どのような場合にグリーンフィールド直接投資を選択し，いかなる場合にクロスボーダーM&Aを選択しているのかについて，分析を行った。本章の結論を改めて示すと次の通りである。ま

ず，新興国が，直接投資を誘致する政策を実施する場合，知的財産法制の強化は，グリーンフィールド直接投資とクロスボーダーM&Aの双方の誘致に貢献する。もし，この新興国が，国有企業民営化を促進する等の理由により，クロスボーダーM&Aの誘致をより積極的に促進したい場合には，投資家保護法制の強化も追加的に必要となる。そして，外国企業の２つの直接投資の選択において，すでに本国市場で，株価が長期的に高位にある企業は，グリーンフィールド直接投資を選択する確率が高い。販売網の獲得を目指すケースが多いクロスボーダーM&Aは，投資発表直前・直後に株価が変動するケースが多い。また，すでに当該新興国に進出している企業が，追加的に直接投資を行う場合，グリーンフィールド直接投資が選択される場合が多い。最後に，進出対象国の国要因である人口規模，法人税率，貿易取引規模は，グリーンフィールド直接投資，クロスボーダーM&A実施，の双方の意思決定に影響をもたらす。

第 II 部

新興国と銀行危機・過剰債務問題のメカニズム

第3章

「2つの中国」のファイナンス研究

1 問題意識：異なる金融発展と銀行行動様式

　中華人民共和国（以下，中国）は，2001年12月のWTO（世界貿易機関）加盟を契機に，段階的に金融自由化を進め，市場メカニズムに沿う新たな金融制度の構築を試みてきた。2002年以降の胡錦涛体制下では，毎年，2桁成長率に迫る高経済成長が続いたことで，借り手国有企業の債務履行能力も安定し，国有銀行の市場経済化と株式公開を後押しした。一方，すでに1989年以降，積極的な金融制度改革を進めていた中華民国（以下，台湾）では，2000年代は，金融機関の買収・合併が多発化した。台湾では，1990年代に新設銀行が多数出現し，同時に金利・業際規制の完全自由化が完結したことで市場競合度が高まった結果，銀行の優勝劣敗が進んだためである。

　中国の金融制度改革は，もともと1990年代前半の銀行不良債権問題の顕在化に端を発する。国有企業を借り手とする中国の各商業銀行は，自らの筆頭株主も政府であることから，これら不採算借り手企業との貸出リレーションシップの維持を余儀なくされてきた。このため，当時の江沢民政権は，1995年商業銀行法施行，1996年貸出に関する一般規定施行など，まず銀行法制度を整備することで，この不良債権問題の解決を目指した。その後，この制度改革は，2001年のWTO加盟時の要件でもある，銀行産業の市場経済化へと引き継がれ，その後の胡錦涛政権において，四大商業銀行の株式上場を達成することで，銀行経営問題は終焉を迎えたとされている。

　台湾の商業銀行も，1951年から1988年まで大手銀行が政府に所有される時代が長く続いた。しかし，1988年に発足した李登輝政権が，中国に13年先駆け金融自由化を開始し，2000年代，陳水扁，馬英九，蔡英文政権下での銀行再編の

時代を経て今日に至っている。東アジア地域では先駆的に金融自由化が進行した台湾では，生存競争に勝ち残った商業銀行が国際競争力を携えることとなり，近年は，台湾から商業銀行が海外進出する事例が相次いでいる。例えば2014年には，中国信託商業銀行が東京スター銀行を買収するなど，馬英九政権第二期，蔡英文総統時代の台湾では，商業銀行が国境を越えて銀行買収を仕掛ける事例が発生している。

　商業銀行の国有化と競争制限的な産業政策は，短期的には，銀行から産業界への資金供給を安定化させる。この産業金融上のメリットが政府の開発政策にとって不可欠であるため，多くの新興国では発展初期段階には，銀行部門の国有を維持し，これらの銀行に政府の開発政策に沿う資金供給役を担わせるケースが多い。一方，商業銀行の国有化と競争制限的な産業政策は，当然ながら，長期的には，金融サービス利用者の便益の一部を棄損するデメリットがある。また，銀行産業が，他の一般事業会社と異なる点は，銀行ごとに民営化の進捗度が異なった場合，銀行の所有構造と保有資産のエクスポージャに違いが生じることである。銀行経営の民営化が進んでいない場合，筆頭株主である政府は，銀行経営者に，リスク選好的な開発プロジェクトへの融資を選択させることも厭わない。逆に民営化が進んでいる場合，銀行経営者が自らの雇用を長期化するため，リスク回避的な投融資行動を選択する状況も生まれうる。

　本章は，市場経済化の歴史的経緯が異なる中国と台湾の銀行産業の，市場競合度とリスクテイク行動の違いを分析し，異なる金融発展の過程が銀行産業に異なる帰結をもたらしてきたことを実証的に確認する。まず前半の分析では，Panzar and Rosse（1987）のH指数を用い，中国と台湾の銀行市場の競合度の比較分析を行う。ここでの仮説は，中国の市場競合度は台湾のそれよりも低いため，金融サービス利用者に本来もたらされるべき便益が，中国（台湾）がより小さい（大きい）ことを確認する。また後半の分析では，中国と台湾における，将来の事業利益を反映する直近の企業価値，すなわちフランチャイズ・バリューと銀行経営者のリスクテイク行動の関係を検証する。中国と台湾では，金融制度改革の進め方ならびに市場経済化の進捗度が異なるため，銀行産業の所有構造に違いが生じている。この所有構造の違いから，中国・台湾両岸の商業銀行は，リスク選好度もしくは投融資事業が抱えるリスク・エクスポージャ

が異なることを立証する。これらの実証分析はいずれも2000年から2016年の中国，台湾の上場銀行の財務データ，日次株価データを用いて分析を行う。標本期間中に株式公開を行った銀行については，上場以降のデータを用いる。

2 「2つの中国」の金融発展史

2.1 中国

　銀行保険監督管理委員会（以下，銀保監会）の2018年の年次報告によれば，中国では，銀保監会の検査監督対象となるのは，4,262金融機関である。現代の中国の商業銀行は，1949年の中華人民共和国建国後，毛沢東・大躍進政策による開発プロジェクトの財政ファイナンスを任務とした5大商業銀行（5行）と，1978年以降の鄧小平改革開放以降，新設された株式制商業銀行（12行）が，銀行システムの中核を担ってきた。1990年代，江沢民体制下での銀行法制改革，銀行検査監督体制の整備を経て，2000年代の胡錦涛時代にこれらの銀行の多くが，株式上場を果たしている。5大商業銀行，株式制商業銀行以外では，政策銀行（3行），都市商業銀行（133行），農村商業銀行（859行），農村信用組合（1,373社），郵政儲蓄銀行（1行），村鎮銀行（1,311行）が銀保監会の銀行検査監督対象である（**図表3-1**）。

　1949年の建国以来，国策により店舗チャネルの敷設が全国的に進められた経緯から，5大商業銀行すなわち中国工商銀行，中国建設銀行，中国銀行，中国農業銀行の4大商業銀行および交通銀行は，中国全土に店舗を展開している。4大商業銀行のうち総資産規模最大の中国工商銀行は，鄧小平時代の1984年，中国人民銀行からの店舗譲渡を受け，正式に設立された経緯を持つ。胡錦涛時代の2006年に香港，上海市場へ上場したものの政府保有株の放出が進まず，2016年12月末時点での政府保有比率は依然として，40.0％の高水準に留まる。中国建設銀行は，中華人民共和国建国から5年後，国土開発融資を担う金融機関として1954年に設立されている。毛沢東による大躍進政策が開始された1958年に中国人民銀行へ統合され，改革開放路線転換後の1986年に，再び中国人民

第3章 「2つの中国」のファイナンス研究　85

図表3−1　中国の主要商業銀行

	総資産残高（2017年1月）	設立年	上場年	上場市場		本店所在地
中国工商銀行	3,498,154	1984年	2006年	香港証券取引所H	上海証券取引所A	北京市
中国建設銀行	2,836,241	1954年	2005年	香港証券取引所H	上海証券取引所A	北京市
中国農業銀行	2,836,241	1979年	2010年	香港証券取引所H	上海証券取引所A	北京市
中国銀行	2,630,274	1912年	2006年	香港証券取引所H	上海証券取引所A	北京市
交通銀行	1,217,850	1908年	2005年	香港証券取引所H	上海証券取引所A	北京市
招商銀行	861,204	1987年	2002年	香港証券取引所H	上海証券取引所A	広東省深セン市
中信銀行	859,572	1987年	2007年	香港証券取引所H	上海証券取引所A	北京市
上海浦東発展銀行	848,879	1992年	1999年	上海証券取引所A		上海市
中国民生銀行	854,475	1996年	2000年	香港証券取引所H	上海証券取引所A	北京市
興業銀行	882,014	1988年	2007年	上海証券取引所A		福建省福州市
中国光大銀行	582,615	1992年	2010年	香港証券取引所H	上海証券取引所A	北京市
平安銀行	428,034	1987年	1991年	深セン証券取引所A		広東省深セン市
華夏銀行	341,483	1992年	2003年	上海証券取引所A		北京市
広発銀行	296,752	1988年	未上場			広東省広州市
北京銀行	306,716	1996年	2007年	上海証券取引所A		北京市
南京銀行	154,188	1996年	2007年	上海証券取引所A		江蘇省南京市
渤海銀行	124,075	1996年	未上場			天津市
盛京銀行	131,229	1997年	2014年	香港証券取引所H		遼寧省瀋陽市
寧波銀行	128,264	1997年	2007年	深セン証券取引所A		浙江省寧波市
ハルビン銀行	78,118	1997年	2014年	香港証券取引所H		黒龍江省ハルビン市
錦州銀行	78,125	2008年	2015年	香港証券取引所H		遼寧省錦州市
大連銀行	44,285	1998年	未上場			遼寧省大連市

注：総資産残高は単位：100万USドル。
資料：KPMG China Banking Survey 2017より作成。

銀行から分離され，国営商業銀行として独立した。2005年に香港市場において上場したが，中国工商銀行同様，依然として政府保有比率は高位に留まっている。中国銀行は，清朝時代の1906年に設立され，1911年辛亥革命後，孫文により外国為替専門銀行へ改組された歴史を持つ。同行は，毛沢東体制下では，中国人民銀行，国務院の一部局として外国為替業務を担ってきたが，1994年に国営商業銀行として国務院から再分離され，2006年に上場している。大躍進政策を農業金融面から支援するため1951年に設立された中国農業銀行は，その後消滅と再設立を繰り返し，1979年に国営商業銀行として再発足している。2010年に上海，香港市場において上場している。

　1978年の鄧小平による改革開放路線への転換は，1980年代，四大商業銀行の政府からの分離のみならず，新たに株式制商業銀行の設立をも促している。この時代に設立された招商銀行，中信銀行は，ともに総資産規模が約8,000億ドル（2017年12月末時点）に達し，5大商業銀行の一角，交通銀行の規模に匹敵する。これらの銀行に加え，中国民生銀行，華夏銀行，興業銀行，上海浦東発展銀行も，2000年代に香港H株市場もしくは上海A株市場において株式公開を行っている。これらの株式制商業銀行の特徴は，かつて公的開発金融の任務を一手に背負わされた四大商業銀行に比べ，歴史的に政府の関与が小さく，経営効率性が高い点である[1]。例えば招商銀行，中信銀行，中国民生銀行の不良債権比率は2010年から2017年までいずれも1％未満に留まっている。また，2013年の習近平体制発足後の中国金融発展の1つの変化は，錦州銀行など，2014年から2017年にかけ，都市商業銀行が株式公開を行う事例が出現しはじめた点である。一方で，2017年12月末時点で133行存在する都市商業銀行の貸出市場に占めるシェアは中国全土の1割に満たず，主として地方都市の中小・零細企業向け貸出を中心とする法人取引に従事している。

　銀保監会年次報告書によれば，2017年12月末時点で中国国内において人民元建て投融資が認められる外国銀行数は38行，116支店である。外国銀行の中国国内での総資産は2017年12月末時点で268億人民元（約39億ドル）であり，中国国内全商業銀行の総資産残高の1.4％に過ぎない。1949年の建国から現在まで，

---

[1] Economist Intelligence Unit, *Country Finance China*, 2012年版。

中国政府は外国銀行の支店網拡大，業務範囲拡大に消極的な産業政策を継続している。1978年以降，中国政府は，深セン，珠海，汕頭，厦門，海南の5経済特区で外国銀行の進出を認め，その後も1990年に上海，1991年に大連，天津，青島，南京，寧波，福州，1994年にはさらに北京などの11都市での銀行市場対外開放を発表している。当時の中国政府の報道発表によれば，この1990年代の外国銀行誘致策は，上記の主要都市に進出した外国企業に対し，これらの外国銀行に外国為替関連サービスを提供させることを目的としている[2]。1996年[3]，2002年[4]には，さらに外国銀行の人民元建て融資に関する規制緩和が進んだが，この一連の規制緩和の一方で，1990年代から現在まで，外国銀行は，中国国内での支店・駐在所設立や指定業務範囲の拡大を制限されてきた。このため2003年に，外国銀行による中国国内銀行への出資上限が，それまでの15%から20%へ緩和されたことを契機に，その後，多くの外国銀行が，許認可を得ることが困難な支店増設ではなく，地場銀行への出資を通じる間接的な市場参入を試みている。例えば中国建設銀行にはバンク・オブ・アメリカ，中国銀行はロイヤル・バンク・オブ・スコットランド，交通銀行にはHSBC銀行が，2000年代半ばに10−20%の出資を行い，有力株主となっている。まとめると，中国の外国銀行への市場開放は，1990年代，法制度上は，促進されたように見受けられる。しかし，実際には，2018年上半期においても，外国銀行本体による営業店舗の増加，業務範囲の拡大が，制限されている。こうした状況を反映し，外国銀行は，出資を通じる間接的進出が，中国政府の奨励と相まって，増加を続けている。

2.2 台湾

現在，台湾には4種類の商業銀行が存在する[5]。1つめのグループは1895〜

---

[2] 具体的には，1994年に江沢民体制下で施行された「外資金融機関管理条例」により，外国銀行による外国為替業務が認められている。
[3] 1996年12月中国人民銀行が発布した「上海浦東外資金融機関の人民業務経営試験地暫定管理弁法」は，地域限定を前提に人民元取扱業務を試験的に認める規制緩和であった。
[4] 2002年に施行された「外資金融機関管理条例実施細則」では，その後，細則により要件を設けることを前提に1994年「外資金融機関管理条例」を規制緩和している。
[5] Lee, L. L. C., (1998), "The Development of Banking in Taiwan: The Historical Impact on Future Challenges," *Occasional Papers/ Reprints Series in Contemporary Asian Studies*, Number 6. の定義に基づく。

1945年の日本統治時代に設立された銀行である。これらの銀行には現在の主要行である，第一銀行，華南銀行，彰化銀行も含まれている。この時期に開設された銀行は，いずれも日本政府が，台湾でのインフラ整備，東南アジアとの貿易金融ビジネスの強化を目的として創設した銀行である。これらの銀行の多くは，日本から経営者が派遣されていたものの，所有構造そのものは，純粋な民間資本が株式を所有する商業銀行であった。しかし，1945年の日本の撤退ならびに1949年以降の南京国民政府の統治開始を契機に，これらの銀行経営は国営もしくは省営へ移行した。その後，1989年の李登輝政権による金融制度改革，陳水扁政権による政府株放出促進策により，華南銀行，彰化銀行の政府保有比率は15％未満に低下している（**図表3-2**）。

　台湾の商業銀行の2つめのグループは，南京国民政府が台湾へ拠点を移転した1949年以降，台湾でリスタートした銀行である。長年，総資産規模第一位の台湾銀行は，もともと日本統治時代の1897年に中央銀行として設立されている。日本撤退後，日本の三和銀行および台湾貯蓄銀行の店舗を接収し，省営商業銀行として1946年に再スタートした。また台湾土地銀行も日本撤退後，日本勧業銀行から店舗を譲り受け，1949年に設立された，不動産開発融資を専業とする国営商業銀行である。これらの銀行は，1990年代，2000年代の金融制度改革以降も公営が続いている。兆豊国際商業銀行は，2006年に中国国際商業銀行と交通銀行の合併により誕生した商業銀行であるため，近年設立された新興金融機関と見なされがちである。しかし，前身の中国国際商業銀行は1911年に孫文が中国大陸において設立した中国銀行を始祖とし，同様に南京政府が1949年に台湾で再設立した交通銀行と合併しているため，2つめのグループの商業銀行と定義することができる[6,7]。この他，合作金庫銀行，台湾中小企業銀行を含め，日本の撤退，南京政府の新統治により再組織化された商業銀行は，いずれも1990年代半ばまで国営・省営の時代が長く続いた。これらの銀行は，2000年代，民営化が進行している。

　3つめのグループは，台湾において新たに設立された銀行である。例えば台

---

[6] Economist Intelligence Unit, *Country Finance Taiwan*, 1995－1997年版．
[7] このため，1949年から1971年までは中国銀行，2006年までは交通銀行が，中国大陸と台湾に2つずつ存在した。

中銀,京城銀行がこのグループに属する商業銀行であり,それぞれ1953年に台中市,1978年に台南市において,設立されている。この李登輝政権以前の新

図表3-2　台湾の主要商業銀行

	預金残高 (2017年3月)	設立年	上場年	上場市場	本店所在地
台湾銀行	127,950	1946年	未上場		台北市
合作金庫銀行	84,011	1946年	2003年	台湾証券取引所	台北市
台湾土地銀行	77,485	1946年	未上場		台北市
兆豊国際商業銀行	72,851	1912年	2006年	台湾証券取引所	台北市
中国信託商業銀行	72,709	1966年	2002年	台湾証券取引所	台北市
華南銀行	68,868	1947年	2001年	台湾証券取引所	台北市
國泰世華銀行	67,238	1975年	2001年	台湾証券取引所	台北市
第一銀行	64,297	1899年	2003年	台湾証券取引所	台北市
台北富邦銀行	55,249	1969年	2001年	台湾証券取引所	台北市
彰化銀行	53,720	1905年	1998年	台湾証券取引所	台中市
玉山銀行	51,557	1992年	未上場		台北市
台湾中小企業銀行	43,307	1976年	1998年	台湾証券取引所	台北市
永豊銀行	39,723	1992年	未上場		台北市
台新銀行	37,880	1992年	2002年	台湾証券取引所	台北市
上海商業貯蓄銀行	26,138	1965年	未上場		台北市
元大銀行	24,248	1992年	未上場		台北市
華泰銀行	21,930	1999年	未上場		台北市
シティバンク台湾	19,676	2007年	未上場		台北市
台中銀行	18,448	1978年	1998年	台湾証券取引所	台中市
遠東国際商業銀行	16,280	1992年	1998年	台湾証券取引所	台北市
スタンダード・チャータード銀行台湾	15,397	1948年	未上場		台北市
聘邦銀行	14,535	1992年	1998年	台湾証券取引所	台北市
HSBC銀行台湾	13,486	2010年	未上場		台北市
大衆銀行	12,458	1992年	2002年	台湾証券取引所	台北市
新光銀行	11,719	1997年	未上場		台北市
安泰商業銀行	8,470	1993年	1999年	台湾証券取引所	台北市
高雄銀行	7,248	1982年	1998年	台湾証券取引所	高雄市
板信商業銀行	6,682	1997年	未上場		新北市板橋区
日盛国際商業銀行	6,182	1992年	未上場		台北市
京城銀行	5,867	1948年	1983年	台湾証券取引所	台南市
王道銀行	5,497	1999年	未上場		台北市
三信商業銀行	4,673	1999年	未上場		台中市
瑞興銀行	4,375	2007年	未上場		台北市
ANZ銀行台湾	3,869	2013年	未上場		台北市

注:預金残高は単位:100万USドル。
資料:台湾金融監督管理委員会より作成。

設銀行は，主として地方都市の産業金融を担うために設立された地方銀行であり，純粋な民間投資家に資本を所有される上場銀行が多い。そして4つめのグループが，台湾において新設された銀行の中でも，1989年の金融制度改革以降に設立された銀行である。これらの商業銀行には，瑞興銀行，台北富邦銀行，国泰世華銀行等がある。台北富邦銀行，国泰世華銀行は，正確には，前身はともに1970年代に設立された地域金融機関である。それぞれ2003年に台北銀行と富邦銀行，2005年に国泰銀行と世華銀行の合併により改組され今日に至っている。また，瑞興銀行は2007年の台北第一信用合作社の普銀転換により創設された商業銀行である。これらの銀行の多くは，設立直後に上場したため，政府保有比率が低く，純粋な民営銀行と見なされている。

　台湾の金融制度改革は，台湾政治史と密接な関係を持つ。1949年に就任した蒋介石初代総統から1988年の蒋経国第三代総統までの40年間は，中国大陸出身，いわゆる外省人による国民党政権の時代である。この時代の金融行政は国有銀行に融資規模拡大を求める時代が続き，中国銀行，交通銀行，中国農民銀行など，もともと中国大陸において発足し，南京政府が台湾で再発足させた国営銀行グループが，貸出市場で大きなシェアを持つ時代でもあった。1988年に本省人の李登輝総統が誕生すると，台湾政府は急速な金融制度改革へと旋回し，市場メカニズムを前提とする銀行システムの構築へ邁進した。具体的には，李登輝政権は，1989年に中華民国銀行法改正を行い，業態規制及び金利規制の自由化と外国銀行参入促進による競争政策の強化を進めている。この時期に李登輝総統が金融制度改革を進めた動機は，規制緩和による国内銀行市場の金融仲介機能の強化，そして東アジア初の国際金融センター創設による外国資本誘致の，2つの金融発展による経済成長を目指したことにある[8]。特に金融仲介機能強化策として，普通銀行に加え，中小企業専業銀行もこの時期，銀行数が急増した[9]。民営金融機関は1991年6月の中華民国銀行法改正により新商業銀行設立が認可さ

---

[8] 安倍誠・佐藤幸人・永野護（1999）『経済危機と韓国・台湾』 *IDE Topic Report*，日本貿易振興公開アジア経済研究所，1999年。

[9] 1989年の金融制度改革により急増した中小企業専業銀行は，1998年には7行にまで増加したが2017年12月時点で台湾中小企業銀行1行のみが存続している。中小企業専業銀行はかつての合会（無尽）儲蓄公司が改組された商業銀行である。中華民国銀行法上はこれらの金融機関は中小企業への設備投資資金ならびに運転資金の信用供与を支援することがその役割と定められている。

れたため，1990年12月末から1992年12月までの2年間に16行が新設されている[10]。

2000年の政権交代により，陳水扁民進党政権が誕生すると，新政権は今度は過度に増加した銀行数を再編するための制度改革を進めている。陳水扁政権は発足直後の2000年に金融機関合併法を立法院において可決させ，また2003年には金融監督管理委員会を発足，財政部から銀行監督権限を移管している。併せてこの時代より，華南銀行，彰化銀行，台湾中小企業銀行等の主要国有銀行の政府保有株の民間部門への放出にも着手している。この制度改革の背景には，李登輝政権による金融制度改革が，商業銀行の過当競争と経営困難化をもたらし，特に中小企業専業銀行，農会信用部，漁会信用部の経営悪化を招いたことがあげられる[11]。この結果，政権発足時に52行存在した商業銀行数は，2008年の陳水扁総統退任時には38行へ減少した。陳水扁時代の大型銀行合併は，2006年の中国国際商業銀行と交通銀行との合併，2007年の台湾銀行－台湾中央信託局，2007年の中国農民銀行－合作金庫銀行の合併がある。また同年に中国信託商業銀行による花蓮区中小企業銀行の買収，台東区中小企業銀行の蘭ABNアムロ銀行への営業譲渡等，中小企業専業銀行の再編も進行した。さらに2007年には米シティバンクの台湾現地法人による華僑銀行買収や英スタンダード・チャータード銀行による新竹国際銀行の買収など，外国銀行の進出が進んだのもこの時期である。

2008年に馬英九政権が誕生し，9年ぶりに国民党政権が発足すると，さらに銀行の合従連衡が進行した。この時代には，前政権時代に立法院で可決された金融機関合併法を用い，複数行の新金融持ち株会社設立による経営統合が頻発した。例えば，2010年には台湾銀行，台湾土地銀行，台湾生命保険銀行，台湾証券銀行が，新設された台湾フィナンシャル・ホールディングスへ傘下入りし，台湾最大の金融持ち株会社が誕生した。さらに，2006年に，中国国際商業銀行と交通銀行の合併により誕生した兆豊国際商業銀行も，2010年に兆豊フィナンシャル・ホールディングスを設立し，持ち株会社経営へ移行している。このよ

10　1991年に台湾財政部から銀行業務の認可を得た新設銀行は次の通りである。1991年6月26日－大安銀行，萬泰銀行，遠東銀行，大衆銀行，亜太銀行，中興銀行，萬通銀行，玉山銀行，聯邦銀行，華信銀行，宝島銀行，富邦銀行，中華銀行，泛亜銀行，台新銀行，10月12日－安泰銀行。10月12日に認可された安泰銀行は，先の6月26日に認可が下りなかった4行のうちの1行である。

11　Economist Intelligence Unit, *Country Finance* 2009年版。

うに，主要行がこの時期，軒並み金融持ち株会社を設立したことで，台湾では持ち株会社によるユニバーサルバンク・ビジネスが銀行経営の主流となった。馬英九時代には，2009年に中国大陸との間で両岸経済協力枠組み協定（ECFA）が発効したため，中台間での商業銀行の相互参入も相次いでいる。また前政権に続き，馬英九時代には，外国銀行の参入も継続的に進行した。DBS銀行は2008年に宝華銀行を買収し，HSBC銀行は2010年に台湾中央銀行より同地域での銀行免許を取得している。またシティバンク，バンク・オブ・アメリカ，UBSも対中進出により設備投資を拡大した台湾企業向け融資を拡大させている[12]。

3 先行研究と仮説：銀行所有構造とリスク選択行動

　第2節で確認した通り，1949年以降の中国と台湾の銀行行政は，国有銀行を産業金融の中核に据え，開発政策を進めてきた。そして2010年代後半の現在においても，この両岸政府は，上位行主要株主として，経営に影響力を持つという共通点を持つ。一方，相違点は，国有銀行による市場寡占度と，外国銀行への銀行市場開放の有無である。中国では政府保有比率が高い四大商業銀行の市場寡占度が貸出市場で8割を超えるのに対し，台湾では政府保有銀行の市場シェアは2割に満たない（**図表3-3**）。また外国銀行への市場開放は，台湾は中国とは異なり，1990年代より競争政策を積極的に進め，新設行増加に加え，2000年代にはDBS銀行（シンガポール），シティバンク（米国），HSBC銀行，スタンダード・チャータード銀行（ともに英国），ANZ銀行（豪州）に，支店増設とあらゆる銀行業務の実施を認めてきた。

　金融制度改革が世界に先駆けて進行した米国では，金融制度改革の進行とともに，銀行市場の競合度がどのように変化したかが，1980年代から90年代にかけての実証研究により，明らかにされてきた。この時期の代表的な先行研究には，例えばBresnahan（1982），Lau（1982），Panzar and Rosse（1987）がある。

---

[12] Economist Intelligence Unit, *Country Finance* 2011年版。

図表3-3　中国・台湾の商業銀行の所有構造の推移

① 中国

	設立年	上場年	政府保有比率			外国人保有比率		
			2005年	2010年	2016年	2005年	2010年	2016年
中国工商銀行	1984年	2006年	48.8	44.5	39.5	0.1	0.7	1.7
中国建設銀行	1954年	2005年	65.7	60.5	64.3	0.0	10.2	17.6
中国銀行	1912年	2006年	2.8	4.2	2.6	0.0	3.8	16.0
中国農業銀行	1979年	2010年	—	41.8	43.7	—	7.2	10.2
交通銀行	1908年	2005年	75.6	38.0	39.1	0.0	11.6	10.5
中信銀行	1987年	2007年	—	0.0	0.0	—	0.0	0.1
華夏銀行	1992年	2003年	1.3	0.4	1.3	0.0	18.3	19.6
中国光大銀行	1992年	2010年	—	51.1	49.0	—	13.7	18.9
北京銀行	1996年	2007年	—	0.5	2.1	0.4	18.8	18.0
中国民生銀行	1996年	2000年	1.9	4.7	3.2	0.0	6.0	12.6
招商銀行	1987年	2002年	0.4	0.6	0.3	0.0	6.9	8.1
興業銀行	1988年	2007年	—	22.7	29.0	—	11.7	11.8
上海浦東発展銀行	1992年	1999年	1.9	0.6	6.7	0.3	19.3	11.5
平安銀行	1987年	1991年	2.3	2.9	0.1	—	13.3	18.9
寧波銀行	1997年	2007年	—	0.3	1.6	0.2	11.7	14.4
南京銀行	1996年	2007年	—	0.4	0.1	0.0	17.5	14.7

注：単位：%
資料：ビューロ・ヴァン・ダイク社 OSIRIS より集計。

② 台湾

	設立年	上場年	政府保有比率			外国人保有比率		
			2005年	2010年	2016年	2005年	2010年	2016年
台湾合作金庫銀行	1946年	2003年	—	—	0.0	8.2	19.3	20.0
華南銀行	1947年	2001年	39.4	24.9	21.3	34.5	38.2	48.2
彰化銀行	1905年	1998年	15.7	12.9	13.3	42.2	47.7	33.7
高雄銀行	1982年	1998年	46.6	46.2	45.7	32.1	33.0	34.7
兆豊国際商業銀行	1912年	2006年	—	6.1	5.8	39.1	34.3	42.1
台湾中小企業銀行	1976年	1998年	3.8	3.5	3.4	15.6	27.1	33.2
台中銀行	1978年	1998年	2.2	1.5	1.3	32.8	47.8	49.7
京城銀行	1948年	1983年	3.3	2.7	1.9	32.5	40.0	49.9
聘邦銀行	1992年	1998年	0.2	0.1	0.1	43.5	43.4	40.6
台新銀行	1992年	2002年	4.3	3.3	3.0	39.3	48.6	45.0
大衆銀行	1992年	2002年	2.4	1.6	0.9	45.1	47.2	47.6
安泰商業銀行	1993年	1999年	0.0	0.0	0.0	29.8	38.0	42.9
中国信託商業銀行	1966年	2002年	5.3	4.9	2.4	40.6	40.6	42.1
遠東国際商業銀行	1992年	1998年	3.0	2.5	1.9	47.1	44.6	40.6

注：単位：%
資料：ビューロ・ヴァン・ダイク社 OSIRIS より集計。

そして，これらの研究はその後，Nathan and Neave (1989)，Shaffer and DiSalvo (1994) により，1980年代以降，金融制度改革を進めたカナダ等の他市場の分析へ展開されている。さらに，Molyneux et al. (1994)，Uchida and Tsutsui (2005)，Lee and Nagano (2008) は，1990年代に金融自由化が進んだ東アジアの日本，韓国の銀行市場競合度を Panzar and Rosse (1987) らの研究手法を用いて分析している。

　本章では，これらの北米地域，東アジアの銀行市場に関する先行研究を「2つの中国」に応用する。前節での中国，台湾の金融史を踏まえ，本章は，金融制度改革の違いがもたらす市場競合度への影響ついて，仮説設定する。Chen et al. (2015) が指摘する通り，中国，台湾ではともに政府が銀行上位行の大株主として経営支配力を持つ。しかし，これらの国有銀行の市場シェアについては，台湾は1990年代に新銀行設立，2000年代に積極的な外国銀行への市場開放を進めたため，上位行の市場支配力は中国大陸の銀行は台湾よりも圧倒的に高い。それゆえ本章は，政府保有銀行の市場支配力の違いが，銀行利用者の効用水準の違いをもたらしていると仮説設定する。

仮説1：中国（台湾）の銀行市場は，市場競合度が低く（高く），上位銀行の市場支配力がより大きい（小さい）ため，銀行サービス利用者の効用はより小さい（大きい）。

　金融制度改革がもたらす銀行経営への影響に関する多くの先行研究は，銀行の所有構造とリスクテイク行動との関係に焦点を当てている。中でも Keenley (1990) は，銀行の所有者らが期待する将来の収益性を「フランチャイズ・バリュー」と称し，1960年代から1970年代にかけての米国金融制度改革が，株主にフランチャイズ・バリューの低下を予見させたため，これらの株主が銀行経営者に積極的なリスクテイク行動を促したことを実証的に確認している。また Galloway et al. (1997) も，同様の研究を1977年から1994年の米国銀行の標本を用い分析を行っている。Galloway et al. (1997) が Keenley (1990) の研究と異なる点は，1956年米国銀行持ち株会社法施行後の，銀行持ち株会社データを用いている点である。これにより Galloway et al. (1997) は，金融制度改革

により，設立が可能となった持ち株会社傘下の非銀行子会社が，積極的なリスクテイク行動を採るに至ったことを立証している。この2つの研究の結論は，ともに金融自由化によるフランチャイズ・バリューの低下が，銀行または銀行持ち株会社のリスク選好度を高める結果をもたらしたことを実証的に支持している。さらに，Chen et al. (1998) や Cebenoyan et al. (1995) の研究は，米貯蓄貸付組合（S&L）の経営危機が連鎖的に発生した1980年代後半の銀行データを採用し，銀行危機時のデータを標本に加えることで，金融制度改革と銀行のリスク選好度との関係について再検証を行っている。彼らの結論においても，金融自由化の前後で，フランチャイズ・バリューと銀行のリスク選好度の関係が変化している，との仮説を支持している。

　一方，銀行の政府所有とリスクテイク行動との関係についての先行研究では，中国の銀行－企業関係を標本として採用した Hsiang-Chun and Bo (2012)，Xu et al. (2013), Hao et al. (2014) が，次の結論を提示している。彼らの研究では，中国の商業銀行の高い政府所有比率は，信用リスクの大小にかかわらず，政府の開発政策上，重要であると見なされる借り手企業への銀行融資を継続すると指摘している。これらの結論は，台湾を分析した Yen et al. (2014) においても確認され，Yen et al. (2014) は，台湾においても，政府所有比率が高い銀行は，信用リスクが高い借り手企業との貸出関係を継続する傾向が強いと結論付けている。さらに，東欧諸国を分析した Iannotta et al. (2007), Bonin et al. (2005a) (2005b), Freis and Taci (2005) ならびに Berger et al. (2005) やパキスタンを分析した Khwaja and Mian (2005) においても，高政府保有比率の商業銀行は，信用リスクが高い借り手への融資を積極化するとの実証結果が報告されている。Ağca et al. (2013) や Mohsni and Otchere (2014) は，この理由が，政府による銀行の所有集中が，銀行に利潤最大化よりも，政府の効用最大化，すなわち政府の開発政策の実現を銀行に優先させるためであると指摘している。また，Boubakri et al. (2005), Soedarmono et al. (2013) は，貸出市場での市場シェアが大きい政府保有銀行が民営化後，ファミリー企業や機関投資家に所有された場合，この銀行も債務不履行リスクが高い借り手を顧客として抱え込む傾向があることを報告している。一方で，民営化後の銀行の市場支配力とリスクテイク行動との関係については，Agoraki et al. (2011) は

逆に，市場支配力が大きい民営化銀行は，信用リスクが低い顧客（借り手）が多いという，Boubakri et al.（2005），Soedarmono et al.（2013）らの報告とは，異なる結論を提示している。これらの異なる実証分析結果が報告される中，Otchere（2009），Bonin et al.（2005a）（2005b），Clarke et al.（2005），Berger et al.（2005）は，①民営化後の主要所有者が誰か，②民営化が早期に行われているか否か，③民営化後の銀行競争政策や法制度環境，の3条件次第で，民営化後の銀行の経営パフォーマンスやリスク選好度が異なると結論付けている。

　これらの先行研究を踏まえ，本節では，2001年以降，金融制度改革が緩やかに進行してきた中国の商業銀行と，1989年にすでに自由化が着手されていた台湾の商業銀行との間では，リスクテイク行動において，次の類似点と相違点が存在すると仮説設定する。類似点は，政府保有比率が大きい中国，台湾の商業銀行は，Iannotta et al.（2007）らが指摘する通り，融資の信用リスクの最終請負人は所有者である政府である。このため，将来の収益性の大小にかかわらず，開発政策上，好ましい投融資であるか否かが，銀行の利潤最大化よりも優先され，必ずしも債務履行能力が高くない借り手企業への融資も継続する。他方，相違点は，Chen et al.（2016）が指摘する，国有銀行の市場支配力の違いである。総資産規模上位4行の貸出市場シェアは，中国が台湾を圧倒的に上回る。この違いにより，中国と台湾の商業銀行は，民間投資家や外国人への所有集中がもたらすフランチャイズ・バリューとリスク選好度の関係への影響が異なると仮説設定する。具体的には，政府保有比率が高い上位行の市場支配力が大きい中国では，外国人の所有集中がもたらすフランチャイズ・バリューとリスク選好度の関係への影響は小さい。しかし，市場競合度が高い台湾ではこの影響は大きい，と仮説設定する。

仮説2：中国・台湾ではともに，高い政府保有比率を持つ銀行は，貸出業務において信用リスクが高い借り手企業とも取引関係を継続する。

仮説3：中国の商業銀行は，外国人所有比率の高さは，将来の収益性とリスクテイク行動との関係に影響を与えないが，台湾では外国人所有比率の上昇は，この関係に影響を与える。

4 分析方法

4.1 銀行市場競合度の検証

　第3節で挙げた一連の研究の嚆矢となったPanzar and Rosse（1987）は，寡占市場では銀行iは限界収入と限界費用が等しい貸出額のもとで，利潤極大化を計ると考えている。

$$R_i^*(x, n, z_i) - C_i^*(x, w_i, t_i) = 0 \tag{3.1}$$

　ここでR_iは銀行iの総収入，C_iは総費用，x_iは総貸出額，nは参入銀行数，w_iはm種類の生産要素価格ベクトルを示す。そして，z_iは銀行iの総収入関数に影響を与える外生変数ベクトル，t_iは総費用関数に影響を与える外生変数ベクトル，＊はそれぞれ総収入，総費用の限界値を意味する。

　Panzar and Rosse（1987）は，生産要素価格ベクトルのうち，例えば銀行iが労働コストを一単位変化（dw_i）させることで限界収入（dR^*）にどの程度の影響が及ぶかを確認することで，銀行iの市場支配力を定量的に計測することが可能となると主張している。彼らは，m種類の生産要素価格が限界的に変化した際の弾性値の合計値を定量的な市場支配力の指標，H指数と称している。

$$H = \sum_{k=1}^{m} \frac{\partial R_i^*}{\partial w_{ki}} \cdot \frac{w_{ki}}{R_i^*} \tag{3.2}$$

　Panzar and Rosse（1987）は，(3.2)式で算出される，いわゆるH指数が「0」もしくは負値であれば，当該銀行市場は独占もしくは寡占市場などの不完全競争市場であると定義している。また併せて，この統計量が「1」に近似するほど完全競争市場に近いと定義している。本章の分析もこの定義にしたがい，次

の (3.3) 式を推計することで H 指数を算出する。

$$\ln INTR_{it} = \phi_0 + \phi_1 \ln AFR_{it} + \phi_2 \ln PPE_{it} + \phi_3 \ln PEC_{it} + \phi_4 \ln OI_{it}$$
$$+ \phi_5 \ln LO_{it} + \varepsilon \qquad (3.3)$$

ここで $INTR$ は貸出金利息/貸出金残高,AFR は預金利息/預金残高,PPE は人件費/経常収益,PEC は物件費/有形固定資産,OI はその他収益/総資産残高,LO は預貸比率を意味する。(3.3) 式の標本期間は中国,台湾ともに2000年〜2016年である。ここでは,$\phi_1 + \phi_2 + \phi_3 = 0$ の場合,当該銀行市場は独占市場もしくは寡占市場であり,$\phi_1 + \phi_2 + \phi_3 = 1$ の場合には完全競争市場と定義する。

4.2 所有構造と銀行のリスク選択行動

本章の実証分析では,次に中国,台湾の商業銀行の所有構造とリスクテイク行動との関係を (3.4) (3.5) 式を推計することにより検証する。Saunders et.al. (1990) にしたがい,本章の実証モデルでは,銀行貸出に際するリスク選択の意思決定が,所有構造,フランチャイズ・バリュー,その他のコントロール変数に影響を受けることを想定する。

$$Risk^k_{it} = \gamma_0 + \gamma_1 Gov_{it} + \gamma_2 Gov^2_{it} + \gamma_3 Market\ to\ Book_{it}$$
$$+ \gamma_4 Market\ to\ Book^2_{it} + \gamma_5 Gov_{it} \times Market\ to\ Book_{it} + \varepsilon^1_{it}$$
$$(3.4)$$

$$Risk^k_{it} = \rho_0 + \rho_1 Foreign_{it} + \rho_2 Foreign^2_{it} + \rho_3 Market\ to\ Book_{it}$$
$$+ \rho_4 Market\ to\ Book^2_{it} + \rho_5 Foreign_{it} \times Market\ to\ Book_{it} + \varepsilon^2_{it}$$
$$(3.5)$$

(3.4) (3.5) 式では,Gov は各年の銀行 i の政府所有比率,$Foreign$ は外国人所有比率を意味する。$Market\ to\ Book$ は銀行 i の資本の時価・簿価比率がフランチャイズ・バリュー,すなわち t 期における将来の期待収益率に近似すると

解釈し，採用した。コントロール変数には，$ASSET_{it}$, CAP_{it}, $Tangible_{it}$ の3変数を採用している。$ASSET_{it}$ は銀行 i の総資産規模の百万 US ドル換算額の自然対数値，CAP_{it} は自己資本比率，$Tangible_{it}$ は有形固定資産の総資産残高比である。その他の説明変数として，時間トレンドダミー変数，銀行ダミー変数を加えている。推計では，Hausman and Taylor (1981) にしたがい，ハウスマン検定，ブラウシュ・パーガン・ラグランジュ乗数検定により固定効果モデル，変量効果モデル，OLS プーリング・モデルの，いずれを採用すべきかの確認を行っている。

Chen et al. (1998) に基づき，(3.4)(3.5) 式の被説明変数 $Risk^k$ には (3.6) 式を推計することにより，3種類のリスク変数を算出，採用する。

$$R_{iT} = \theta_0 + \theta_1 R_{MKT} + \theta_2 R_{INT} + \eta_{iT} \tag{3.6}$$

ここで R_{iT} は日次での銀行 i の T 日の株価前日比である。R_{MKT} は銀行 i の本店が上場する株式市場の T 日の市場インデックス前日比であり，中国は上海総合指数，台湾は加権指数を採用している。R_{INT} は短期金利であり，中国は上海インターバンク翌日物金利，台湾はコールレート翌日物金利を採用した。銀行内部，外部双方からもたらされる銀行 i の総合的な経営リスクの代理変数である総合リスク R^{STD} は，日次株価変動率 R_{iT} の標準偏差を各年ごとに算出し，銀行 i についてそれぞれ各年データを作成した。また，個々の銀行経営の違いから発生しうる銀行 i の固有リスク R^{Idiocy} は日次データ η_{iT} の標準偏差を各年ごとに算出し，年次データを作成した。銀行産業の市場構造からもたらされるシステム・リスク R^{Beta} は，(3.6) 式を，2000年から2016年の各年ごとに推計することで，銀行 i について各年データを作成した。

5 データ

第4節の (3.3) 式の推計では，中国，台湾の商業銀行の INTR：貸出金利息/貸出金残高，AFR：預金利息/預金残高，PPE：人件費/経常収益，PEC：

物件費/有形固定資産，LO：預貸比率のデータは，いずれもトムソン・ロイター社 Eikon のデータを用いる。標本期間は中国，台湾ともに2000年〜2016年である。中国は，中国民生銀行，上海浦東発展銀行，平安銀行以外の商業銀行は，標本期間中に上場しているため，標本期間を次の通りとした。中国工商銀行（2006〜16年），中国建設銀行（2005〜16年），中国銀行（2006〜16年），中国農業銀行（2010〜16年），交通銀行（2005〜16年），中信銀行（2007〜16年），華夏銀行（2003〜16年），中国光大銀行（2010〜16年），北京銀行（2010〜16年），中国民生銀行（2000〜2015年），招商銀行（2002〜16年），興業銀行（2007〜16年），上海浦東発展銀行（2000〜16年），平安銀行（2000〜16年），寧波銀行（2007〜16年），南京銀行（2007〜16年）の16行である。

　台湾は，上場銀行である合作金庫銀行（2003〜16年），華南銀行（2002〜16年），彰化銀行（2000〜16年），高雄銀行（2000〜16年），兆豊国際商業銀行（2006〜16年），台湾中小企業銀行（2000〜16年），台中銀行（2000〜16年），京城銀行（2000〜16年），聘邦銀行（2000〜16年），台新銀行（2002〜16年），大衆銀行（2002〜16年），安泰商業銀行（2000〜16年），遠東国際商業銀行（2000〜16年），中国信託商業銀行（2002〜16年）の14行のデータを採用した。

　また，第4節の（3.4）（3.5）式の推計では，Gov：政府所有比率，$Foreign$：外国人所有比率の株式所有データを，ビューロ・ヴァン・ダイク社 OSIRIS より入手した。また，（3.4）（3.5）式の説明変数である $Market\ to\ Book$：資本の時価・簿価比，$ASSET$：総資産残高の自然対数値，CAP：自己資本比率，$Tangible$：有形固定資産対総資産残高比高も，トムソン・ロイター社 Eikon のデータを用いている。（3.6）式の金融資本市場日次データ R_{iT}：銀行 i の株価前日比，R_{MKT}：上海総合指数，台湾は加権指数の前日比，R_{INT}：上海インターバンク翌日物金利，台湾コールレート翌日物金利もトムソン・ロイター社 Eikon より入手した。上記の変数の記述統計は**図表3-4**に示されている。

図表 3-4　記述統計と平均値の差の検定結果

　図表①は，推計モデル（3.3）（3.4）（3.5）（3.6）に採用した被説明変数，説明変数の記述統計を示している。変数定義は，INTR は各年の銀行 i の貸出金利息／貸出金残高，AFR は預金利息／預金残高，PPE は人件費／経常収益，PEC は物件費／有形固定資産，LO は預貸比率である。Gov は各年の銀行 i の政府所有比率，Foreign は外国人所有比率，Market to Book は資本の時価＋負債（簿価）の総資産（簿価）に対する比率である。ASSET は銀行 i の総資産規模（百万 US ドル）の自然対数値，CAP は自己資本比率，Tagible$_i$ は有形固定資産の総資産残高比である。R^{STD}は銀行 i の株価日次変動率の標準偏差，R^{Idiocy} および R^{Beta} は（3.6）式より算出した銀行 i の固有リスク，システム・リスクを意味する。標本期間は中国，台湾ともに 2000年〜2016年である。図表②は，推計モデル（3.3）（3.4）（3.5）（3.6）に採用した説明変数，被説明変数の中国と台湾の商業銀行の平均値，中央値の差の検定結果を示している。

① 採用変数の記述統計

	中国商業銀行			台湾商業銀行		
	平均値	中央値	標本数	平均値	中央値	標本数
INTR	0.077	0.074	145	0.042	0.037	203
AFR	0.026	0.023	145	0.022	0.013	203
PPE	0.479	0.399	145	0.980	0.851	203
PEC	0.001	0.001	145	0.001	0.001	203
LO	1.295	1.268	145	1.120	1.116	203
Market to Book	1.599	1.035	145	0.998	0.998	203
ASSET	11.327	11.768	145	9.906	10.076	203
Tangible	0.196	0.210	145	0.251	0.214	203
CAP	0.719	0.088	145	0.073	0.064	203
Gov	0.195	0.058	109	0.031	0.011	164
Foreign	0.069	0.104	118	0.142	0.195	188
R^{STD}	0.019	0.015	145	0.029	0.028	203
R^{Idiocy}	0.007	0.006	145	0.011	0.009	203
R^{Beta}	0.330	0.391	145	0.540	0.511	203

資料：トムソン・ロイター社 Eikon，ビューロ・ヴァン・ダイク社 OSIRIS

② 採用変数の差の検定

		中国商業銀行－台湾商業銀行	
	標本数	スチューデント検定（t 値）	ウィルコクソン検定（Z 値）
INTR-AFR	348	10.976 ***	17.726 ***
PPE	348	−8.415 ***	−9.510 ***
PEC	348	3.474 ***	5.417 ***
LO	348	11.557 ***	11.259 ***
Market to Book	348	4.197 ***	11.481 ***
ASSET	348	8.641 ***	10.623 ***
Tangible	348	−3.642 ***	−5.542 ***
CAP	348	4.354 ***	8.855 ***
Gov	273	9.344 ***	12.163 ***
Foreign	306	−9.610 ***	−10.499 ***
R^{STD}	348	−4.451 ***	−9.633 ***
R^{Idiocy}	348	−5.690 ***	−11.414 ***
R^{Beta}	348	−5.140 ***	−10.689 ***

注：***，**，* はそれぞれ 1 ％，5 ％，10％有意水準を示す。

6 推計結果

6.1 中国と台湾銀行市場の競合度

　図表3-5は，中国の商業銀行16行，台湾の商業銀行14行の標本を用いた推計結果を示している。まず**図表3-5**①の中国の商業銀行の推計式(1)を見ると預金利息/預金残高（*AFR*）の係数値が正の有意な値を示している。この結果は，中国商業銀行の貸出金受取利息の変動が，その調達コストである預金支払利息の変動からの影響を直接的に受けていることを意味する。他方，人件費/経常収益（*PPE*），物件費/有形固定資産（*PEC*），預貸比率（*LO*）の係数値はい

図表3-5　推計結果Ⅰ：中国・台湾の銀行市場競合度の推計結果

図表は推計モデル（3.3）の推計結果を示している。推計方法は推計式(1)(2)ともに固定効果モデルを採用した。推計期間は2000〜2016年である。各変数の定義は，*INTR*：銀行 *i* の貸出金利息/貸出金残高，*AFR*：預金利息/預金残高，*PPE*：人件費/経常収益，*PEC*：物件費/有形固定資産，*OI*：その他収益/総資産残高，*LO*：預貸比率，である。

	①中国		②台湾	
	(1)		(2)	
	被説明変数：*INTR*		被説明変数：*INTR*	
	係数値	t 値	係数値	t 値
AFR	0.322 ***	(3.110)	0.841 ***	(14.360)
PPE	−0.245	(−1.160)	0.051	(0.940)
PEC	0.019	(1.120)	0.044 ***	(3.360)
OI	−0.860	(−1.460)	0.011	(1.210)
LO	0.325	(0.740)	0.644 ***	(4.600)
定数項	0.844 **	(2.120)	−1.377 ***	(−2.840)
年ダミー	yes		yes	
銀行ダミー	yes		yes	
R2	0.925		0.960	
標本数	145		203	
銀行数	16		14	
H 指数	0.096 ***		0.937 ***	
H 指数99％信頼区間	−0.236	〜　　0.427	0.810	〜　　1.063

注：***，**，*はそれぞれ1％，5％，10％有意水準を示す。

ずれも非有意であった。これらは資金調達コスト以外の費用が銀行にとってのサービスの最終価格である貸出金利に必ずしもマークアップされていない状況を示唆している。

次に図表3-5②の台湾の商業銀行の推計式(2)を見ると、台湾の標本を用いた場合にも、預金利息/預金残高（AFR）の係数値が正の有意な値を示している。この結果は、台湾商業銀行の貸出金利受取利息の変動と預金金利支払利息の変動が正の関係を持つことを意味している。台湾の商業銀行の場合、人件費/経常収益（PPE）の係数値は非有意であったが、物件費/有形固定資産（PEC）の係数値は正の有意な値を示している。これらの結果は、店舗開設やATM、その他の勘定系・情報系システムにかかる費用と貸出金利回りが正の関係を持つことを示している。台湾においても、人件費が貸出金利に必ずしも反映されていない状況であるが、物件費は貸出金利にマークアップされていることを示している。

上記の推計結果をもとに算出されたH指数を見ると、中国の商業銀行は、台湾の商業銀行に比べ、H指数が相対的に小さく、銀行市場の競合度が低いとの結果が得られている。そして、このH指数の99パーセント信頼区間を確認すると、本推定値は、不完全市場であることの基準である「0.000」に近似する可能性を棄却することができない。台湾の商業銀行のH指数は点推定値で「1.000」をわずかに超えており、また99パーセント信頼区間は、完全競争市場の判断基準である「1.000」を内包している。

6.2　所有構造と銀行のリスク選択行動

図表3-6は中国の商業銀行16行、台湾の商業銀行14行の標本を用いた推計モデル（3.4）（3.5）の推計結果を示している。推計式(3)～(8)は中国の商業銀行、(9)～(14)が台湾の商業銀行を標本としている。それぞれにおいて、被説明変数を総合リスク（R^{STD}）、固有リスク（R^{Idiocy}）、システム・リスク（R^{Beta}）を採用し、所有構造の説明変数として政府所有比率（Gov）、外国人所有比率（$Foreign$）を用いている。推計方法は、ハウスマン検定、ブラウシュ・パーガンのラグランジュ乗数検定を行うことで、固定効果、変量効果モデルもしくはOLSプーリング推計のいずれを採用すべきかを判断した。

図表3-6 推計結果2：中国・台湾銀行の所有構造とリスクテイク行動の推計結果

図表は推計モデル (3.4) (3.5) の推計結果を示している。推計期間はいずれも2000〜2016年である。各係数の定義は、R^{STD}：銀行の株価日次変動率の標準偏差、R^{idiocy}：銀行の固有リスク、R^{Beta}：銀行のシステム・リスク、Gov：銀行の政府所有比率、Foreign：銀行の外国人所有比率、Market to Book：銀行の資本の時価(簿価)+負債(簿価)の総資産(簿価)に対する比率、ASSET：銀行の総資産規模(百万USドル)の自然対数値、CAP：銀行の自己資本比率、Tangible：有形固定資産の総資産残高比、である。

① 中国

	(3)		(4)		(5)		(6)		(7)		(8)	
	総合リスク：R^{STD}		固有リスク：R^{idiocy}		システム・リスク：R^{Beta}		総合リスク：R^{STD}		固有リスク：R^{idiocy}		システム・リスク：R^{Beta}	
推計方法	変量効果		変量効果		固定効果		変量効果		変量効果		固定効果	
Gov	0.030	***	0.334	**	0.544	***						
	(4.210)		(2.210)		(3.460)							
Gov^2	−0.007		−0.020		−0.369							
	(−0.720)		(−0.110)		(−0.371)							
Foreign							0.011		−0.241		0.340	
							(0.260)		(−0.360)		(0.290)	
Foreign^2							0.114		0.330		−0.067	
							(0.560)		(0.810)		(−0.018)	
Market to Book	−0.099		0.106		−4.262	**	−0.096		0.994		−4.258	**
	(−1.400)		(1.280)		(−2.300)		(−1.370)		(1.110)		(−2.280)	
Market to Book^2	0.087		−0.058		0.076		0.089		−0.062		0.073	
	(1.260)		(−0.840)		(0.330)		(1.210)		(−0.790)		(0.300)	
Gov*Market to Book	−0.066		−0.170		0.465							
	(−0.650)		(−0.960)		(0.270)							
Foreign*Market to Book							0.056		0.227		0.377	
							(1.200)		(0.450)		(1.120)	
ASSET	0.004		0.075		0.114	**	0.003		0.074		0.107	**
	(1.280)		(0.950)		(2.380)		(1.260)		(0.980)		(2.310)	
CAP	−0.242		−0.385		−0.544		−0.219		−0.355		−0.528	
	(−0.180)		(−0.680)		(−0.700)		(−0.190)		(−0.640)		(−0.740)	
Tangible	0.889	***	0.994	***	5.210		0.888	***	0.976	***	5.262	
	(3.920)		(4.220)		(1.100)		(3.890)		(4.190)		(1.110)	
定数項	0.094		−0.204		1.122		0.097		−0.120		1.140	
	(1.460)		(−0.870)		(0.501)		(1.500)		(−0.900)		(0.490)	
年ダミー	yes		yes		yes		yes		yes		yes	
銀行ダミー	yes		yes		yes		yes		yes		yes	
R2	0.686		0.693		0.610		0.689		0.701		0.614	
F値	8.460	***	7.590	***	12.860	***	8.360	***	7.410	***	13.110	***
ハウスマン検定												
ラグランジェ乗数検定	4.960	***	4.550	***	222.400	***	4.890	***	4.330	***	219.700	***
標本数	109		109		1.100		118		118		1.100	
銀行数	16		16		16		16		16		16	

注：***、**、*はそれぞれ1%、5%、10%有意水準を示す。

② 台湾

	(9) 総合リスク:R^{STD} 変量効果	(10) 固有リスク:R^{idiocy} 固定効果	(11) システム・リスク:R^{Beta} 変量効果	(12) 総合リスク:R^{STD} 変量効果	(3) 固有リスク:R^{idiocy} 固定効果	(4) システム・リスク:R^{Beta} 変量効果
推計方法						
Gov	0.079 *** (3.440)	0.461 (0.770)	1.232 ** (2.410)			
Gov^2	−0.001 (−1.200)	−0.008 (−0.240)	−0.019 (−0.640)			
Foreign				−0.026 *** (−2.940)	−0.353 ** (−2.420)	0.844 (0.620)
Foreign^2				0.075 (0.570)	−0.007 (−1.100)	−0.042 (−0.620)
Market to Book	−0.047 ** (−2.200)	−0.079 *** (−2.760)	−3.784 (−1.540)	−0.046 ** (−2.260)	−0.076 *** (−2.790)	−3.788 (−1.550)
Market to Book^2	0.004 (0.760)	0.001 (1.050)	0.004 (0.640)	0.002 (0.780)	0.003 (1.020)	0.003 (0.670)
Gov*Market to Book	0.012 *** (2.760)	0.044 * (1.960)	−0.047 (−0.420)			
Foreign*Market to Book				−0.031 *** (−4.600)	−0.042 * (−1.890)	0.442 (1.200)
ASSET	0.004 (0.687)	0.010 (0.980)	0.107 ** (2.270)	0.004 (0.688)	0.009 (1.000)	0.108 ** (2.250)
CAP	−0.421 (−0.270)	−0.299 (−1.470)	−0.570 (−0.980)	−0.423 (−0.260)	−0.298 (−1.460)	−0.550 (−0.960)
Tangible	0.647 *** (4.110)	1.004 *** (3.500)	3.310 (1.050)	0.651 *** (4.130)	1.002 *** (3.510)	3.300 (1.048)
定数項	0.075 (0.640)	−0.222 (−1.600)	1.440 (1.340)	0.101 (0.920)	−0.220 (−1.590)	1.442 (1.330)
年ダミー	yes	yes	yes	yes	yes	yes
銀行ダミー	yes	yes	yes	yes	yes	yes
R2	0.674	0.614	0.580	0.696	0.594	0.600
F値	6.540 ***	19.100 ***	6.400 ***	5.960 ***	21.400 ***	5.460 ***
ハウスマン検定	4.960 ***	191.400 ***	5.140 ***	5.120 ***	189.400 ***	5.560 ***
ラグランジュ乗数検定	1.120	1.120			1.200	
標本数	164	164	164	188	188	188
銀行数	14	14	14	14	14	14

注:***,**,*はそれぞれ1%,5%,10%有意水準を示す。

まず中国の商業銀行の推計結果を見ると，推計式(3), (4), (5)において，政府所有比率（Gov）が正の有意な係数値を示している。この結果は，中国の商業銀行は，政府所有比率が高い銀行ほど，総合リスク，固有リスク，システム・リスクの3変数の値が大きいことを意味している。また推計式(3), (4)では，フランチャイズ・バリューの代理変数である資本の時価・簿価比率（$Market\ to\ Book$）の係数値が非有意であったの対し，推計式(5)では負の有意な結果を示している。負の係数値は，将来の期待収益率が高いほど，システム・リスクを回避する，もしくは低いほどリスク選好的となる傾向があることを示している。また，この政府所有比率（Gov）とフランチャイズ・バリュー（$Market\ to\ Book$）の交差項の係数値を見ると，推計式(3), (4), (5)のいずれも非有意であった。また，推計式(6), (7), (8)を見ると，外国人所有比率（$Foreign$）の係数値はいずれも非有意であることを示している。これらの結果は，中国の商業銀行は，外国人所有比率の高低は，総合リスク，固有リスク，システム・リスクの3変数とは関係が希薄であることを意味している。また，この外国人所有比率（$Foreign$）とフランチャイズ・バリュー（$Market\ to\ Book$）の交差項の係数値も，推計式(6), (7), (8)ではいずれも非有意であった。

次に台湾の商業銀行の推計結果を見ると，推計式(9), (10), (11)のうち，(9), (11)において，政府所有比率（Gov）が正の有意な係数値を示している。この結果は，台湾の商業銀行も，政府所有比率が高い銀行ほど，総合リスク，システム・リスクの2変数の値が大きいことを意味している。また推計式(9), (10)では，フランチャイズ・バリュー（$Market\ to\ Book$）の係数値が負の有意な結果を示している。これらの負の係数値は，将来の期待収益率が高い（低い）ほど，総合リスク，固有リスクが回避的（選好的）となる傾向を持つことを示している。また，この政府所有比率（Gov）とフランチャイズ・バリュー（$Market\ to\ Book$）の交差項の係数値を見ると，推計式(9), (10)がいずれも正の有意な値を示している。この結果は，政府所有比率が低い（高い）台湾の商業銀行は，将来の期待収益率が低い（高い）ほど，総合リスク，固有リスクが選好的（回避的）となる，市場経済化に適応した銀行行動様式を持つことを示している。また，推計式(12), (13)を見ると，外国人所有比率（$Foreign$）の係数値はいずれも負の有意な値を示している。この結果は，台湾の商業銀行は，外国人所有比率

の高低は，総合リスク，固有リスクの選好度へ負の影響を持つことを意味している。また，この外国人所有比率（*Foreign*）とフランチャイズ・バリュー（*Market to Book*）の交差項の係数値は，推計式(12), (13)ではいずれも負の有意な値を示している。この結果は，外国人所有比率が高い台湾の商業銀行は，将来の期待収益率が高い（低い）ほど，総合リスク，固有リスクが回避的（選好的）となる傾向を持つことを示している。

7　考察：2つの金融制度改革の異なる帰結

　本章の**図表3-5**の推計結果は，中国と台湾の銀行市場の競合度に関する仮説1を支持している。本章で推計された中国の銀行市場のH指数は，直観的なイメージ通り，中国の銀行市場が不完全競争市場下にあることを示している。一方で，台湾の銀行市場のH指数は，この市場の競合度が高く，金融サービスを利用する借り手企業，個人に，より高い効用をもたらす状況にあることを示している。標本期間2000～2016年の間，中国，台湾は一見，制度改革の進捗に時間的差異をともないながらも，金融自由化，主要銀行の株式公開を進めるという似通った金融史を歩んできたように見える。しかし，本章の実証分析結果によれば，生産要素価格の変動が収益に与える影響は，中国の商業銀行はその感応度が低いのに対し台湾の商業銀行はより高い感応度を持つ。

　中台双方の銀行市場に詳しい読者には，この図表3-5の実証結果の違いが2つの中国間で生じた理由は明らかだろう。中国では，貸出金利には下限金利，預金金利には上限金利規制が長らく残存し，この預貸規制金利スプレッドが2000年代から2012年までの商業銀行の収益を制度的に保証してきた。その後，習近平体制発足以降，2013年の貸出下限金利規制，2015年に預金金利上限規制が撤廃されることで，金利自由化がようやく完了した。したがって，本章の標本期間が，一貫して金利規制により預貸スプレッドが確保されていた時期であることが，要素価格変動が限界収益に与える影響が希薄である結果をもたらしていると解釈することができる。またこの間の，旧銀監会の窓口指導を通じる各銀行預貸金利への指導も，実証分析における貸出金受取利息と各経常費用と

の間の希薄な関係をもたらしていると見られる。2000年代から2016年にかけ，旧銀監会が商業銀行の預貸スプレッドを規制金利により確保し，窓口指導を残存させてきた理由は，これらの商業銀行に資金調達を依存する国有借り手企業の延命を目的としていると見られている[13]。胡錦涛体制下の2000年代半ば以降，旧銀監会の監督対象外である「シャドーバンキング」による融資が急拡大した理由も，この残存する金利規制や窓口指導を迂回することが目的であるとの指摘も多い[14]。その意味では，政治的にはともすれば強い保守色を印象付ける2013年以降の習近平体制であるが，金融制度改革の点では，銀行業の市場経済化進捗という点で，胡錦涛時代よりも，より「リベラル」な銀行行政を進めていると言える。

　台湾では，中華民国銀行法改正にともない，すでに1989年に業際規制及び金利規制の完全自由化が完了している。加えて，中国大陸と異なる点は，1990年代の国内商業銀行新設と2000年代の外国銀行誘致である。2000～2016年の標本期間は，金利自由化完了からすでに10年余りが経過していたことが，要素価格変動が収益に与える影響が大きいという結果をもたらしたと考えられる。また，台湾では，政府所有比率が高い銀行の市場シェアの低さに加え，シティバンク（米国，2007年），HSBC銀行（英国，2010年），DBS銀行（シンガポール，2012年），ANZ銀行（豪州，2013年）に象徴される，幅広い業務を認める外国銀行の参入数が増加を続けてきたことも，より完全競争市場に近い市場環境を育んできたと考えられる。台湾市場と中国大陸市場との決定的な相違点は，台湾では，これらの外国銀行に銀行免許を付与するのみならず，既存銀行の買収を認可し，地場銀行と分け隔てなく営業を認めてきた点である。本章の実証分析結果はこの点で，「2つの中国」の金融制度改革の異なる帰結を示している。

　本章の実証分析結果は，中国と台湾の所有構造とフランチャイズ・バリューの関係についても，仮説2および仮説3を支持している。具体的には，中国・台湾ではともに，高い政府保有比率を持つ銀行が，投融資事業において高い信用リスクを持つ借り手企業との関係を継続するという共通点を持つ。これらの

---

[13] 日本経済新聞2013年7月19日朝刊5面「中国，銀行貸出金利の下限撤廃　自由化へ一歩」。
[14] 神宮健「中国の金融自由化はどこまで進んだのか－不良債権処理と金融システムの安定化が優先－」東洋経済オンライン2016年9月5日号。

実証分析結果は，中国，台湾，それぞれにおいて，政府による銀行の所有集中が，融資において高リスク選好度の維持を促すというHsiang-Chun and Bo (2012), Xu et al. (2013), Hao et al. (2014)やYen et al. (2014)の結論と一致する。ただし，こうした銀行の市場シェアが8割の中国と，2割未満の台湾では，銀行システム全体が請け負うリスク・エクスポージャに大きな違いが存在することが，両岸銀行産業の違いを象徴する特徴である。

一方，中国では，将来の銀行の期待収益率の代理変数であるフランチャイズ・バリューとリスクテイク行動の関係は，銀行の所有構造の影響を受けない。この**図表3-6**の実証結果は，Galloway et al. (1997)の，米国の金融制度改革前の銀行サンプルを用いた実証結果と酷似している。一方で，台湾の商業銀行は，この期待収益率とリスクテイク行動の関係は，銀行の政府所有比率および外国人所有比率が，両者の関係に影響を与えている。この点で，台湾所業銀行の実証結果は，Cebenoyan et al. (1995)やChen et al. (1998)の，米国の金融制度改革後の銀行サンプルを用いた実証結果と一致する。

標本期間中，金利規制，窓口指導が残存した中国では，高い政府所有比率は，銀行の国有借り手企業への融資において，更なる影響力につながることになる。そしてこれらの銀行は，国有借り手企業とリレーションシップを維持する限り，銀行の将来の期待収益率とは無関係に，リスクテイク度が決定されていたため，こうした実証結果がもたらされたと解釈することができる。また，本章図表3-5の実証結果は，2003年以降，外国銀行による中国国内銀行への出資上限緩和が，銀行経営にもたらしてきた影響も小さいことを示唆している。換言すれば，中国では，外国銀行が出資比率を仮に20％まで上昇させたとしても，地場銀行の融資行動に影響を与えることは困難である。この理由は，大株主である中国政府，旧銀監会の窓口指導の存在，そして銀行市場が国有上位銀行による寡占下にあるためである。これらの結論は，中国において，上位国有銀行の市場シェアが過度に大きいことが，中堅・下位民間銀行のパフォーマンスを低下させるとする，Chen et al. (2015)の結論とも一致する。

台湾の実証分析結果が示す重要な含意は，政府所有比率とフランチャイズ・バリューの交差項の係数値が有意な正の値を示している点である。この結果は，政府所有比率が低く，将来の期待収益率も高まらないと判断する銀行が，積極

的にリスクを採る投融資行動を採用していることを示している。また，台湾の商業銀行の場合には，外国人所有比率の上昇は銀行のリスクテイク行動を消極化させている。この結果は，インドの商業銀行を標本として実証分析を行ったPennathur and Vishwasrao（2014）の結論とも整合する。すなわち，外国人の所有比率が上昇する場合，将来の収益が高まらないと見込まれる状況においても，外国人株主は積極的なリスク選択に歯止めをかける役割を果たしている。こうした図表3-6の結果は，1989年に李登輝総統が目指した銀行市場の対外開放による金融仲介機能の強化が，2000年代の銀行再編を経て，2010年代後半，現下の状況として結実したことを表している。

8　結論：Too Big To Fail か優勝劣敗か

　本章では，「2つの中国」の異なる金融発展史，金融制度改革がもたらした帰結を，銀行の市場競合度，所有構造，リスク選好度の3つの観点から定量的に検証した。本章の実証分析を通じて得られた知見は次の通りである。第1の結論は，中国と台湾の銀行市場の競合度の格差についてである。中国と台湾の銀行市場を比較すると，前者が寡占市場，後者は完全競争市場に近い状況にある。ともに2000年代，銀行の政府保有株式を民間部門へ放出し，外国銀行の参入を間接的，直接的に認めてきたが，現在の両岸銀行市場は競合度において決定的な違いが生じており，この結果，金融サービスを享受する利用者の効用にもまた大きな格差が生じているはずである。

　2つめの結論は，銀行の所有構造とリスクテイク行動との関係についてである。中国，台湾，ともに高い政府所有比率を持つ商業銀行は，利潤極大化よりも政府の開発政策に沿う投融資活動を余儀なくされる。このため，結果的にこれらの商業銀行は，貸出資産により大きなエクスポージャを請け負うことになる。ただし，8割を超える市場シェアを持つ上位銀行がこうしたリスク選好的な融資行動を採る中国と，2割に満たない銀行のみが同様の融資活動を行う台湾では，銀行システム全体の安定性も大きく異なる。3つめの結論は，金融制度改革と銀行のリスク選好度との関係である。中国，台湾，ともに1990年代か

ら2000年代に進行した金融制度改革は,銀行産業の超過利潤を圧縮する方向へ向かわせてきた。しかし,中国では,こうした自由化にともない,銀行株主の将来の期待収益率が低下したとしても,銀行のもともと高いリスク選好度は何ら影響を受けることはない。なぜなら,中央政府が主要株主である限り,経営困難時のベイルアウトという,暗黙的な期待が政府・銀行経営者双方に存在するためである。しかし,市場経済化が進み,市場競合度が高い台湾の市場では,銀行株主が金融制度改革による将来の期待収益率低下を予見すれば,銀行のリスク選択行動も変化する。このとき,政府保有比率が低く,国内株主が保有する銀行は,より高いリスクを採ることでこの収益を補う一方,外国人保有比率が高い場合には,過度なリスク選択を抑制する経営へ向かうという二極化したパターンが見られる。

「2つの中国」の金融史は,ともに国有銀行-国有借り手企業のリレーションシップ・バンキング変容の歴史でもある。それぞれ1989年,2015年に金利自由化が完結し,市場メカニズムに沿う銀行市場の形成を目指してきたように見受けられるが,本章の結論は,中国の,政府保有比率が高い上位行の大きな市場支配力と融資における高いリスク選好度が,借り手企業の過剰債務を助長してきた因果関係を示している。同時に,本実証結果は,習政権が取り組む企業の過剰債務問題の解決が,銀行の所有構造改革と競争政策の強化なしでは実現しないことをも併せて示している。この点で,Too Big To Fail 政策を堅持する中国,逆に持ち株会社経営による銀行の優勝劣敗が進んできた台湾は,対極的な帰結を経験しているとも言える。

本章は,中国と台湾の金融発展の異なる過程がもたらす,市場・経営環境への影響について,主として市場競合度と所有構造に焦点を当て分析を行ってきた。本章が示した通り,中国と台湾の金融制度改革の,興味深い特徴は,共産党一党独裁が続く中国と政権交代が頻発する台湾では,ともに国内政治が金融制度改革にもたらす影響が大きい点である。特に台湾では,李登輝,陳水扁,馬英九,蔡英文総統と,国民党と民進党との間で,政権交代が起こるたびに,金融制度改革も大きく方向転換する。「2つの中国」のファイナンス研究には,今後も数多くの研究課題が残存する。

第4章

新興国の銀行−企業関係：
市場経済化と銀行エクスポージャの検証

1 問題意識：新興国の「ソフトな予算制約」問題

　第3章では，中国と台湾の銀行システムの市場経済化がもたらした異なる帰結についての分析を行った。ここでは，特に中国において，国有銀行−国有借り手企業間の長期取引関係が，今日まで借り手の過剰債務問題を助長してきたことに言及している。この商業銀行と借り手企業の長期取引関係がもたらす互いの経営パフォーマンスへの影響は，すでに多くの研究が取り組んできた課題である。Berger and Udell（1995），Boot（2000），Elyasiani and Goldberg（2004）に代表されるように，一連の先行研究は，少なくとも先進国では，この取引関係は貸し手，借り手，双方の経営パフォーマンスに好影響を与えるとの結論で一致している。日本のメインバンク制度やドイツのハウスバンク制はその典型事例であり，この長期取引関係が，ともに，20世紀の産業近代化と戦後復興の過程で，産業金融を担う仕組みを生み出したとされている[1]。

　他方，金融発展が途上にある新興国の銀行−企業関係も，先進国を標本とする研究からもたらされた結論と同じ解釈が可能なのだろうか？　中国のみならず，多くの新興国の中には，中央政府と国有銀行，国有銀行と国有借り手企業が，「ソフトな予算制約」と呼ばれる，先進国には存在しない銀行−企業関係を形成している国・地域がある。このため，新興国の銀行−企業関係が互いの経営パフォーマンスにもたらす影響は，先進国におけるそれとは異なる可能性がある。この点について分析を行ったClaessens and Yurtoglu（2013）とCull et al.（2013）が，異なる結論を提示しているように，この新興国の銀行−企

---

[1] 例えばSheard (1989)，Aoki (1990)，Hoshi et al. (1990)，Weinstein and Yafeh (1998) 等。

業関係に関する研究は,目下のところ結論の一致を見ていない。本章はこうした問題意識をもとに,新興国の銀行－企業関係を再検証し,この長期取引関係がもたらす互いの経営パフォーマンスへの影響が,先進国のそれとは異なる帰結に至ることを立証する。

　Kornai（1979）（1980）以降,政府と国有企業間に生じうる「ソフトな予算制約」問題に関する研究では,多くの実証研究成果が報告されている。例えば,Lizal and Svejnar（2002）, Konings et al.（2003）, Mueller and Peeve（2007）, Moore（2009）は,国有企業の企業設備投資時の金融制約の有無を確認することで,この「ソフトな予算制約」の存在を明らかにしている。さらに最近の研究では,銀行の政府所有がもたらす,国有銀行－政府間の政治的癒着関係が形成する,国有銀行－国有企業間の間接的「ソフトな予算制約」に焦点を当てる研究も多数発表されている。Xu et al.（2013）, Hao et al.（2014）は,政治システムとの関係を持つ国有銀行は,政府の意向に沿う融資活動を行うため,銀行の利潤最大化に反する融資先を選択する一方,これらの銀行は,借り手企業の過少設備投資解消や金融制約緩和に貢献しているとの実証成果を報告している。他方,Khawaja and Mian（2005）と Yen et al.（2014）は,国有銀行が政府との間で政治的関係性を強める状況は,借り手企業の金融制約を改善するものの,銀行自身の著しい経営パフォーマンス悪化を招いていると結論付けている。

　近年の先行研究の特徴は,この「ソフトな予算制約」が,政府－国有企業間のみならず,政府－財閥グループにも存在する可能性に言及している点である。市場経済化の過程にある新興国では,国有借り手企業が民営化後,地場ビジネス・グループに株式の大半を所有されるケースが散見される[2]。Berger et al.（2005）や Bonin et al.（2005a）（2005b）の研究では,この地場ビジネス・

---

[2]　本章では商業銀行の所有比率データをトムソン・ロイター社 *ThomsonONE*,借り手企業側の所有比率データをビューロ・ヴァン・ダイク社 *OSIRIS* より入手している。それぞれのデータベースの「地場ビジネス・グループ企業」の定義が異なるため,本章は次のように定義する。*Thomson ONE* のデータにおいて「非金融一般事業会社」に銀行が所有される場合を「地場ビジネス・グループ」による銀行所有と定義する。*OSIRIS* が借り手企業を「個人・一族による所有」と定義する場合を,「地場ファミリー・グループ」に所有される企業と定義する。なお,本章第2節の先行研究では,各々の先行研究での定義に沿い,商業銀行,借り手企業が帰属する企業グループともに「地場ビジネス・グループ企業」と記述する。

グループに所有される銀行は低収益性が著しい，もしくは低費用効率であることを報告している。さらに，Boubakri et al.（2008a）（2008b）や Chen et al.（2013），Chen et al.（2014）によれば，国有企業が民営化後，地場ビジネス・グループに株式の大半を保有される場合，これらの借り手企業は，経営パフォーマンスが低迷し，高財務リスクを抱える可能性が高いことを報告している。ただし，既存研究では，新興国の銀行，借り手企業，それぞれ一方にのみ焦点を当てた研究成果が報告されているため，両者に長期取引関係が存在することがいかなる影響をもたらすかについて，共通かつ普遍的な結論を導出した研究は，本章の先行研究調査では皆無である。

　本章は，従来の実証研究のアプローチとは異なり，新興国の銀行−企業関係が，市場経済化の進展とともに，結果的に銀行の経営パフォーマンスを変容させていることを明らかにする。具体的には，新興国11カ国のべ1,736行，30,334企業の主取引銀行情報をもとに銀行−企業関係を持つ標本を抽出し，この銀行，借り手企業それぞれの株主が，政府，地場ビジネス・グループ，外国人投資家，の3種類の株主のうち，どの所有比率が高い場合に，融資を通じて銀行の経営リスク度，費用効率性が変化しているのかを実証的に確認する。

　銀行業については Clarke et al.（2005），Lensink et al.（2008），Castro et al.（2015）および Ararat et al.（2017），借り手企業に関しては Bortolloti and Faccio（2009）が，所在国・地域における法制度や金融行政の仕組み次第で，所有構造がもたらす経営パフォーマンスへの影響が異なる，との実証結果を報告している。こうした先行研究を踏まえ，11カ国・地域の銀行業，借り手企業を標本とする本章の実証モデルにおいても，各国の銀行市場の発展度，法制度，金融自由化度に関する定量変数，そしてマクロ経済変数もコントロール変数として採用する。次節以降では本章が関係する先行研究と本章の仮説を説明し，本章の先行研究の中での位置付けと，何が先行研究にはない新たな貢献であるのかを説明する。第4節，第5節では実証モデルとデータを説明し，第6節では実証結果を報告する。最後に実証結果の解釈と結論を提示する。

2 先行研究：新興国の銀行−企業関係

2.1 政府保有銀行・借り手企業の先行研究

　これまで多くの先行研究が，銀行の政府保有がもたらす経営パフォーマンスへの影響について報告している。しかし，これらの研究では，この政府所有がもたらす銀行経営への影響に関する結論は，プラスの影響とマイナスの影響が混在している。Hossain et al. (2013), Brei and Schclarek (2013), Ding et al. (2013), Bakiciol (2017) は，2000年代後半の世界金融危機時の新興国銀行データを用い，銀行の政府所有比率がもたらす危機時の経営安定効果の存在を指摘している。彼らの結論は，政府所有比率が高い銀行ほど，金融危機時の収益急減が緩和され，結果的に銀行の政府所有が経営安定化に寄与したとの結論を報告している。一方，同様に新興国の銀行を分析した Berger et al. (2005), Freis and Taci (2005), Iannotta et al. (2007) (2013), Bonin et al. (2005a) (2005b) は，押しなべて国有銀行の経営パフォーマンスが低調，もしくは費用効率性が低いことを報告している。また，Khwaja and Mian (2005), Yen et al. (2014) は，国有銀行は，信用リスクが高い借り手企業への融資を行いがちであることを報告している。Ağca et al. (2013) や Mohsni and Otchere (2014) は，この理由を，高い政府所有比率が，銀行融資を政治的に重要な案件へ導くためであると結論付けている。さらに Chen et al. (2016) は，国有銀行の高い市場シェア，市場支配力は，民間銀行の発展，成長を妨げるため，銀行システム全体の安定性を損なうと指摘している。

　また先行研究では，政府による借り手企業の株式所有も，当然ながら，これらの企業の経営パフォーマンスに影響を与えると結論付けている。中国借り手企業に焦点を当てた Hsiang-Chun and Bo (2012) および Firth et al. (2012)，また台湾の借り手企業の分析を行った Chen et al. (2013), Chen et al. (2014) は，政府所有比率が高い借り手企業ほど，経営パフォーマンスが芳しくないことを報告している。一方で，これらの先行研究は同時に，中国，台湾の借り手企業

は，政府による所有集中が進むほど，金融制約が緩和，すなわち「ソフトな予算制約」が存在することを実証的に明らかにしている。この政府所有比率の高まりによる借り手企業の金融制約緩和は，東アジアの新興国のみならず，東欧諸国を標本とする研究においても確認されている[3]。また，Hsiang-Chun and Bo (2012)，Xu et al. (2013)，Hao et al. (2014) は，政府がこれらの借り手企業の金融制約を緩和する理由は，経済活動が政府に開発政策に適うと判断された企業が，経営状況の善し悪しにかかわらず，政府から金融支援を受け，開発政策の一翼を担うためである，と指摘している。上記の先行研究の結論を総合すると，借り手企業の政府保有比率上昇は，金融制約を緩和することでは，先行研究の見解は一致を見ている。しかし，この「ソフトな予算制約」の代償として，主取引銀行の経営パフォーマンスがいかなる影響を受けるのか，そしてどのような借り手企業と取引関係を持つ場合にその代償がより大きいのかについては，先行研究では言及されていない（**図表4-1**）。

2.2　民間部門の銀行・企業所有の先行研究

　先行研究では，地場ビジネス・グループが銀行を保有する場合の影響についても，いくつかの研究成果が報告されている。Claessens et al. (2000) とTaboada (2011) は，欧米，南米，東アジアの旧国有企業の研究において，民営化後の銀行は，非金融企業や機関投資家等のブロックホルダーによる所有集中が強まる傾向があり，このタイプの株主に所有が集中した銀行は，生産性が低い企業への融資を増加させると指摘している。また，Barry et al. (2011) は，非金融企業や機関投資家が民営化後の銀行のブロックホルダーとなる場合，銀行は信用リスクが高い企業への融資を行う傾向が強く，他方，地場ビジネス・グループへの所有集中が進む場合には，融資がリスク回避的となると報告している。また，22カ国81旧国有銀行を分析したBoubakri et al. (2005) は逆に，民営化銀行が，地場ビジネス・グループに所有される場合，これらの銀行は貸出業務において，信用リスクが高い借り手企業との取引関係を継続する可能性

---

[3] 例えば，Moore (2009)，Mueller and Peev (2007)，Konings et al. (2003)，Lizal and Svejnar (2002)，Mykhayliv and Zauner (2013) の研究が，東欧諸国における借り手企業の政府所有比率と金融制約の緩和の有意な関係の存在を支持する結論を報告している。

が高いことを報告している。46カ国270銀行のパネルデータを用いて検証を行った Laeven and Levine（2009）も，地場ビジネス・グループがブロックホルダーである場合には，やはり銀行は信用リスクが高い借り手企業との取引関係を継続すると結論付け，Boubakri et al.（2005）の結論を支持している。

　また，国有借り手企業が民営化後，地場ビジネス・グループに所有される場合の，財務活動の特徴についても，多くの先行研究が存在する。例えば中国の国有企業の分析を行った Xu et al.（2013）の研究では，政府保有株が地場ビジネス・グループへ放出された場合，これらの借り手企業の金融制約が一転して強まるとの実証結果を報告している。この理由は，旧国有企業は民間部門の商業銀行から見て極めて情報非対称性が強いためであるとしている。しかし，Xu et al.（2013）は同時に，これらの政府保有株を引き受けた地場ビジネス・グループが共産党政府と政治的癒着関係を持つ場合には，民営化後の借り手企業の金融制約は強まらないことも併せて報告している。1980-2001年の39カ国，209民営化企業を分析した Boubakri et al.（2008a, 2008b）は，民営化後の旧国有企業は，地場ビジネス・グループ，機関投資家による所有集中が進みやすい傾向があり，同時に規制産業ほど，高負債比率となる確率が高いと指摘している。その理由として Boubakri et al.（2008a, 2008b）は，借り手企業が民営化後，地場ビジネス・グループに所有される場合，旧国有企業と政府との政治的癒着関係ならびに「ソフトな予算制約」が温存されるためであると考察している。この結論は，チェコの銀行－企業関係を標本とする Gersl and Jakubik（2016）の実証結果とも一致する。また，Ruiz-Mallorqui and Santana-Martin（2011）は，銀行が旧国有借り手企業の主要株主となる場合，この企業の企業価値は上昇するが，借り手企業のパフォーマンスに変化は見られないと報告している。さらに Dalya et al.（2008），Morey et al.（2009）は，旧国有企業の民営化後の所有構造が経営パフォーマンスに影響するか否かは，民営化後の企業を取り巻く制度的要因や企業自身のコーポレートガバナンスに依存すると述べている。

　上記の複数の先行研究の結論を総合すると，次の共通点と相違点が検出される。先行研究の共通点は，旧国有銀行，旧国有借り手企業，ともに民営化後はブロックホルダーによる所有比率が上昇するという結論で一致している。しか

し，このブロックホルダーが，地場ビジネス・グループであった場合の銀行の経営リスクへの影響は，先行研究間で結論が異なっている。そして，旧国有借り手企業が民営化後，地場ビジネス・グループに所有される場合，これらの企業の財務活動への影響については，金融制約が緩和されることで概ね先行研究は一致しているが，経営パフォーマンスへの影響に言及する研究は皆無である（図表4-1）。

2.3 外国人保有比率と銀行・借り手企業の先行研究

　民営化後の銀行が外国人に所有される場合の経営パフォーマンスへの影響に関する先行研究では，Bonin et al.（2005a）（2005b），Freis and Taci（2005）が，新興国の外国人保有比率と銀行経営パフォーマンスとの関係を検証し，いずれの研究もプラスの関係の存在を支持している。Clarke et al.（2005）も，外国人保有比率と銀行経営との関係について，詳細な先行研究サーベイを行った結果，所有構造の国際化は，国内株主よりも強い経営規律付けをもたらすため，銀行経営にプラスの効果を及ぼすと報告している。さらにPennathur and Vishwasrao（2014）は，これらの先行研究において，外国人保有比率と銀行経営パフォーマンスとの間に正の関係が生まれる理由の1つとして，外国人所有比率の上昇が，銀行融資をリスク回避的な取引へ向かわせるためである，との結論を報告している。具体的には，Pennathur and Vishwasrao（2014）は，実証結果の背景を次のように説明している。まず，銀行の外国人株主は，新興国の借り手企業をよく知らない場合が多い。そして，歴史がある有力財閥借り手企業についての先入観もなく，関心があるのは借り手企業の債務履行能力のみである。このため銀行の外国人保有比率が高まるにつれ，外国人銀行オーナーと借り手企業間の強い情報非対称性が，銀行経営者にリスク回避的な融資活動を促すと考察している。一方，1998年から2003年の105カ国，2,095銀行のデータを検証したLensink et al.（2008）は，外国人保有は銀行の費用効率性に負の影響，すなわち外国人保有比率が高まるほど銀行の費用効率性が低下するという逆の結論を提示している。またNaaborg and Lensink（2008）も，外国人所有比率の上昇は銀行の金利収入にマイナスの影響をもたらすと指摘している。

借り手企業の外国人所有がもたらすこれらの企業への経営パフォーマンスへの影響では，Chen et al.（2013）が，中国上場企業1,458社を対象とする研究報告を行っている。彼らの研究は，外国人保有比率の上昇が，企業の株価変動ボラティリティを低下させると結論づけている。併せてこの研究では，借り手企業が政府や地場ビジネス・グループに株式を所有される場合，この企業の全般的な信用リスクは高まるが，外国人所有比率が上昇するにつれ，この信用リスクが低下すると報告している。中国以外の国々を標本とする研究においても，例えば，Li et al.（2011）が31カ国の新興国を検証した結果，外国人による所有集中は企業の株価ボラティリティを低下させる効果があり，経営安定効果をもたらすと報告している。

上記の先行研究の動向をまとめると，2010年代後半までの直近の研究では，銀行の外国人所有比率の上昇は，銀行融資を信用リスクが低い企業へと向かわせる，また銀行経営パフォーマンスそのものを改善させるとの結論が提示されている。一方で，銀行の外国人所有比率の上昇は，銀行の費用効率性を低下させるとの結論を示す研究も複数あり，外国人所有比率の銀行経営への影響も，先行研究間で結論は一致していない。一方，借り手企業の外国人所有比率の上昇がもたらす影響は，多くの研究成果の結論が一致している。いずれの先行研究においても，外国人所有比率が高い企業は，全般的な経営リスクを低下させる正の効果を享受すると報告している（図表4-1）。

図表 4-1　新興国の銀行－企業関係に関わる先行研究

	先行研究	分析対象	標本期間	主要な結論
A. 国有銀行の経営に関する先行研究	Mohsni and Otchere (2014)	30新興国 72銀行	1988－2007年	国有銀行は信用リスクが高い融資先が多いが，民営化後，このリスクテイク度は低下する。
	Ağca et al. (2013)	17新興国 17,333借り手企業	1990－2002年	銀行規制の緩和が進むほど，借り手企業のレバレッジは低下する。
	Chen et al. (2014) Chen et al. (2013) Yen et al. (2014)	台湾の 69,332件の貸出約定契約	1991－2008年	政治的癒着を持つ企業は，国有銀行から借入契約において優遇措置を受けている。
	Hossain et al. (2013)	38新興国 ＋23先進国	1990－2009年	銀行の政府所有は銀行収益の急減を緩和，一方で平常時には収益伸び悩みの原因となる。
	Berger et al. (2005)	アルゼンチン 256銀行	1993－1999年	国有銀行の経営パフォーマンスは総じて芳しくない。
	Bonin et al. (2005a)	11移行経済国 225銀行	1996－2000年	民営化が完了した銀行の経営パフォーマンスが改善する理由は不良債権を財務から切り離すためである。
	Bonin et al. (2005b)	6移行経済国 451銀行	1994－2002年	a）国有銀行は費用非効率である。 b）外国人保有銀行は費用効率的である。 c）早期に民営化を行った銀行は費用効率的である。
	Clarke et al. (2005)	先行研究サーベイ	－	銀行民営化が費用効率を高める2つの条件は a）政府がすべての株式を放出すること。 b）政府が銀行市場の競争政策を推進すること。
	Iannotta et al. (2007)	EU15カ国 1,086銀行	1999－2004年	a）国有銀行は，民間銀行よりも収益性が低い。 b）国有銀行の貸出資産の質は低く，債務不履行の確率が高い借り手が多い。
B. 非政府保有銀行の	Barry et al. (2011)	EU16カ国 249銀行	1999－2005年	a）地場ファミリー企業による銀行株の所有集中は銀行貸出のリスクテイク度を

第4章　新興国の銀行－企業関係：市場経済化と銀行エクスポージャの検証　121

経営に関する先行研究				低下させる。 b）非金融企業，機関投資家による銀行株の所有集中は銀行貸出のリスクテイク度を上昇させる。
	Boubakri et al. (2005)	22途上国 81銀行	1986－1998年	a）銀行民営化後，地場ビジネス・グループに所有が移転する場合，銀行の経営リスク度は上昇する。 b）民営化後の銀行は収益性は高まるが経営リスク度は所有者が誰かに依存する。
	Taboada (2011)	63カ国 1,799銀行	1995－2005年 （5年ごと）	銀行の国内ブロックホルダーによる所有は，低生産性企業への融資を増加させる。
	Iannotta et al. (2007)	EU15カ国 1,086銀行	1999－2004年	高い所有集中度を持つ銀行は良質な貸出債権と債務不履行の確率が低い借り手との貸出契約を持つ。
C. 外国人保有銀行の経営に関する先行研究	Berger et al. (2009)	中国 266銀行	1994－2003年	外国人保有比率の上昇は銀行の費用効率性を高める。
	Lensink et al. (2008a)	105カ国 2,095銀行	1998－2003年	外国人保有比率と費用効率性は負の関係だが，法制度整備が進んでいる国・地域は外国人保有比率上昇による非効率性の高まりは抑制される。
	Naaborg and Lensink (2008)	EU，中東欧，中央アジア22カ国 215銀行	2001年	a）銀行の外国人所有比率の上昇は収益性を低下させるが，間接経費も縮小する。 b）上記の外国人所有銀行の収益性の低下は地場有力銀行がホーム・アドバンテージを持つためである。
	Taboada (2011)	63カ国 1,799銀行	1995－2005年 （5年ごと）	銀行の外国人所有は，高生産性企業への融資を増加させる。
D. 借り手企業の所有構造と経営パ	Ararat et. Al. (2017)	トルコ上場企業 1,259企業	2006－2012年	民営化後の上場企業の所有構造は株主価値，収益性へ正の影響を与える。
	Boubakri et al. (2013)	57カ国 381民営化企業	1981－2007年	政府（外国人）所有比率の上昇は企業の事業リスクの

フォーマンス				選択に正（負）の影響をもたらす。
	Xu et. al.（2013）	中国2,094企業	2000－2007年	民営化後の企業は過少設備投資と金融制約に直面するが，政治的癒着関係を持つ企業はこの限りではない。
	Borisova et al.（2012）	EU14カ国企業	2003－2009年	a）大陸法制度下の国・地域では企業の政府所有は経営パフォーマンスに負の影響をもたらす。 b）英米法制度下の国・地域では企業の政府所有は経営パフォーマンスに正の影響をもたらす。
	Borisova and Megginson（2011）	EU14カ国企業	2001－2009年	a）企業の政府保有比率の低下はこの企業の信用スプレッドを上昇させる。 b）完全に民間に保有される企業の信用スプレッドは部分的に民間に所有される企業のそれよりも低い。
	Bortolotti and Faccio（2012）	OECD加盟国	1996, 2000年の2時点	a）民営化後の企業の政府所有比率は一時的に上昇する傾向がある。 b）民営化後の企業の政府所有比率の上昇は，所在国の法制度が大陸法体系か否か，そして選挙制度，政治システムの中央集権度に影響を受ける。
	Boubakri et al.（2008）	27途上国，14先進国	1980－2002年	a）政治的癒着関係を持つ民営化企業は高負債比率を保つ。 b）政治的癒着関係を持つ民営化企業の経営パフォーマンスは，政府(外国人)保有比率と正(負)の関係を持つ。
	Chen et al.（2013）	中国	1998－2008年	a）外国人所有比率上昇は企業の株価変動ボラティリティを下げる。 b）国内株主（機関投資家，個人，政府）の所有比率上

				昇は株価変動ボラティリティを上昇させる。
E.借り手企業の「ソフトな予算制約」に関する先行研究	Chen et al. (2016)	中国国有企業・民間企業	2001－2007年	政府保有比率が高い借り手企業は，支払利息と売上高利益率は正の関係を持つが，民間所有比率が高い企業はこの関係は負となる。
	Mueller and Peev (2007)	東欧11カ国企業	1999－2003年	国有企業は設備投資の純増のキャッシュフローに対する感応度が低い（「ソフトな予算制約」が存在する）。
	Moore (2009)	東欧5カ国	1995－2006年	EU加盟後，標本国企業の設備投資は，資本コストに対する感応度が高まっている（「ソフトな予算制約」が解消されている）。
	Hsiang-Chun and Bo (2012)	中国	1999－2008年	企業の政府保有比率は必ずしも外部資金調達を改善するとは限らない（「ソフトな予算制約」は存在しない）。
	Poncet et al. (2010)	中国	1998－2005年	国有企業は総じて金融制約には直面しない。しかし一度，民営化されるや否や金融制約は強まる。

注：分析対象をEUとする先行研究は中東欧諸国の銀行・企業を含む。

3　仮説：市場経済化と銀行－企業関係の変容

　先行研究では，新興国の銀行の主要所有者が，政府，地場ビジネス・グループ，外国人投資家，それぞれの場合において，所有集中が銀行経営へもたらす影響の結論が異なっている。本章は，この先行研究の結論が異なる理由は，新興国においても存在する銀行－企業の長期取引関係の影響を考慮に入れず，銀行側のみの分析に終始しているためであると考える。このため，本章の研究では，新興国の銀行の所有構造の変化に加え，この銀行と取引関係を持つ借り手企業の双方の所有構造の変化を考慮に入れ分析を行う。すなわち，新興国の市場経済化の過程で，所有構造ならびに銀行－企業関係が変化し，これにともな

い銀行−企業関係が銀行経営にもたらす影響も変化していることを明らかにすることが本章の目的である。この銀行−企業関係についての全般的な仮説を，個別に4通りの仮説に具体化したのが，以下の仮説である。第1の仮説は，国有銀行と民営化された借り手企業が長期取引関係を持つケース，第2の仮説は，国有銀行と地場ビジネス・グループに保有される借り手企業が長期取引関係を有するケース，第3の仮説は銀行，借り手企業ともに地場ビジネス・グループに保有されるケース，第4の仮説は銀行民営化後，銀行の外国人保有比率が高まるケース，以上の4ケースについてである。

先行研究では，Iannotta et al. (2013) 等が国有銀行は全般的に経営パフォーマンスが低調であり，高い信用リスクを持つ企業や事業に融資を行うと結論付けている。他方，Xu et al. (2013) や Hao et al. (2014) は，国有銀行は，政治的つながりを持つ借り手企業の金融制約を緩和すると報告している。これらの一見，結論が異なる先行研究を，本章は次のように解釈し，新たに仮説設定する。新興国では銀行が融資事業において請け負う借り手の信用リスクは，銀行の政府保有比率が高まるほど上昇する。この理由は，Hao et al. (2014) や Chen et al. (2016) らが指摘する通り，政府保有比率が高い国有銀行は，政府の開発政策に適う借り手企業への融資を政府より促されるためである。この場合，国有銀行の融資判断は，借り手企業の債務履行能力の高低ではなく，政府の開発政策に適うか否かであるため，結果的に，国有銀行は信用リスクが高い企業との融資契約締結を余儀なくされることになる。

他方，先行研究によれば，国有企業は民営化後，政府に替わり地場ビジネス・グループがブロックホルダーとして主要株主となるケースが多い。この場合，Boubakri et al. (2008a, 2008b) が指摘する通り，中央政府と地場ビジネス・グループ間に政治的癒着関係がある場合，やはり，地場ビジネス・グループの借り手企業は政府へ働きかけ，国有銀行に融資を促す。この間接的「ソフトな予算制約」の形成過程を経ると，結果的に，地場ビジネス・グループに所有される借り手企業と長期取引関係を持つ国有銀行も，債務履行能力が低い融資先を抱え込むことになる。

仮説1：民営化された借り手企業と長期取引関係を持つ国有銀行は，結果的に

債務履行能力が低い企業との取引関係継続を余儀なくされる。

仮説2：民営化された借り手企業が地場ビジネス・グループ企業に所有される場合，この借り手企業と長期取引関係を持つ国有銀行は，さらに銀行経営リスクを高める。

　第3の仮説は，銀行，借り手ともに地場ビジネス・グループ企業に所有される場合を想定する。先行研究では，Boubakri et al.（2005）が，銀行民営化後，地場ビジネス・グループが銀行の大株主となる場合，銀行の経営リスク度が上昇するとの結論を提示している。また，Fan et al.（2007）ならびにTian and Estrin（2007）の研究では，中央政府と有力ビジネス・グループはもともと強い政治的癒着関係を持つケースが多いため，民営化後の銀行，借り手企業はともに，政治的影響を強く受けることが多いと主張している。本章は，この地場ビジネス・グループ保有銀行の経営リスク度も，借り手企業との長期取引関係に影響を受けると考える。すなわち，地場ビジネス・グループに所有される銀行は，同様にビジネス・グループに所有される借り手企業と長期取引関係を持つことを余儀なくされ，銀行は結果的に高い信用リスクを請け負う状況に陥ると仮説設定する。

仮説3：地場ビジネス・グループに保有される商業銀行は，グループ企業と長期取引関係を持つ場合，結果的に銀行の経営リスクを高めている。

　本章の第4の仮説は，銀行民営化後，外国人所有比率が上昇する場合についてである。先行研究では，銀行の高い外国人所有比率がもたらす影響は，銀行経営パフォーマンスにプラスの影響をもたらすとするClarke et al.（2005）やPennathur and Vishwasrao（2014）と，マイナスの影響が及ぶとするLensink et al.（2008）らで見解が分かれている。

　Clarke et al.（2005）やPennathur and Vishwasrao（2014）は，銀行の外国人保有比率が上昇する銀行市場は，規制緩和が進み，政府が競争政策を積極的に推進する市場が多いと主張する。このため，これらの制度・政策的要因が，

銀行の外国人所有比率の上昇とともに銀行にリスク回避的な融資活動を行わせていると結論付けている。逆に，Lensink et al.（2008）やNaaborg and Lensink（2008）は，長い歴史を持つ国内有力銀行が強い市場支配力を持つ新興国では，外国人比率が高い中堅・新興銀行は，常に貸出市場で競争劣位に追い込まれる。このため，これらの銀行は，結果的に収益性が低い，もしくは費用非効率な経営を強いられる，と主張する。

　上記の議論を踏まえ，本章の仮説4は，銀行における外国人所有比率の上昇は，金融自由化，競争政策強化，市場の国際化が促進される過程で発生することを想定する。したがって，ここで育まれた銀行‐企業関係は，借り手企業が例え地場ビジネス・グループ企業であったとしても銀行の経営リスクを低下させる。その理由は，外国人保有比率の上昇が進めば，外国人株主の多くが地場借り手企業のことをよく知らないことに加え，銀行の与信審査業務に規律が働き，与信審査が厳格化されるためである。換言すれば，長期取引関係を持つ借り手企業がいかなるタイプの企業であっても，外国人所有比率が高い銀行は債務履行能力が高い借り手企業とのみ取引を継続するため，銀行経営は健全化する。

仮説4：民営化後，銀行の外国人保有比率が高まるほど，銀行経営は健全化する。その理由は，既存，新規の借り手企業への与信審査が厳格化されるためである。

4　分析方法

4.1　銀行のリスク選択と銀行‐企業関係

　本章第3節で示した4つの仮説を検証するため，本章は被説明変数として銀行融資におけるリスクテイク度，もしくはリスク・エクスポージャの程度を示す変数（$BankRisk^F$）を採用し，説明変数として，新興国の銀行と借り手企業の所有構造の変数グループ（X^{Owner}），銀行‐借り手企業の関係を示す変数グ

ループ（$X^{Relation}$），銀行の経営パフォーマンスに関わる変数グループ（X^{Bank}），各国の銀行市場を取り巻く要因の変数グループ（X^{Market}），の4つの変数グループを用いる。本章の4つの仮説はすべて，銀行－借り手企業の取引関係がもたらす銀行のリスクテイク度への影響についてである。このため，銀行融資におけるリスクテイク度を示す変数（$BankRisk^F$）に対し，上記の X^{Owner}, $X^{Relation}$, X^{Bank}, X^{Market}, の4つの変数グループがそれぞれ銀行融資におけるリスクテイク度に影響をもたらしているのか否かを確認することで，前節の4つの仮説を検証する。実証モデルは次式を採用する。

$$BankRisk^F_{jt} = X^{Owner}\delta_1^F + X^{Relation}\delta_2^F + X^{Bank}\delta_3^F + X^{Market}\delta_4^F + \chi_{jt}^F \qquad (4.1)$$

データは銀行・借り手企業所有データ，銀行財務データ，金融市場発展度・自由化度のデータ他により構成されるパネルデータを採用する。被説明変数の $BankRisk^F$ は，$Z\text{-}Score$, $NPL\ Ratio$, R^{STD}, R^{Idiocy}, R^{Beta} の5種類のリスク変数を採用する。$BankRisk^F$ はまず，Laeven and Levine (2009), Boubakri et al. (2013), Mohsni and Otchere (2014), に倣い，総資産利益率の過去5年間の平均値に自己資本比率の同期間の平均値を加えた値を総資産利益率の過去5年の標準偏差で除した値（$Z\text{-}Score$），不良債権残高の総資産残高に対する比率（$NPL\ Ratio$）を，銀行融資におけるリスクテイク度を表す変数として採用する。また，銀行融資におけるリスクテイク度を多面的に検証するため，第3章 (3.6) 式同様，Chen et al. (1998) に基づき，日次の銀行の株価データ，株式市場指数データと短期金利データを用い，総合リスク（R^{STD}），銀行固有リスク（R^{Idiocy}），システム・リスク（R^{Beta}）を計測し，これらも併せて被説明変数として採用する。具体的には，モデル (4.2) において，R_{jT} は銀行 j の T 時点における株価変動率（前日比），R_{MKT} は T 時点における各国主要証券取引所の市場インデックス変動率（前日比），R_{INT} は T 時点における各国短期金利を示す。

$$R_{jT} = \alpha_0 + \beta_{MK}R_{MKT} + \beta_{IN}R_{INT} + e_{jT} \qquad (4.2)$$

銀行経営が直面する信用リスク，金利リスク，マクロ経済，その他外部環境要因など，総合的なリスクテイク度を示す総合リスク R^{STD} は銀行 j の各年ごとの日次株価変動率の標準偏差である。各国マクロ経済，株式市場以外からもたらされる，個別銀行のリスク変数，銀行固有リスク R^{Idiocy} は，モデル（4.2）の誤差項 e_{jT} の各年ごとの標準偏差である。システム・リスク R^{Beta} は日次データから作成するモデル（4.2）の標本を各年ごとに分割し，推計された各年の市場ベータ値 β_{MK} である。

銀行と借り手企業の所有構造の変数グループ（X^{Owner}）は，銀行の所有データは $Bank^{Gov}$, $Bank^{Group}$, $Bank^{Foreign}$, 銀行 j と長期取引関係を持つ借り手企業の所有者別企業数は $Borrower^{Gov}$, $Borrower^{Family}$, を採用する。$Bank^{Gov}$, $Bank^{Group}$, $Bank^{Foreign}$ はそれぞれ，銀行 j の政府保有比率，地場ビジネス・グループ保有比率，外国人保有比率を意味する。$Borrower^{Gov}$, $Borrower^{Family}$ は銀行 j を主取引銀行とする政府保有比率10パーセント以上の借り手企業数，地場ファミリー企業所有比率10パーセント以上の借り手企業数の，それぞれ銀行 j の全借り手企業数に対する比率（以下，国有借り手企業比率，ファミリー・グループ借り手企業比率と称する。）を示す。2000年から2016年のデータセットにおいて，全借り手企業数が10社未満の主取引銀行は，データセットから除外している。X^{Owner} と仮説との関係は，$Bank^{Gov}$, $Bank^{Group}$ の係数値が，被説明変数 Z-$Score$ に対して有意に負，または $NPL\ Ratio$, R^{STD}, R^{Idiocy}, R^{Beta} に対して有意に正であれば，仮説1-3は支持される。そして，$Bank^{Foreign}$ の係数値が，被説明変数 Z-$Score$ に対し有意に正，そして $NPL\ Ratio$, R^{STD}, R^{Idiocy}, R^{Beta} に対して有意に負であれば，仮説4は支持される。

銀行–借り手企業の関係を示す変数グループ（$X^{Relation}$）として，本章の分析では，$Bank^{Gov} \times Borrower^{Gov}$, $Bank^{Gov} \times Borrower^{Family}$, $Bank^{Group} \times Borrower^{Family}$, $Bank^{Foreign} \times Borrower^{Family}$ の4種類の交差項を説明変数として採用する。$Bank^{Gov} \times Borrower^{Family}$ および $Bank^{Group} \times Borrower^{Family}$ の係数値が被説明変数 Z-$Score$ に対して有意に負，または $NPL\ Ratio$, R^{STD}, R^{Idiocy}, R^{Beta} に対して有意に正であれば，仮説1-3は支持される。また $Bank^{Foreign} \times Borrower^{Family}$ の係数値が非有意であることが，仮説4が支持されるための前提条件である。銀行の事業パフォーマンスに関わる変数グループ（X^{Bank}）には，銀行 j の t 年

の融資残高のUSドル建て額（百万USドル）の自然対数値（*Bank Loan*），総資産利益率（*Return on Asset*），資本の時価・簿価比率（*Market to Book*）を採用している。

本章の分析は，11カ国の銀行，借り手企業データを採用するため，各国の銀行市場を取り巻く要因の変数グループ（X^{Market}），すなわち各国の金融発展度や金融関連法制度，金融自由化度の違いがもたらす銀行のリスクテイク度への影響も検証する。同変数グループにはまず，Narayan et al. (2014) にしたがい，各国の所得水準の違いがもたらす銀行の融資活動への影響を踏まえ，USドル建て1人当たりGDPの自然対数値（*per capital GDP*）を採用する。併せて，各国の経済規模，市場規模を測るもう1つの指標として，各国の人口の自然対数値（*Population*）を採用する。さらに，銀行市場の競合度が銀行のリスクテイク度に影響を与えると主張するAgoraki et al. (2011) やSoedarmono et al. (2013)，Hou et al. (2014) の研究を踏まえ，各国の銀行市場の競合度の変数として，銀行 j の当該国での貸出市場でのシェア（*Market Share*）を採用する。*Market Share* は t 年における銀行 j の貸出残高の当該国の民間部門の貸出残高により除した値を採用する。最後に，各国の銀行市場の市場発展度，金融自由化度，金融法制度の厳格性・公平性を代表する変数として，それぞれ *Market Develop*, *Liberalization*, *Legal Strength* を採用する。*Market Develop*, *Liberalization* および *Legal Strength* の定義詳細は，本章第5節で示す。

4.2 銀行の費用効率性と銀行－企業関係

次に，本章の研究では，互いに取引関係を持つ新興国の銀行ならびに借り手企業の所有構造の変化が，銀行の費用効率性にいかなる変化もたらしてきたのかを確認する。本章では，実証モデル (4.3) (4.4) を推計し，この費用効率性にもたらす影響を検証する。まず，実証モデル (4.3) は，銀行 j の総費用（*BankCost*）を総人件費（*P3*）で除した値の自然対数値を被説明変数として採用し，トランスログ型費用関数を推計する。実証モデル (4.4) はAigner et al. (1977)，Battese and Coelli (1995) の手法を踏襲し，実証モデル (4.3) の推計により得られた費用非効率性（*Inefficiency*）を被説明変数として，X^{Owner}, X^{Bank}, $X^{Relation}$, X^{Market} の4つの変数グループがもたらす影響を確認する。

$$\ln\left(\frac{BankCost}{P3}\right) = \eta_0 + \eta_1 \ln Q1 + \eta_2 \ln Q2 + \eta_3 \ln Q3 + \kappa_1 \ln \frac{P1}{P3} + \kappa_2 \ln \frac{P2}{P3}$$

$$+ \lambda_{11}\frac{1}{2}\ln Q1^2 + \lambda_{22}\frac{1}{2}\ln Q2^2 + \lambda_{33}\frac{1}{2}\ln Q3^2 + \lambda_{12}\ln Q1 \ln Q2 + \lambda_{23}\ln Q2 \ln Q3$$

$$+ \lambda_{13}\ln Q1 \ln Q3 + \nu_{11}\frac{1}{2}\ln\left(\frac{P1}{P3}\right)^2 + \nu_{22}\frac{1}{2}\ln\left(\frac{P2}{P3}\right)^2 + \nu_{12}\ln\left(\frac{P1}{P3}\right)\ln\left(\frac{P2}{P3}\right)$$

$$+ \pi_{11}\ln Q1 \ln\left(\frac{P1}{P3}\right) + \pi_{12}\ln Q1 \ln\left(\frac{P2}{P3}\right) + \pi_{21}\ln Q2 \ln\left(\frac{P1}{P3}\right)$$

$$+ \pi_{22}\ln Q2 \ln\left(\frac{P2}{P3}\right) + \pi_{31}\ln Q3 \ln\left(\frac{P1}{P3}\right) + \pi_{32}\ln Q3 \ln\left(\frac{P2}{P3}\right)$$

$$+ \zeta_1 T + \zeta_{11}\frac{1}{2}T^2 + \rho_{11}T \cdot \ln Q1 + \rho_{12}T \cdot \ln Q2 + \rho_{13}T \cdot \ln Q3$$

$$+ \iota_{11}T \cdot \ln\left(\frac{P1}{P3}\right) + \iota_{12}T \cdot \ln\left(\frac{P2}{P3}\right) + Inefficiency_{jt} + \mu_{jt} \qquad (4.3)$$

$$Inefficiency_{jt} = X^{owner}\psi_1 + X^{Relation}\psi_2 + X^{Bank}\psi_3 + X^{Market}\psi_4 + \zeta_{jt} \qquad (4.4)$$

本節の実証分析では，Q_m を銀行 j の m 業務における生産量，P_n を銀行 j の n 生産要素価格と定義する。具体的には $Q1$ を貸出残高，$Q2$ をその他の金利収入をもたらす金融資産残高，$Q3$ を非金利収入額と定義する。また投入する3種類の生産要素価格は，支払利息を預金残高および短期債務残高の合計値で除した値を $P1$，人件費を除く営業経費を有形固定資産残高により除した値を $P2$，人件費を総資産残高により除した値を $P3$ と定義する。すべての被説明変数ならびに生産要素価格を基準化するため，これらの変数は $P3$ により除した値を用いている。併せて，技術進歩による影響等を捨象するため，時間トレンド（2000年：T＝1，2016年：T＝17）ならびにその2乗項を実証モデルに採用している。

5 データ

　実証モデル (4.1)～(4.4) を推計するため，本章は，2000年から2016年における，新興国11カ国の株式上場延べ1,736銀行と取引関係を持つ30,334企業のデータを用いる（**図表 4 - 2**）。採用する銀行は上場銀行のみ，これらの銀行と長期取引関係を持つ借り手企業は上場企業，非上場企業双方を含む（**図表 4 - 3**）。

　まず，銀行と借り手企業の所有構造を示す変数グループ（X^{Owner}）について，銀行の所有データはトムソン・ロイター社 *ThomsonONE* より入手した。そして，借り手企業の所有データは，ビューロ・ヴァン・ダイク社，*OSIRIS* より入手した。ビューロ・ヴァン・ダイク社が提供するデータベース，*OSIRIS* には，収録企業に「主取引銀行」名の記載がある。この各企業の「主取引銀行」名が3年超連続して記載される銀行を長期取引関係を持つ銀行と定義し，これらの銀行名の記載がある企業のみを標本抽出する。そして，銀行側の所有情報をトムソン・ロイター社 *ThomsonONE* より入手し，これら2つのデータをマッチングすることで，銀行－企業関係を持つ銀行，借り手企業それぞれの所有比率のデータセットを作成した（**図表 4 - 4**）。銀行－企業関係を示す変数 $X^{Relation}$ には，X^{Owner} の銀行側，借り手企業側それぞれの所有比率の交差項を採用している。

　銀行の経営パフォーマンスを示す変数 X^{Bank} には，銀行 j の t 年の融資残高のUSドル建て額（百万ドル）の自然対数値（*Bank Loan*），総資産利益率（*Return on Asset*），資本の時価・簿価比率（*Market to Book*）を採用している。これらの財務データは，トムソン・ロイター社 *Eikon* より入手した。また，実証モデル (4.3)(4.4) の，銀行の費用関数に関わる変数，貸出残高 $Q1$，その他の金利収入をもたらす金融資産座残高 $Q2$，非金利収入額 $Q3$，支払利息を預金残高ならびに短期債務残高で除した値 $P1$，人件費を除く営業経費を有形固定資産残高により除した値 $P2$，人件費を総資産残高により除した値 $P3$ も *Eikon* より入手した。

図表 4-2 実証分析の標本数

図表は本章の実証分析において採用した標本数の国・地域別分布を示す。上段「①銀行ー企業関係を持つ銀行数」は、トムソン・ロイター社 ThomsonONE より入手した各国・地域における上場銀行のうち、ビューロー・ヴァン・ダイク社 OSIRIS の借り手企業データにおいて、主取引銀行として銀行名が記載されている銀行数を意味する。下段「②銀行ー企業関係を持つ借り手企業数」は、ビューロー・ヴァン・ダイク社 OSIRIS の借り手企業データにおいて、2000-2016年に3年連続して同じ主取引銀行が記載され、かつ本章の実証研究の採用変数データがすべて入手可能である企業数を示す。

① 銀行ー企業関係を持つ銀行数

	インドネシア	タイ	フィリピン	マレーシア	インド	パキスタン	シンガポール	韓国	中国	トルコ	ロシア	計
2000年	6	5	3	1	1		2	5	5	6	1	36
2005年	14	7	12	9	30	9	3	12	12	17	4	129
2010年	14	7	12	9	33	11	3	12	11	16	4	132
2016年	10	5	9	6	30	8	3	9	8	13	3	99
計	188	100	150	110	425	133	37	166	151	223	50	1,736

② 銀行ー企業関係を持つ借り手企業数

	インドネシア	タイ	フィリピン	マレーシア	インド	パキスタン	シンガポール	韓国	中国	トルコ	ロシア	計
2000年	36	88	33	55	84	15	33	199	16	24	22	605
2005年	81	127	78	153	790	25	93	764	49	66	34	2,260
2010年	74	114	56	105	905	22	70	727	44	36	27	2,180
2016年	76	110	58	101	903	20	68	725	42	34	25	2,162
計	1,091	1,738	966	1,738	11,557	329	1,166	9,929	675	703	442	30,334

資料:トムソン・ロイター社 ThomsonONE、ビューロー・ヴァン・ダイク社 OSIRIS より集計。

第4章 新興国の銀行ー企業関係：市場経済化と銀行エクスポージャの検証

図表4-3　所有構造別の銀行・借り手企業標本数

図表は「①銀行ー企業関係を持つ銀行数」「②銀行ー企業関係を持つ借り手企業数」の政府保有比率，地場ビジネス・グループ保有比率，外国人保有比率別の標本分布を示す。「①銀行ー企業関係を持つ銀行数」における地場グループ銀行数は，非金融・一般事業会社が株主として所有比率を有する銀行数を意味する。「②銀行ー企業関係を持つ借り手企業数」における地場グループ企業数は，ビューロ・ヴァン・ダイク社 OSIRIS において，「個人・一族に所有される企業」と定義される株主が所有比率を有する企業を指す。

① 銀行ー企業関係を持つ銀行数

	政府所有比率	地場ビジネス・グループ所有比率	外国人所有比率
100%	0	0	0
>= 50%	48	41	99
>= 10%	282	494	124
< 10%	361	662	1,108
0%	1,045	539	405
計	1,736	1,736	1,736

② 銀行ー企業関係を持つ借り手企業数

	政府所有比率	地場ファミリー・グループ所有比率	外国人所有比率
100%	59	144	333
>= 50%	105	325	310
>= 10%	376	430	408
< 10%	472	991	517
0%	29,322	28,444	28,766
計	30,334	30,334	30,334

資料：トムソン・ロイター社 ThomsonONE，ビューロ・ヴァン・ダイク社 OSIRIS より集計。

図表4-4　所有構造別の銀行ー企業関係の標本分布

図表は「銀行ー企業関係を持つ銀行」「銀行ー企業関係を持つ借り手企業」それぞれが，10％以上の政府保有比率，地場ビジネス・グループ保有比率，外国人保有比率を有する企業の標本分布を示す。図表4-3同様，「銀行ー企業関係を持つ銀行数」における地場グループ銀行数は，非金融・一般事業会社が株主として所有比率を有する銀行数を意味する。「銀行ー企業関係を持つ借り手企業数」における地場グループ企業数は，ビューロ・ヴァン・ダイク社 OSIRIS において，「個人・一族に所有される企業」と定義される株主が所有比率を有する企業を示す。

		銀行ー企業関係を持つ銀行数		
		政府所有比率が10％以上	地場ビジネス・グループ所有比率が10％以上	外国人所有比率が10％以上
銀行ー企業関係を持つ借り手企業数	政府所有比率が10％以上	59 (3.4％)	84 (4.8％)	66 (3.8％)
	地場ファミリー・グループ所有比率が10％以上	124 (7.1％)	197 (11.3％)	71 (4.1％)
	外国人所有比率が10％以上	135 (7.8％)	233 (13.4％)	75 (4.3％)

資料：トムソン・ロイター社 ThomsonONE，ビューロ・ヴァン・ダイク社 OSIRIS より集計。

図表 4-5　採用変数の記述統計

図表は本章の実証分析において採用された変数の記述統計量を示す。被説明変数の定義は2000－2016年の標本銀行 j について，Z-Score：（総資産利益率の過去5年平均＋自己資本比率過去5年平均）/総資産利益率の過去5年標準偏差，NPL Ratio：不良債権残高/総資産残高，R^{STD}：日次株価終値変化率の標準偏差，R^{Idiosy}：実証モデル（4.2）誤差項の標準偏差，R^{Beta}：実証モデル（4.2）の株価ベータ値，Inefficiency：実証モデル（4.4）から推計される銀行 j の費用効率性である。説明変数の定義はそれぞれ Bank^{Gov}：銀行 j の政府保有比率，Bank^{Group}：銀行 j の地場ビジネス・グループ保有比率，Bank^{Foreign} 銀行 j の外国人保有比率，Borrower^{Gov}：銀行 j の融資先企業のうち10％以上の政府保有比率を有する企業数/全借り手企業数，Borrower^{Family}：銀行 j の融資先企業のうち10％以上の地場ファミリー企業保有比率を有する企業数/全借り手企業数，Bank Loan：融資残高（百万US ドル）の自然対数値，Return on Asset：総資産利益率，Market to Book：（時価資本＋簿価負債）/簿価総資産残高，per capital GDP：USドル建て1人当たりGDPの自然対数値，Population：各国の人口の自然対数値，Market Share：銀行 j の貸出残高/当該国民間部門貸出残高，Market Develop：銀行市場の発展度のIMD評点の自然対数値，Liberalization：金融自由化の進展度のIMD評点の自然対数値，Legal Strength：法制度の厳格性・公平性のIMD評点の自然対数値を示す。

	平均値	中央値	標準偏差	最大値	最小値
被説明変数					
Z-Score	0.519	0.311	0.691	8.140	−0.007
NPL Ratio	0.074	0.054	0.079	0.671	0.000
R^{STD}	0.041	0.039	0.072	2.842	5.0E-06
R^{Idiosy}	0.169	0.159	0.166	0.750	1.1E-04
R^{Beta}	0.814	0.674	0.662	21.055	−3.061
Inefficiency	0.390	0.364	0.122	0.982	0.144
X^{Owner}：所有構造変数					
Bank^{Gov}	24.960	34.460	27.969	97.881	0.000
Bank^{Group}	9.314	0.410	16.747	94.622	0.000
Bank^{Foreign}	19.266	12.748	16.367	91.410	0.000
Borrower^{Gov}	3.519	0.000	11.980	100.000	0.000
Borrower^{Family}	3.446	0.000	6.549	32.682	0.000
X^{Bank}：銀行経営変数					
Bank Loan	10.114	8.622	4.555	14.281	2.995
Return on Asset	0.010	0.009	0.024	0.311	−0.224
Market to Book	0.511	0.269	0.441	2.342	0.001
X^{Market}：銀行市場変数					
per capita GDP	8.522	8.821	1.033	10.759	6.105
Market Share	0.244	0.212	0.279	0.910	0.013
Population	4.636	4.300	1.079	7.209	1.406
Market Develop	1.733	1.752	0.199	2.334	1.224
Liberalization	1.711	1.705	0.177	2.279	1.319
Legal Strength	1.420	1.426	0.262	2.559	0.593

資料：トムソン・ロイター社 ThomsonONE, Eikon, ビューロ・ヴァン・ダイク社 OSIRIS より推計。

各国の銀行市場を取り巻く要因の変数グループ (X^{Market}) は，USドル建てでの1人当たり国内総生産 (*per capita GDP*)，それらの国々の人口規模 (*Population*) は国際通貨基金，*International Financial Statistics Yearbook* 各年版から採用している。また市場構造を示す変数として銀行 j の各年の市場シェア (*Market Share*) は，トムソン・ロイター社 *Eikon* の各銀行財務データの貸出残高を国際通貨基金，*International Financial Statistics Yearbook* 各年版の国内民間部門与信残高の値で除すことにより算出した。

その他，企業 i の本社が所在する国・地域の金融発展度，金融法制環境の違いを説明する変数として，スイス国際経営開発研究所 (IMD) が公表する t 年の所在国/地域の金融発展度を示す指数 (*Market Development*)，金融自由化度を示す指数 (*Financial Deregulation*)，法制度の公平性・厳格性を示す指数 (*Legal Strength*) の自然対数値を採用した。金融発展度を示す指数 (*Market Development*) は，各国において「銀行及びその他の金融サービスは民間ビジネス活動を効率的に支援しているか？」，金融自由化度を示す指数 (*Financial Deregulation*) は「銀行・金融ビジネスにおいて金融自由化は十分かつ適切に進んでいるか？」，法制度の公平性・厳格性を示す指数 (*Legal Strength*) は「法制度システムは企業活動の競争力向上に貢献しているか？」についての設問を，アンケート調査した結果をもとに，各国・地域ごとに指数・評点化した年次データである（**図表4-5**）。

6 推計結果

6.1 国有銀行－国有企業関係と銀行エクスポージャ

図表4-6は実証モデル(A)の推計結果を示している。推計式(1)(2)は，被説明変数は，*Z-Score*，R^{STD} の2種類の銀行の経営リスク変数を採用した場合の結果である。推計式(1)(2)はいずれもサーガン・ハンセン統計量の結果から，変量効果モデルによる推計を選択している。図表4-6では，推計式(1)は，銀行 j の政府保有比率 ($Bank^{Gov}$) と被説明変数 *Z-Score* が有意な負の関係，推計式

図表4-6 実証分析結果1:国有銀行・グループ銀行の取引関係別エクスポージャ

図表はモデル (4.1) の推計結果を示している。図表3行目の「Owner A」は $Bank^{OwnerA}$ に、図表4行目の「Owner B」は $Borrower^{OwnerB}$ に、政府、地場ビジネス・グループ、政府、地場ファミリー・グループのいずれかの銀行所有比率を採用する場合の推計結果、借り手企業比率を採用する場合の推計結果を意味する。固定効果モデル、変量効果モデルの選択は、ハウスマン・検定結果より判断した。推計期間は2000年〜2016年。株主の銀行所有比率が10%超の借り手企業の全借り手企業に対する比率

		(1) Z-Score $Bank^{Gov}$ $Borrower^{Gov}$	(2) R^{STD} $Bank^{Gov}$ $Borrower^{Gov}$	(3) Z-Score $Bank^{Gov}$ $Borrower^{Family}$	(4) NPL Ratio $Bank^{Gov}$ $Borrower^{Family}$	(5) Z-Score $Bank^{Group}$ $Borrower^{Family}$
被説明変数	説明変数					
Owner A:所有者Aの銀行の所有比率						
Owner B:所有者Bの企業の全借り手企業に対する比率						
X^{Owner}: 所有比率変数	$Bank^{OwnerA}$	−0.084 *** (−3.440)	0.090 *** (4.100)	−0.148 *** (−3.520)	0.443 *** (2.650)	−0.390 ** (−2.220)
	$Bank^{OwnerA}$^2	0.333 (0.180)	−0.334 ** (−2.220)	0.247 (0.410)	0.388 *** (3.620)	−1.340 (−1.260)
	$Borrower^{OwnerB}$	1.111 *** (2.860)	−0.096 ** (−2.300)	−1.417 *** (−2.890)	0.780 *** (2.910)	−1.233 *** (−2.780)
	$Borrower^{OwnerB}$^2	−0.069 (−0.540)	−0.195 (−0.840)	−0.844 (−0.790)	0.331 (1.100)	−1.080 (−0.670)
$X^{Relation}$: 銀行−企業関係の変数	$Bank^{OwnerA}$ x $Borrower^{OwnerB}$	0.749 *** (2.660)	−0.150 *** (−2.860)	−0.833 *** (−2.360)	0.194 *** (2.990)	−1.311 *** (−2.980)
	$Bank^{OwnerA}$ x Bank Loan	−0.662 (−0.570)	0.091 (0.670)	−0.077 (−0.890)	−0.144 *** (−4.110)	0.195 (0.930)
	$Borrower^{OwnerB}$ x Bank Loan	0.110 (0.740)	0.001 (0.080)	−0.071 (−0.490)	−0.088 * (−1.880)	−0.010 (−0.070)
X^{Bank}: 銀行経営パフォーマンス変数	Bank Loan	0.474 (1.300)	−0.058 (−1.710)	0.551 (1.380)	−0.074 *** (−2.660)	0.330 (0.910)

第4章　新興国の銀行－企業関係：市場経済化と銀行エクスポージャの検証　137

		変量効果	変量効果	変量効果	固定効果	変量効果
	Bank Loan^2	0.007 (0.880)	0.001 (1.230)	-0.014 (-1.100)	0.064 *** (2.910)	-0.018 (-0.890)
	Return on Asset	5.410 *** (2.960)	-0.481 (-0.090)	5.552 *** (2.810)	0.096 (0.300)	5.955 *** (2.780)
	Market to Book	1.113 *** (5.160)	-0.039 (-0.970)	1.193 *** (3.950)	0.001 (0.190)	1.341 *** (4.440)
X^{Market}： 銀行市場変数	per capita GDP	-0.877 *** (-5.749)	0.029 (0.870)	-0.884 *** (-3.960)	0.041 (0.120)	-0.748 *** (-4.930)
	Market Share	-1.117 *** (-3.190)	0.011 (0.100)	-1.334 *** (-2.870)	-0.055 (-0.460)	-1.345 *** (-2.770)
	Population	-3.417 *** (-4.400)	0.028 (1.130)	-0.470 *** (-2.940)	-0.009 (-0.660)	-0.390 *** (-3.610)
	Market Develop	-0.339 (-0.990)	-0.032 (-0.410)	-2.870 (-1.210)	0.007 (0.270)	-0.374 (-1.440)
	Liberalization	0.794 ** (2.110)	-0.120 (-1.500)	0.914 ** (2.120)	0.004 (0.050)	0.847 * (1.840)
	Legal Strength	0.404 *** (3.160)	-0.075 (-1.190)	0.517 *** (2.880)	-0.007 (-0.230)	0.414 ** (2.300)
	定数項	5.317 * (1.810)	1.914 (1.190)	4.630 ** (2.050)	0.227 (1.240)	5.441 ** (2.390)
	年ダミー	yes	yes	yes	yes	yes
	推計方法	変量効果	変量効果	変量効果	固定効果	変量効果
	ワルドχ^2検定	222.1 ***	186.8 ***	177.4 ***	111.2 ***	194.4 ***
	Pseudo R2	0.194	0.244	0.190	0.177	0.254
	サーガン・ハンセン検定	199.8 ***	189.4 ***	222.4 ***	19.6	210.5 ***
	標本数	1,595	1,751	1,595	1,074	1,595

注：***，**，*はそれぞれ1％，5％，10％有意水準を示す。

(2)は銀行の政府保有比率（$Bank^{Gov}$）と被説明変数 R^{STD} が正の関係を有することを示している。

また，推計式(1)は，銀行 j の国有借り手企業数の全借り手企業数に対する比率（$Borrower^{Gov}$）と被説明変数 Z-Score が有意な正の関係，推計式(2)は銀行 j の国有借り手企業比率（$Borrower^{Gov}$）と被説明変数 R^{STD} が負の関係を有することを示している。さらに，銀行 j の政府保有比率と銀行 j の国有借り手企業比率の交差項（$Bank^{Gov} \times Borrower^{Gov}$）の係数値は，被説明変数が Z-Score の場合，有意な正の値，被説明変数が R^{STD} の場合は，有意な負の値を示している。これらの推計結果を総合すると，次の2つの含意が導かれる。まず，新興国の銀行は，政府所有比率が高まるほど，結果的に，銀行経営にとって経営リスクが高い融資先と貸出リレーションシップを持つ傾向がある。しかし，これらの国有銀行は，仮に低収益であっても経営破綻する可能性が低い国有企業と取引関係を持つ場合には，銀行の経営リスクは軽減される。

また，図表4-6推計式(1)は，各国地域の金融発展度がもたらす銀行の経営リスク度への影響については，1人当たり GDP（*per capita GDP*），市場競合度（*Market Share*），人口（*Population*），の変数はいずれも，被説明変数が Z-Score の場合，有意な負の影響をもたらしていることを示している。他方，図表4-6推計式(2)は，被説明変数が R^{STD} の場合には，これらの変数の係数値が，いずれも非有意であることを示している。また，金融自由化度（*Liberalization*）および法制度の厳格性・公平性（*Legal Strength*）は，被説明変数が Z-Score の場合，いずれも正の有意な影響を持つことが示されているが，被説明変数が R^{STD} の場合には，いずれも非有意な結果であった。

図表4-8は実証モデル（4.3）（4.4）の推計結果を示している。推計式(9)は，サーガン・ハンセン検定の結果を踏まえ，変量効果モデルによる推計結果を報告している。図表4-8が示す，所有構造および銀行-企業関係の存在がもたらす，銀行の費用効率性 *Inefficiency* への影響についての結果は次の通りである。まず，銀行 j の政府保有比率（$Bank^{Gov}$）と被説明変数 *Inefficiency* は有意な負の関係を示している。そして銀行 j の国有借り手企業比率（$Borrower^{Gov}$）と被説明変数 *Inefficiency* も有意な負の関係を示している。さらに銀行 j の政府保有比率と銀行 j の国有借り手企業比率の交差項（$Bank^{Gov} \times Borrower^{Gov}$）の

係数値も，負の有意な値を示している。これらの結果は，国有銀行と国有借り手企業の取引関係が，銀行の費用効率性を低下させることを意味している。したがって，これらの結果は，国有銀行と国有借り手企業の取引関係は，銀行の経営リスク度を緩和するものの，費用効率性にはマイナスの影響をもたらすことを示している。

6.2　銀行－企業関係と地場ビジネス・グループ

　図表4－6の推計式(3)～(5)，ならびに**図表4－7**の推計式(6)は，国有銀行と地場ファミリー・グループ企業，地場ビジネス・グループ銀行と地場ファミリー・グループ企業が，それぞれ長期取引関係を持つ場合の，銀行の経営リスク度への影響に関する推計結果を示している。ここでは，被説明変数は，Z-Score, NPL Ratio, R^{Beta}，の3種類の銀行の経営リスク変数を採用し，これらそれぞれについての推計結果を報告している。いずれもサーガン・ハンセン検定結果が有意であった推計式(3), (5), (6)は，変量効果モデルによる推計を採用している。他方，サーガン・ハンセン検定結果が非有意であった推計式(4)(7)は，固定効果モデルによる推計結果を報告している。図表4－6の，推計式(3)では，銀行 j の政府保有比率（$Bank^{Gov}$）と被説明変数 Z-Score が有意な負の関係，推計式(4)では銀行の政府保有比率（$Bank^{Gov}$）と被説明変数 NPL Ratio が正の関係を有することが示されている。

　また，図表4－6推計式(5)では，銀行 j のビジネス・グループ保有比率（$Bank^{Group}$）と被説明変数 Z-Score が有意な負の関係を持つことが示されている。また図表4－7の推計式(6)では，銀行 j のビジネス・グループ保有比率（$Bank^{Group}$）と被説明変数 R^{Beta} が有意な正の関係を持つことが示されている。さらに，図表4－6推計式(3)(5)ではいずれも，銀行 j のファミリー・グループ借り手企業比率（$Borrower^{Family}$）と被説明変数 Z-Score が負の有意な関係を持つことが示されている。また，図表4－6の推計式(4)は，銀行 j のファミリー・グループ借り手企業比率（$Borrower^{Family}$）と被説明変数 NPL Ratio が正の有意な関係を持つことが示されている。そして，図表4－7の推計式(6)では，銀行 j のファミリー・グループ借り手企業比率（$Borrower^{Family}$）と被説明変数 R^{Beta} が正の有意な関係を持つことが示されている。

図表4-7　実証分析結果2：グループ銀行・外国人保有銀行の取引関係別エクスポージャ

図表はモデル（4.1）の推計結果を示している。図表3行目の「Owner A」はBank^{OwnerA}に，地場ビジネス・グループ，外国人のいずれかの株主の銀行所有比率を採用する場合の推計結果，図表4行目の「Owner B」はBorrower^{OwnerB}に地場ファミリー・グループ所有比率が10%超の借り手企業比率を採用する場合の推計結果を意味する。固定効果モデル，変量効果モデルの選択は，サーガン・ハンセン検定結果より判断した。推計期間は2000年〜2016年。

		被説明変数		
		(6)	(7)	(8)
	説明変数	R^{Beta}	$NPL\ R^{atio}$	R^{Idiocy}
	Owner A：所有者Aの銀行の所有比率	Bank^{Group}	Bank^{Foreign}	Bank^{Foreign}
	Owner B：所有者Bの企業の全借り手企業に対する比率	Borrower^{Family}	Borrower^{Family}	Borrower^{Family}
X^{Owner}：所有比率変数	Bank^{OwnerA}	0.992 *** (4.120)	−0.414 ** (−2.120)	−0.096 *** (−2.690)
	Bank^{OwnerA}^2	−3.960 * (−1.840)	0.125 (1.110)	−0.043 (−0.110)
	Borrower^{OwnerB}	0.033 ** (2.220)	0.554 *** (2.860)	0.600 ** (2.050)
	Borrower^{OwnerB}^2	0.310 (0.290)	0.222 (0.610)	0.091 (0.770)
$X^{Relation}$：銀行－企業関係の変数	Bank^{OwnerA} x Borrower^{OwnerB}	2.211 ** (2.160)	−0.260 (−0.540)	−0.544 (−1.120)
	Bank^{OwnerA} x Bank Loan	0.009 (0.050)	0.096 ** (2.050)	0.012 (0.410)
	Borrower^{OwnerB} x Bank Loan	0.001 (0.080)	−0.102 (−1.490)	0.074 *** (2.770)
X^{Bank}：銀行経営パフォーマンス変数	Bank Loan	−0.110 (−0.240)	−0.094 ** (−2.220)	−0.043 (−0.096)
	Bank Loan^2	0.010 (1.100)	0.055 ** (2.260)	0.001 (0.090)
	Return on Asset	1.240 (0.640)	0.001 (0.090)	−0.510 (−1.410)
	Market to Book	−0.188 (−0.910)	−0.100 (−1.010)	−0.016 (−0.450)
X^{Market}：銀行市場変数	per capita GDP	0.055 (0.260)	0.081 (0.450)	0.051 (1.110)
	Market Share	−0.740 (−1.330)	0.052 (0.200)	0.185 * (1.880)
	Population	−0.162 (−1.180)	0.040 (0.840)	0.035 * (1.770)

Market Develop	−0.881	***	0.026		−0.022	
	(−3.360)		(0.440)		(−0.640)	
Liberalization	0.141		−0.011		−0.059	
	(0.340)		(−0.160)		(−1.050)	
Legal Strength	−0.260		−0.011		−0.040	
	(−0.110)		(−0.130)		(−1.070)	
定数項	2.941	**	0.332		0.388	
	(2.100)		(1.110)		(1.090)	
年ダミー	yes		yes		yes	
推計方法	変量効果		固定効果		変量効果	
ワルドχ^2検定	111.2	***	76.4	***	224.2	***
Pseudo R2	0.115		0.086		0.353	
サーガン・ハンセン検定	191.2	***	22.2		196.6	**
標本数	1,751		1,074		1,722	

注：***，**，*はそれぞれ1％，5％，10％有意水準を示す。

図表4-6推計式(3)〜(5)，図表4-7推計式(6)の推計結果をまとめると次の通りである。まず，銀行の政府保有比率が高まれば高まるほど，$Z\text{-}Score$ は低下し，$NPL\ Ratio$，R^{Beta} は上昇する。すなわち，銀行の政府保有比率上昇は，銀行融資がもたらす経営リスク度を上昇させる。これらの結果は，図表4-6(1)(2)の結果と一致する。また，銀行の融資先企業に地場ファミリー・グループ企業が増加するほど，$Z\text{-}Score$ はさらに低下し，$NPL\ Ratio$，R^{Beta} は上昇する。すなわち，新興国では，借り手企業の所有者が，国有企業の民営化にともない，地場ファミリー・グループ企業に所有されるケースが増加するほど，これらの企業と取引関係を持つ銀行は融資において自らの経営リスク度をさらに上昇させる。

図表4-8推計式(10)は，国有銀行 j と地場ファミリー・グループ企業との取引関係がもたらす，国有銀行 j の費用効率性への影響の推計結果を示している。ここでは，銀行 j のファミリー・グループ借り手企業比率（$Borrower^{Family}$）と被説明変数 $Inefficiency$ は有意な負の関係を示している。さらに銀行 j の政府保有比率と銀行 j のファミリー・グループ借り手企業比率の交差項（$Bank^{Gov} \times Borrower^{Family}$）の係数値も，負の有意な値を示している。図表4-8推計式(11)においても，地場ビジネス・グループに所有される銀行 j と地場ファミリー・グループ企業との取引関係がもたらす銀行 j の費用効率性への影響についての推計結果も，同様の結果を示している。これらの結果は，国有銀行と地

場ファミリー・グループ企業の取引関係，地場ビジネス・グループに所有される銀行と地場ファミリー・グループ企業の取引関係はともに，銀行の費用効率性を低下させることを意味している。したがって，地場ファミリー・グループ企業との取引関係を持ち続ける銀行は，銀行の経営リスク度を高めることに加え，費用効率性もマイナスの影響を受けている。

6.3 銀行－企業関係と外国人保有比率

図表4-7推計式(7)(8)は，被説明変数に，$NPL\ Ratio$，R^{Idiocy} の2種類の銀行の経営リスク度を採用した場合の推計結果である。推計式(7)はサーガン・ハンセン検定結果に基づき，固定効果モデルによる推計結果，推計式(8)は変量効果モデルによる推計結果である。図表4-7の推計式(7)では，銀行jの外国人保有比率（$Bank^{Foreign}$）と被説明変数 $NPL\ Ratio$ は有意な負の関係，推計式(8)においても，銀行の外国人保有比率（$Bank^{Foreign}$）と被説明変数 R^{Idiocy} は有意な負の関係にあることを示している。

当然のことながら，推計式(7)(8)では，銀行jの借り手ファミリー・グループ企業数の全借り手企業数に対する比率（$Borrower^{Family}$）と被説明変数 $NPL\ Ratio$，R^{Idiocy} はともに有意な正の関係を示している。しかし，銀行jの外国人保有比率と銀行jのファミリー・グループ借り手企業比率の交差項（$Bank^{Foreign} \times Borrower^{Family}$）の係数値は，被説明変数が $NPL\ Ratio$ の場合，R^{Idiocy} の場合，ともに非有意な結果を示している。これらの推計結果は，次の2点にまとめることができる。第1に，新興国の銀行は民営化後，外国人所有比率が高まるほど，結果的に，リスク回避的な融資行動を行う傾向がある。第2に，銀行の外国人所有比率が高まった場合，仮に融資先企業の中に地場ファミリー・グループ企業が増加したとしても，銀行の経営リスク度には影響を与えない。

図表4-8推計式(12)は，銀行の外国人保有比率がもたらす銀行の費用効率性に対する影響についての推計結果である。ここでは，銀行jの外国人所有比率（$Bank^{Foreign}$）と被説明変数 $Inefficiency$ は有意な正の関係を示している。また，銀行jの外国人保有比率と銀行jのファミリー・グループ借り手企業比率の交差項（$Bank^{Foreign} \times Borrower^{Family}$）の係数値は，非有意な結果を示している。これらの結果は，銀行の外国人所有比率の上昇は，この銀行がいかなるタイプ

の借り手企業と取引関係を持つかにかかわらず，銀行の費用効率性を高めることを意味している。したがって，外国人投資家に所有される銀行は，銀行のリスク選好度を低下させ，費用効率性にもプラスの影響をもたらしていることになる。

7　考察：良い市場経済化・悪い市場経済化

　Iannotta et al.（2007）（2013），Bonin et al.（2005a）（2005b），Freis and Taci（2005），Berger et al.（2005）に象徴されるように，これまで新興国の銀行システムを議論する研究の多くは，高位な銀行の政府保有比率は，銀行の収益性や費用効率性に負の影響をもたらすと結論付けてきた。これらの研究成果に対し，本章の実証結果は，銀行の政府保有の集中は，借り手企業との長期取引関係の存在のため，銀行のこれらの企業への融資行動が経営リスク度を高めるケース，低下させるケース，双方の可能性が存在することを示している。図表4-6推計結果(1)(2)では，銀行の政府所有比率と国有借り手企業比率の交差項はともに銀行自身の経営リスク度を低下させるとの結果が得られている。この結果は，政府を介して形成される国有銀行－国有借り手関係が，双方への暗黙的な政府支援を前提に，破綻先債権増加の可能性を全般的に低下させていることを示しており，Iannotta et al.（2007）らの結論とは異なる。

　他方，融資のリスク・エクスポージャを低下させる国有銀行－国有借り手関係とは異なり，国有銀行が地場ファミリー・グループ企業と取引関係を有する場合には，一転して，銀行融資は銀行の経営リスクを高めていることを，本章の図表4-6推計式(3)-(4)の実証結果は示している。そしてこの結果は，本章の仮説1および仮説2を支持しており，またIannotta et al.（2007）らの研究成果と一致する。この図表4-6推計式(1)-(4)の実証結果を総合すると，次の通りである。まず，銀行の融資活動からもたらされる自身の経営リスクへの影響は，銀行側の所有構造のみが決定するのではない。この銀行の経営リスクへの影響は，長期取引関係を持つ借り手企業との関係からも影響を受ける。このため，これらの借り手企業の所有構造が市場経済化の過程で変化した場合，銀

図表 4-8 実証分析結果 3：銀行−企業関係と銀行の費用効率性

図表は、モデル (4.4) により推計した銀行の費用効率性を被説明変数として採用した推計結果を示している。Inefficiency は、値が大きい (小さい) ほど、銀行 j の費用効率性が高い (低い) ことを意味する。図表 3 行目の「Owner A_j」は $Bank^{OwnerA}$ に、政府、地場ビジネス・グループ、外国人のいずれかの株主の銀行所有比率を採用する場合の推計結果、図表 4 行目の「Owner B_j」は $Borrower^{OwnerB}$ に、政府、地場ファミリー・グループのいずれかが 10%超の借り手企業の株主を採用する場合の推計結果を意味する。固定効果モデル、変量効果モデルの選択は、サーガン・ハンセン検定結果より判断した。推計期間は 2000 年〜2016 年。

		被説明変数							
		(9)		(10)		(11)		(12)	
	説明変数	Inefficiency		Inefficiency		Inefficiency		Inefficiency	
	Owner A：所有者 A の銀行の所有比率	$Bank^{Gov}$		$Bank^{Gov}$		$Bank^{Group}$		$Bank^{Foreign}$	
	Owner B：所有者 B の企業の全借りす企業に対する比率	$Borrower^{Gov}$		$Borrower^{Family}$		$Borrower^{Family}$		$Borrower^{Family}$	
X^{Owner}：所有比率変数	$Bank^{OwnerA}$	−0.242	**	−0.240	**	−0.928	***	0.021	***
		(−2.160)		(−2.200)		(−4.120)		(4.680)	
	$Bank^{OwnerA}{}^{\wedge}2$	0.093		0.095		0.773	***	−0.051	***
		(0.750)		(0.860)		(5.110)		(−3.550)	
	$Borrower^{OwnerB}$	−0.390	***	−0.583	**	−0.584	***	−0.585	**
		(−2.660)		(−2.410)		(−2.390)		(−2.410)	
	$Borrower^{OwnerB}{}^{\wedge}2$	−0.099		0.508	***	0.505	***	0.506	***
		(−0.410)		(2.920)		(2.910)		(2.900)	
$X^{Relation}$：銀行−企業関係の変数	$Bank^{OwnerA} \times Borrower^{OwnerB}$	−0.087	**	−0.028	***	−0.537	***	0.099	
		(−2.110)		(−3.240)		(−4.440)		(0.410)	
	$Bank^{OwnerA} \times Bank\ Loan$	4.8E-04		4.9E-04		0.005		5.8E-04	
		(0.900)		(0.880)		(0.610)		(−0.080)	
	$Borrower^{OwnerB} \times Borrower\ Loan$	−0.066	***	0.005	***	0.006	***	0.006	***
		(−4.380)		(3.950)		(3.950)		(3.950)	
X^{Bank}：銀行経営パフォーマンス変数	$Bank\ Loan$	0.004	***	0.003	***	0.004	***	−0.004	***
		(3.360)		(3.390)		(3.370)		(3.390)	
	$Bank\ Loan{}^{\wedge}2$	−2.2E-04	***	−2.1E-04	***	−2.0E-04	***	−2.0E-04	***
		(−4.500)		(−4.500)		(−4.510)		(−4.500)	
	$Return\ on\ Asset$	0.077	***	0.075	***	0.075	***	0.055	

第4章　新興国の銀行－企業関係：市場経済化と銀行エクスポージャの検証　145

		(1)	(2)	(3)	(4)
	Market to Book	(5.160)	(5.150)	(5.130)	(3.140)
		−0.088 ***	−0.088 ***	−0.088 ***	−0.087 ***
		(−3.220)	(−3.240)	(−3.220)	(−3.210)
	per capita GDP	−0.024 ***	−0.024 ***	−0.024 ***	−0.024 ***
		(−4.540)	(−4.550)	(−4.500)	(−4.550)
	Market Share	0.033 ***	0.330 ***	0.031 ***	0.031 ***
		(5.170)	(5.180)	(5.170)	(5.170)
	Population	0.004	0.004	0.005	0.005
		(1.380)	(1.400)	(1.410)	(1.410)
X^{Market}:	Market Develop	−0.010	−0.010	−0.011	−0.010
銀行市場変数		(−0.710)	(−0.700)	(−0.700)	(−0.700)
	Liberalization	−0.003	−0.005	−0.003	−0.003
		(−0.730)	(−0.720)	(−0.730)	(−0.730)
	Legal Strength	0.001 *	0.002 *	0.002 *	0.002 *
		(1.870)	(1.880)	(1.880)	(1.880)
	const	0.440 ***	0.490 ***	0.441 ***	0.472 ***
		(11.390)	(11.710)	(11.830)	(11.220)
	推計方法	変量効果	変量効果	変量効果	変量効果
	ワルドχ^2検定	36,546.2 ***	33,468.1 ***	37,116.8 ***	34,678.6 ***
	Pseudo R2	0.210	0.196	0.222	0.208
	サーガン・ハンセン検定	424.3 ***	551.2 ***	458.2 ***	442.5 ***
	標本数	919	919	919	919

注：***, **, * はそれぞれ1％，5％，10％有意水準を示す。

行が晒される経営リスクの大きさも変化する。また，Poncet et al. (2010)，Hao et al. (2014)，Yen et al. (2014) が指摘するように，民営化後に地場ビジネス・グループ，地場ファミリー・グループ企業が主要株主となる国・地域では，政府と地場グループ企業が政治的癒着関係を有する場合が多い。この場合，国有銀行は自らの利潤最大化よりも政府の意向に沿う地場グループ企業向け融資を余儀なくされるため，結果的に国有企業の民営化が銀行の経営リスク度を高める状況が頻発していると結論付けられる。

また，本章の図表4-6推計式(5)，図表4-7推計式(6)の実証結果は，銀行が政府のみならず地場ビジネス・グループに所有される場合，このビジネス・グループ保有銀行とグループ企業の長期取引関係は，銀行の経営リスク度を更に高める結果を示し，本章の仮説3を支持している。この銀行のビジネス・グループ企業による所有集中と地場ファミリー・グループ企業との取引関係が，銀行の経営リスク度を高めるという実証結果は，仮説3を支持すると同時にBoubakri et al. (2005a) の研究成果とも整合する。また，このビジネス・グループ保有銀行による，地場ファミリー・グループ企業への融資増大は，銀行法制や銀行監督制度が未成熟な新興国市場で進行するケースが多い。Dalya et al. (2008)，Morey et al. (2009) が指摘するように，新興国のこうした法制環境も，銀行の経営リスク度を高める地場ファミリー・グループ内リレーションシップの形成を助長していると考えられる。

図表4-7推計式(7)(8)は，民営化された銀行の外国人所有比率が上昇する場合，銀行の経営リスク度が低下する結果を示し，これらの結果はHou et al. (2014) およびPennathur (2014) の結論と整合する。本章の実証分析では，図表4-7推計式(7)(8)において，銀行の外国人所有比率とファミリー・グループ借り手企業比率の交差項の係数は，いずれも非有意な結果を示している。これらの結果は，銀行が地場ファミリー・グループ企業と取引関係を持つ場合においても，外国人所有比率が高まれば，結果的に銀行はリスク回避的な融資活動を行うとする仮説4を支持している。上記の結果は，銀行の所有者が政府や地場ビジネス・グループである場合，銀行の融資先が政府の意向に影響される結果，銀行と地場ファミリー・グループ企業とのリレーションシップが強まり，銀行は経営リスク度を高めることを示している。しかし，Clarke et al. (2005)

が指摘する通り，銀行の外国人所有比率が高まる銀行市場は，市場の金融発展度が高く，これが銀行に経営規律をもたらすことから，与信審査の厳格化等を通じて，銀行のリスク選好度を低下させる結果へとつながっていると考えられる。

8 結論：銀行危機・過剰債務問題の原因

　以上，本章の仮説1～4の検証結果を総合すると，新興国の銀行－企業関係に関する本章の研究結果は，次のように結論付けられる。第1に，国有銀行が，政府所有比率が高い借り手企業と長期取引関係を持つ場合，これらの借り手企業は経営困難時に政府による救済支援を得られるため，この銀行－企業関係が銀行経営を短期的に困難化させることはない。そして政府は，自らの開発政策に適う借り手企業の金融制約緩和を，国有銀行に実施させ，経済発展の実現を目指すことができる。しかし，国有借り手企業の民営化が進み，地場ファミリー・グループに所有されるケースが増加した場合，この銀行－企業関係は借り手企業の過剰債務を助長し，銀行の経営リスクを上昇させる。このため，銀行の政府所有比率は，それ単独では銀行のリスク・エクスポージャには影響を与えず，いかなる借り手企業と取引関係を持つか，そして国有借り手企業の市場経済化，民営化の進展度とプロセス次第で，国有銀行の信用リスク・エクスポージャは異なる。これが本章の第1の結論である。

　本章の第2の結論は，市場経済化の結果，銀行が民間企業に所有されるケースについてである。銀行が地場ビジネス・グループに所有され，同時に地場ファミリー・グループ企業に所有される借り手企業と取引関係を持つ場合，結果的にこれらの銀行－企業関係も，さらに借り手企業の銀行借入を増加させ，銀行の経営リスクを高める。先行研究によれば，新興国では，銀行，借り手企業の民営化が進行後も政府と地場ビジネス・グループが政治的癒着関係を持つ国・地域が多い。この場合，政府の経営への影響力が銀行の利潤最大化のインセンティブを往々にして上回るため，地場ファミリー・グループ企業への融資が継続され，結果的に銀行は過大な信用リスクを抱え込む。換言すれば，銀行，

借り手企業の民営化後も，所有者としての地場ビジネス・ファミリー・グループ企業の影響力が大きい場合，銀行－企業間で間接的「ソフトな予算制約」が温存され，最終的に民間銀行が過度なエクスポージャを負うという，しわ寄せが生じることが多い。

　第3に，銀行の外国人保有比率の上昇は，借り手企業との長期取引関係の有無に関わらず，銀行の経営健全化に貢献する。この理由は，外国人株主がブロックホルダーとなりうる銀行市場は，金融自由化，市場の国際化が進展している場合が多いためである。これらの銀行は，与信審査業務に規律が働くことに加え，株主である外国人投資家が，借り手企業の内実に精通していないこともあり，銀行は株主からリスク回避的な投融資を求められる。ただしこのケースでは，銀行の産業界への資金供給が縮小へ向かうため，銀行の開発政策や経済発展上の貢献は限られることになる。

第Ⅲ部

新興国金融マーケット発展の決定要因

第5章

新興国企業の負債選択：
社債発行決定要因の研究

1 問題意識：新興国直接金融市場の障害は何か

　企業のファイナンス活動と所在国・地域の金融発展は，いかなる相互依存関係にあり，またどのような要因の影響を受けるのか。Shaw（1972）やMckinnon（1973）の理論的研究以降，数多くの研究がこのテーマに取り組み，また研究成果を報告してきた。これらの研究は，かつては，企業の所在国・地域の経済発展段階を問わず，直接金融市場の利用経験が少ない企業の社債発行，株式発行を促す要因と，金融発展との関係に焦点を当ててきた。換言すれば，ほぼすべての先行研究は，暗黙のうちに主要先進国市場を分析対象とし，市場が公平かつ透明性が高い発展した金融資本市場であることを前提としてきたと言ってよい。一方で，近年の関連研究では，新興国における金融危機の経験を機に，Levine（2005）やMizen and Tsoukas（2013）など，金融発展が遅れる国・地域での企業の社債発行，株式発行を促す要因の分析が注目を集めている。

　企業の資金調達活動は，まず創業まもない初期段階では内部資金に依存し，企業の成長，事業規模の拡大とともに主取引銀行との間で取引関係を形成する発展段階を経ることが多い。Udell（1995）やElyasiani and Goldberg（2004）は，この過程で形成される長期的な主取引銀行との取引関係が，銀行および借り手企業双方の事業活動にプラスの影響をもたらすと結論づけている。銀行－企業関係の下で成長が続き，さらに巨額の設備投資金が必要となる場合，主取引銀行の融資上限額ではもはや資金需要を充足できないケースが発生しうる。この場合，借り手企業は，複数銀行からの協調融資もしくは社債市場や株式市場等での資金調達の可能性を探る。新興国企業の負債選択研究の嚆矢であるBolton and Freixas（2008）の理論モデルでは，新興国固有の特徴として，企業の資

金需要規模の成長率が高いため，地場取引銀行の自己資本強化が追い付かず，借り手企業がシンジケートローン市場や社債・株式市場へ向かうことを余儀なくされるタイミングが早期に訪れると結論付けている。

　この理論モデルの結論が正しいとすれば，多くの新興国企業は本来，先進国企業よりも，資金調達活動における直接金融市場の利用意向が強いことになる。しかし，実際には，新興国企業の社債発行，株式発行実績は，主要先進国企業に比べ著しく少ない（Mizen and Tsoukas, 2013）。この問題意識を踏まえ，本章は，新興国では，どのような要因が企業に，銀行借入依存型ファイナンスから社債発行へと向かわせるのか，そして逆に，何が多くの新興国企業を，社債市場から遠ざけているのかを明らかにすることを研究の目的とする。換言すれば，本章の最終ゴールは，新興国企業に社債発行を選択させる要因，遠ざける要因が，先行研究が明らかにしてきた決定要因とは異なることを立証することにある。

　本章ではまず初めに，経済発展の過程で形成された銀行−企業関係の存在が，新興国固有の社債発行を促す要因であることを確認する。本章の研究では，Bolton and Freixas（2008）の理論モデルの結論を踏まえ，新興国企業の資金需要の高い成長率が，主取引銀行が携えるべき自己資本規模の増加率を上回るため，借り手企業が社債市場へアプローチする，と仮説設定する。

　2つめに，本章は，新興国企業と先進国企業間の社債発行における共通の決定要因についても検証する。先行研究では，先進国企業の社債発行と発行時点での株価との関係について，数多くの分析結果が報告されてきた。Sharpe（1990）や Rajan（1992）のホールドアップ仮説や Hoshi et al.（1990）（1991）の流動性制約仮説では，資金調達時に企業価値が高い米国企業や日本企業は，資金調達手段として社債発行を選択する確率が高いと主張している。一方で，Asquith and Mullins（1986），Jung et al.（1996），Graham and Harvey（2001），Hovakimian et al.（2001）が主張する市場タイミング理論は逆に，株価≒企業価値が市場で過小（過大）評価される企業の資金需要が高まった場合，企業は社債発行（株式発行）を選択すると主張する。本章の第2の分析では，新興国では，このホールドアップ仮説 vs. 市場タイミング仮説，流動性制約仮説 vs. 市場タイミング仮説，のいずれが正しいのかを実証分析により，明らかにする。

第3に，本章は，社債市場の発展が途上である新興国では，発行企業の強い情報非対称性が社債発行市場の発展において，障害となっている事実を立証する。現代のファイナンス理論，中でも調達序列理論では，情報非対称性が大きな発行体企業は，株式発行よりも，銀行借入や社債発行の選択確率が高いと，理解されてきた。しかし，金融発展が途上にある新興国では，発行体企業の将来の収益性のみならず，社債発行企業の事業内容や債務履行能力に関する情報の入手可能性が，社債発行の要件として求められることを，実証分析を通じ確認する。

　本章の構成は次の通りである。次節では，本章に関係する先行研究の調査結果を報告し，第3節において，これらの先行研究に基づく本研究の仮説を提示する。第4節では，本章の仮説を立証するための実証分析方針と使用データを説明し，第5－6節において実証分析結果を報告，結論を提示する。

2　先行研究：ファイナンス理論と新興国

　企業の負債選択と銀行－企業関係に関する研究には，数多くの先行研究が存在する。Sharpe（1990），Rajan（1992）が主張するホールドアップ仮説は，次の要因が企業の社債発行選択確率を高めると主張している。まず，借り手企業と長期的な取引関係を持つ銀行は，渉外活動を通じて借り手企業の内部情報を生産，独占する。このため，借り手企業の経営努力により実施プロジェクトが高収益を生み出した場合においても，内部情報を独占する銀行は，自らに有利な貸出約定契約を締結させることで，これらの収益を借り手企業から過度に収奪する。この銀行による収奪を避けるため，ホールドアップ仮説は，高採算プロジェクトに従事する借り手企業は，銀行借入を避け，社債発行を選択する確率を高めると主張する。

　同様に，流動性制約仮説を提唱する Hoshi et al.（1990, 1991）は，高い信用力もしくは債務履行能力を持つ企業のみが，銀行借入ではなく，社債発行を選択すると主張する。なぜなら，社債発行の場合，資金調達後，事業が困難化すれば，企業は清算もしくは会社更生手続きを進める選択を迫られる。しかし，

事業困難化の可能性が低いことが事前に予見できれば，社債発行は銀行借入よりも企業にとって有利な条件で，大規模な資金調達を可能とさせる。この流動性制約仮説を発展させ，新興国企業の社債発行の理論的枠組みを提示したBolton and Freixas（2008）は，新興国での銀行－企業関係が，企業の社債発行選択において重要な役割を果たすと主張する。その理由は，新興国企業の資金需要の高い成長率は，主取引銀行の自己資本の成長率を往々にして上回る。このため，新興国では銀行の自己資本の大きさに比べ，過大な融資額を借り手企業が求める状況がしばしば発生するため，銀行側がむしろ借り手企業に社債発行を促すと，彼らは主張している。

また，企業の資金調達に関する多くの先行研究は，銀行借入－社債発行間の負債選択と同時に，社債発行－株式発行の証券選択の決定要因にも焦点を当てている。Dong et al.（2012）の解説によれば，先行研究では，調達序列理論と市場タイミング理論が，この社債発行と株式発行の選択決定要因を巡る理論において，2つの主要な潮流であると位置付けている。Donaldson（1961），Myers（1984），Myers and Majlufs（1984），Shyam-Sunder and Myers（1999）が提唱する調達序列理論は，企業経営者などの内部者は，一般的に，外部の投資家よりも自社の事業についてより詳細な情報を保有する。このため，外部投資家が，こうした内部情報を詳細に知り，事業の将来性について見通しを立てやすい状況にある場合，企業は資金調達活動において株式発行を選択し，投資家もそれに投資する，と主張する。この理論は，上記の先行研究のみならず，近年まで数多くの研究者に支持されてきた。一方で，最近では，Fama and French（2005）やLemmon and Zender（2010）のように，調達序列理論への反証を提示，報告する研究も多い。Fama and French（2005）は，米国上場企業の長期データを分析した結果，半数以上の企業が，調達序列理論に反する資金調達手段選択を行っていると報告している。また，Lemmon and Zender（2010）は，企業が社債発行を選択するか否かは，情報非対称性の程度そのものに因るのではなく，情報非対称性による金融制約の有無がより大きく影響を与えていると報告している。

Asquith and Mullins（1986），Jung et al.（1996），Graham and Harvey（2001），Hovakimian et al.（2001）が提唱する市場タイミング理論は，企業は自らの株

価が過大評価されているとき,資金調達手段の選択に際し,株式発行を選択すると主張している。その後,これらの主張を支持するBaker and Wurgler (2002), Henderson et al. (2006), Gomes and Phillips (2007) は,企業は株価が高く,またこの高い株価が将来の事業の収益性,採算性の裏付けを持つ場合に[1],株式発行を選択すると結論付けている。また,Dittmar and Thakor (2007) は,この市場タイミング理論をさらに発展させ,株価効果に加え,経営者と株主との関係も,株式発行の選択に影響を与えると提唱している。具体的には,企業の株価が高位に推移し,同時に,経営者と株主がともに将来の事業の採算性と株価について一致した前向きな見解を共有する場合,株主も発行済み株式数増加にともなう自らの保有比率の低下を許容し,企業は株式発行を行いやすい環境となる,と主張する。一方で,他の仮説や理論同様,市場タイミング理論を否定する実証結果も,近年,報告されている。Bruinshoofd and de Haan (2012) は,米国と欧州諸国の企業データを用いた実証分析の結果,市場タイミング理論に沿った資金調達手段選択を行う企業は数少ない,と結論付けている。またJung et al. (1996) の実証研究においても,市場タイミング理論は,実際に多くの企業の資金調達の行動様式とは整合しないと報告している。さらに,Denis and Mihov (2010) は,高い資本の時価簿価比率を持つ企業は,社債発行を選択する確率が高いと結論付けており,また,Hale and Santos (2008) も巨大な資金需要を持つ好採算企業は,社債発行を選択する確率が高いとの実証結果を報告している。

　先行研究のうちの多くの実証研究は,分析対象企業を先進国企業としている。すなわち,新興国において,企業の社債発行を促進する要因,阻害する要因についての実証結果を報告した研究は数少ない。こうした中,台湾企業の社債発行要因を分析したShen (2014) は,社債発行の阻害要因として,企業の情報非対称性を指摘している。ロシア企業の社債発行決定要因を分析したDavydov et al. (2014) も,社債発行後の企業価値の急落が多くの企業で発生していることを指摘し,やはり企業の情報非対称性がこうした結果を招いていると結論付けている。また,エジプト上場企業の資金調達手段を分析したAllini et al. (2018)

1　正確には,Baker and Wurgler (2002), Henderson et al. (2006), Gomes and Phillips (2007) は,「高い株価が逆選択によりもたらされたものでない場合」と説明している。

やブラジル中小企業の金融行動に焦点を当てた Zeidan et al.（2017）も，これらの新興国では，企業の情報非対称性が，資金調達手段の選択に統計上，有意に影響を与えるとの実証結果を報告している。さらに，中国企業の社債発行決定要因を分析した Pessarossi and Weill（2013）は，企業の政府保有比率が高いほど，社債発行が促されやすいことを報告している。その理由として，国有企業は，国内投資家にとって，決して収益的ではないものの，暗黙的な政府債務保証があり，債務履行能力が高いと投資家が判断するためである，と結論付けている。新興国企業の情報非対称性に関する研究以外では，Lin et al.（2013），Lepetit et al.（2015）が新興国における株主の過大支配権の影響を指摘している。すなわち，新興国では，株式公募増資により企業の支配力低下を恐れる既存株主が，社債発行を経営者に働きかける可能性を仮説とし，彼らの実証分析結果はこの仮説を支持している。また，Mizen and Tsoukas（2013）は，2000年代の東アジア企業の社債発行を分析し，アジア債券市場構想などの国際金融協力や，各国の政策的な後押しが，企業の社債発行を促したと結論付けている。

3　仮説：社債発行する新興国企業

　本章の研究の目的は，新興国企業の負債選択決定要因が，先進国企業のそれとは異なることを実証分析により明らかにすることにある。そして，新興国における企業の負債選択に関する理論を実証分析を通じて拡張することで，どのような要因が新興国社債市場の発展を促進もしくは阻害しているのかを解明し，開発政策における政策的含意を導出する。実証研究は，具体的には次の３つの論点を検証する。まず，１つめの論点は，新興国企業と先進国企業が異なる点のひとつとして，Bolton and Freixas（2008）や Hale and Santos（2008）が指摘する資金需要拡大のテンポ，すなわち資金需要の成長率の高さが，社債発行選択確率を高めている事実を確認する。新興国，先進国を問わず企業は，一般的には，予期しない流動性制約に直面した場合，債務不履行を恐れる主取引銀行からの金融支援を受けることが可能である。そして本書第４章では，むしろ新興国こそ，マクロ経済環境が不安定な経済発展の初期段階時には，この銀行

－企業関係が重要な役割を果たすことを確認した。しかし，5-10％超の経済成長率を記録することが多い新興国では，企業の資金需要の規模もしばしば短期間に成長する。このとき，この資金需要規模が，主取引銀行の自己資本で許容される一先当たりの融資上限を超えるという問題が生じうる。このため，本章の第1の仮説は，借り手企業の資金需要規模が急速に成長した場合，主取引銀行の自己資本上の制約から，借り手企業および銀行ともに，借り手企業の社債発行選択を後押し，その確率を高めると仮説設定する。

仮説1：新興国では，主取引銀行の資本に比べ，借り手企業の資金需要規模の成長率が高いほど，この企業は社債発行を選択する確率を高める。

本章の2つめの論点は，企業価値と負債選択の関係についてである。ホールドアップ仮説ならびに流動性制約仮説では，企業価値の増大は社債発行選択の確率を高めると主張している。そしてこれらの仮説は，企業価値の増大，もしくは過大評価が株式発行選択の確率を高めると考える市場タイミング理論の結論とは，相反する。市場タイミング理論は併せて，企業価値の下落，もしくは過小評価は，社債発行選択の確率および自社株取得の確率を高めると主張するが，新興国では，自社株買いは極めて少ない[2]。このため，本章の第2の仮説は，新興国企業は，資金調達後に流動性制約に直面する可能性が低い企業ほど，主取引銀行による超過利潤の過度な収奪から逃れるため，社債発行選択の確率を高めると仮説設定する。換言すれば，第2の仮説は，Hoshi et al. (1990), Hoshi et al. (1992), Sharpe (1990), Rajan (1992) が主張する先進国での状況が，新興国でも同様に発生する確率が高いと考える。また，新興国では主要先進国よりも企業価値と負債選択の正の関係が強まると仮説設定するもう1つの理由は，第4章の結論に基づく。すなわち，新興国企業は，主要先進国企業に比べ，自社の能力では克服することができない，政治的混乱や外需減速等の

---

2 トムソン・ロイター社 *ThomsonONE* によれば，例えば ASEAN 諸国において2000年1月1日～2017年12月31日に自社株買いを実施した企業は，計53社に過ぎない。またこの53社のうち最も自己所有比率を高めたのは，2009年9月30日発表のインドネシアのメディアコム（情報通信）の19.9％である。自己株買い目標株式取得比率の平均値は10.6％であった。他方，日本では同時期，自社株買いは2,267社が実施している。

外部環境急変に，しばしば直面する。こうした状況のもとで，銀行支援を受けうる資金調達手段の選択を絶つことができる企業は，1つの事業が頓挫しても他の事業がそれをカバーする，複数の異なる事業を持つ高収益企業，高株価企業に限られる。

仮説2：新興国においても，企業価値の増大は，社債発行選択確率を高める。

　本章の3つめの仮説は，新興国企業の情報非対称性と負債選択との関係についてである。新興国は一般的に，国内，海外の格付け機関から格付けを取得する企業が少なく，これは情報仲介機関による企業の情報生産が行われる機会が少ないことを意味する。このため，企業の情報非対称性は，概して大きく，主取引銀行が企業の内部情報を独占する傾向が強い。それゆえ，第3の仮説では，情報非対称性に起因する調達序列効果が新興国企業の負債選択に影響を与えていると仮説設定する。換言すれば，Donaldson（1961），Myers（1984），Shyam-Sunder and Myers（1999）の調達序列理論に関する先行研究を踏襲し，第3の仮説では，株式発行のみならず社債発行においても，企業の情報非対称性の低さ（高さ）が発行の要件（発行の障害）になると仮説設定する。その理由は，債券投資を検討する外部投資家にとって，発行体の債務履行能力や金融制約の有無に関する情報が正確か否かは，投資判断において重要な役割を果たすためである。主要先進国企業を分析した先行研究では，負債選択においてこの要件は必ずしも重視されていない。その理由は，先進国社債市場では，多くの発行体が主要格付け機関から格付けを取得し，また，情報仲介者がこれらの企業に関する情報生産を日常的に行っているためである。仮説1-2は新興国の資金需要規模の高成長率と高い企業価値が，企業に社債発行を選択させる確率を高めると考えている。これに対し，仮説3は，投資家が，企業の債務履行能力や，将来の低い流動性制約の可能性を確認するため，企業の事業活動情報の透明性が，社債発行の3つめの要件となっていると仮説設定する。

仮説3：新興国では，情報非対称性が低い（高い）企業は，社債発行（銀行借入）選択の確率を高めている。

4 分析方法

4.1 銀行－企業関係と負債選択

　本章の第1の分析ではまず,新興国企業の銀行－企業関係がもたらす負債選択,すなわち銀行借入と社債発行の選択決定要因を特定化する。具体的には,**図表5－1**に示される13新興国の銀行－企業関係を有する銀行借入企業,社債発行企業,株式発行企業のデータセットを用い,実証モデル(5.1)を多項プロビットモデルにより推計し,新興国企業の社債発行の決定要因を確認する。すなわち,本章1つめの実証分析は,外部資金需要を持つ企業のみを分析対象とし,実際に銀行借入,社債発行,株式発行のいずれかの資金調達手段を採用した企業のみを標本として用いる。本章の推計において多項選択ロジットモデルではなく,多項選択プロビットモデルを使用する理由は,実証モデル(5.1)が,多項選択ロジットモデルを用いるためのIIA要件(Independence from Irrelevant Alternatives Property),すなわち,他の選ばれなかった選択肢がもう一方の選択肢へ影響を与えてはならないとする要件,を充足していないためである。多項選択プロビットモデルの被説明変数は,「社債発行($Debt$)」「株式発行($Equity$)」「銀行借入($Bank Loan$)」の3つのカテゴリー変数である。

　説明変数には次の4つの説明変数グループを採用する。$X^{PartnerBank}$は企業iの主取引銀行の財務的特徴に関する変数グループである。$X^{PeckingOrder}$は企業iの金融制約,情報非対称性に関する変数グループ,X^{Firm}は企業iの財務パフォーマンスに関する変数グループである。そして$X^{Country}$は,企業iの本社が所在する国のマクロ経済パフォーマンス,法制度環境を示す代理変数の変数グループである。

$$Debt \text{ or } Equity \text{ or } BankLoan = X^{PartnerBank}\chi_1 + X^{PeckingOrder}\chi_2 + X^{Firm}\chi_3 + X^{Country}\chi_4 \tag{5.1}$$

具体的には，$X^{PartnerBank}$は企業iのt年における主取引銀行の時価総額を同年の企業iの資金調達額で除した値，銀行資本の資金調達額比（Bank Cap to Funding）を採用する。また，$X^{PeckingOrder}$の1つめの変数には，Kaplan and Zingales（1997）にしたがい，モデル（5.2）に示される企業iのt年における金融制約の程度を示す変数（KZ index）を採用する。モデル（5.2）はBaker et al.（2003）と Dong et al.（2012）の提案にしたがい，Kaplan and Zingales（1997）のモデルに含まれる変数から資本の時価・簿価比率，すなわちトービンのQを除いた推計式を採用している。この推計において，資本の時価・簿価比率をモデル（5.2）から除外する理由は，同変数は，成長機会と同時に企業価値を示す変数でもあるため，企業の金融制約の程度を計る指標として，他の変数に影響を与えうるためである。

$$KZ\_index_{it} = -1.002 \times \frac{CashFlow_{it}}{ASSET_{it-1}} + 3.319 \times Leverage_{it} - 39.368$$

$$\times \frac{DIV_{it}}{ASSET_{it-1}} - 1.315 \times \frac{CASH_{it}}{ASSET_{it-1}} \quad (5.2)$$

ここでキャッシュフロー（CashFlow）は純利益と減価償却費の合計額，総資産残高（ASSET）は総資産残高，支払配当額（DIV）は現金配当額，財務レバレッジ（Leverage）は簿価負債を時価資本で除した値，現預金残高（CASH）は現預金に短期証券投資残高を加えた額の合計額を意味する。$X^{PeckingOrder}$のもうひとつの変数である情報非対称度（Asymmetric）の定義は，4.3において詳述する。

X^{Firm}には$t-1$年の企業iの負債の簿価にt年の時価資本額を加えた値を$t-1$年の総資産残高の簿価で除した資本の時価・簿価比率（Market to Book）を採用する。本章では，上記の時価資本額は，$t-1$年末の発行済み株式数にt年の証券発行時点までの年初来株価の日次平均値を乗じた値を採用している。さらに企業iの財務パフォーマンスを示す変数として総資産利益率（Return on Asset）を採用する。総資産利益率（Return on Asset）の定義は，t年の営業利益を$t-1$年の簿価の総資産残高で除している。またX^{Firm}には企業iの

事業リスクを示す指標として,アルトマンのZスコア（Z Score）を企業 i の事業リスクとして採用している。最後に企業規模もしくは複数の事業を営むか否かを示す変数として, t 年の企業 i の US ドル建ての売上高（百万 US ドル）の自然対数値（Total Sales）を採用する。

$X^{Country}$ には,企業 i の本社が所在する国・地域の所得水準の代理変数として, t 年の US ドル建て1人当たり GDP の自然対数値（per GDP）を採用する。また,企業 i の本社が所在する国・地域の金融発展度,金融法制環境の違いを説明する変数として,第4章同様,スイス国際経営開発研究所（IMD）が公表する t 年の所在国・地域の金融発展度を示す指数（Market Development）,金融自由化度を示す指数（Financial Deregulation）,法制度の公平性・厳格性を

図表5-1　標本企業の国・地域別分布

銀行借入企業データは,ビューロ・ヴァン・ダイク社 OSIRIS,社債・株式発行企業データはトムソン・ロイター社 ThomsonONE より,2000〜2016年を標本期間として入手した。銀行借入の定義は,企業の貸借対照表において「銀行借入残高」が前年比純増の企業を銀行借入を実施した企業と定義した。社債発行企業の定義は,償還期間1年未満の社債,担保付社債,転換社債,ワラント債発行企業は除外している。株式発行企業の定義は,新規公開を除く普通株発行企業のみであり,優先株,劣後債発行企業は除外した。

	銀行借入企業数	社債発行企業数		株式発行企業数	
		計	公募・普通社債発行企業数（国内市場）	計	公募株式発行企業数（国内市場）
インドネシア	766	38	26	50	41
マレーシア	1,226	49	20	329	271
フィリピン	352	28	5	45	15
シンガポール	1,067	44	24	145	82
タイ	838	109	7	135	70
ベトナム	1,124	2	0	190	116
中国	3,761	104	47	659	251
香港	2,228	34	1	714	513
韓国	2,339	255	156	499	336
台湾	2,348	48	22	524	304
インド	3,929	6	3	9	2
トルコ	540	5	0	46	27
ロシア	905	33	23	43	17
合計	21,423	755	334	3,388	2,045

資料：ビューロ・ヴァン・ダイク社 OSIRIS,社債・株式発行企業データはトムソン・ロイター社 ThomsonONE より筆者集計。

図表 5‑2　新興国地域別普通社債発行額上位10社（2000〜2017年）

図表は，2000年1月1日−2017年12月31日の普通社債発行額上位10ディールを示す。メディアム・ターム・ノートを含む。金融機関，証券会社，政府支援企業の発行する普通社債，また，償還期間1年未満の社債，担保付社債，転換社債，ワラント債を除く。また，社債発行額は，同日に同企業が異なる社債発行を行い，トムソン・ロイター社 ThomsonONE においてディール番号が異なる場合は，最高額のディールのみを「発行額」として表示している。

	発行体	業種	所在国・地域	発行日	発行額(百万USD)	主幹事社
\multicolumn{7}{東南アジア地域（インドネシア，マレーシア，フィリピン，シンガポール，タイ，ベトナム）}
1	マックス・コミュニケーションズ	情報通信	マレーシア	2007年11月2日	5,090.6	CIMB 他
2	チャータード・セミコンダクター	半導体	シンガポール	2001年3月12日	4,000.0	不明
3	ペトロリアム・ナシオナル	石油ガス	マレーシア	2002年5月15日	2,725.7	HSBC ホールディングス
4	プルタミナ	石油ガス	インドネシア	2012年4月26日	2,475.6	バークレイズ銀行
5	タイ石油公社	石油ガス	タイ	2010年1月1日	2,399.5	バンコク銀行他
6	シンガポール・テレコム	情報通信	シンガポール	2001年11月15日	2,281.2	ゴールドマンサックス証券
7	SP 電力アセット	電力	シンガポール	2003年10月16日	2,197.0	シンガポール開発銀行
8	インドネシア国有電力公社	電力	シンガポール	2008年1月8日	2,000.0	UBS 証券
9	サンミゲル	飲料	フィリピン	2012年8月10日	1,912.7	バンコ・デ・オロ他
10	CP	小売卸売	タイ	2013年10月18日	1,611.4	サイアム商業銀行他
\multicolumn{7}{北東アジア地域（中国・香港・台湾・韓国）}
1	アリババ・グループ HD	情報通信	中国	2014年11月20日	8,000.0	モルガン・スタンレー証券
2	CNPC	エネルギー	中国	2008年11月4日	5,867.2	中国工商銀行
3	山東鉱業機械	一般機械	中国	2013年4月9日	5,643.2	中国銀行
4	国家電網	情報通信	中国	2009年4月21日	4,400.8	中国交通銀行
5	中国石油化工	エネルギー	中国	2008年4月7日	4,290.3	不明
6	台湾高速鉄路	鉄道	台湾	2008年8月22日	4,141.7	リーマンブラザーズ証券アジア
7	恒大集団	不動産	中国	2017年6月21日	3,800.0	クレディスイス証券
8	韓国ガス	電気ガス水道	韓国	2011年6月2日	3,706.8	不明
9	中国長江電力	電気ガス水道	中国	2010年2月11日	3,514.9	不明
10	中国鉄路	鉄道	中国	2013年10月31日	3,281.8	中国開発銀行
\multicolumn{7}{南アジア地域（インド）}
1	インド石油	石油化学	インド	2009年11月5日	6,250.0	ドイツ銀行
2	JK パルマール	日用品	インド	2012年8月30日	2,543.8	不明
3	ONGC ヴィデシュ	石油ガス	インド	2014年7月8日	1,492.9	BNP パリバ
4	フード・インディア	食品	インド	2014年3月7日	1,309.8	ICICI 銀行
5	パワーグリッド	電力	インド	2009年5月4日	1,202.4	不明
6	NACIL	鉄道	インド	2010年7月16日	1,177.7	不明
7	エアインディア	航空	インド	2011年9月26日	1,112.3	ICICI 銀行

8	アジュメール・ビジュット	電力	インド	2013年10月9日	1,082.9	不明
9	バハルティ・エアテル	情報通信	インド	2011年6月7日	1,000.0	バークレイズ証券
10	リライアンス・インダストリーズ	石油ガス	インド	2015年1月21日	990.0	バンク・オブ・アメリカ・メリルリンチ
中東欧ロシア地域（トルコ・ロシア）						
1	ガスプロム	石油ガス	ロシア	2005年12月7日	15,000.0	ドイチェバンク証券
2	ロスネフト石油	石油ガス	ロシア	2016年12月5日	9,412.8	VTB キャピタル
3	ガスプロム	石油ガス	ロシア	2003年9月9日	5,000.0	ドイチェバンク証券
4	ロスネフト石油	石油ガス	ロシア	2017年7月24日	2,934.8	不明
5	ヤマル SPG	石油ガス	ロシア	2015年2月16日	2,300.0	ガスプロム銀行
6	ヤマル SPG	石油ガス	ロシア	2015年11月23日	2,300.0	不明
7	ガスプロム	石油ガス	ロシア	2009年4月17日	2,250.0	クレディスイス証券
8	AKトランスネフト	パイプライン	ロシア	2009年9月30日	2,164.9	VTB バンク
9	AKトランスネフト	パイプライン	ロシア	2009年9月30日	2,164.9	VTB キャピタル
10	ガスプロム	石油ガス	ロシア	2003年2月21日	1,750.0	ドレスナー・クラインウォート

資料：トムソン・ロイター社 *ThomsonONE* より筆者作成。

示す指数（*Legal Strength*）の自然対数値を採用する。

　本章では仮説 1 が支持される場合，銀行資本を分子，資金調達規模を分母とする説明変数，銀行資本の資金調達額比（*Bank Cap to Funding*）の係数は負の値となる。仮説 2 が支持される場合には，資本の時価・簿価比率（*Market to Book*）の係数は正の値となる。

4.2　社債発行，企業価値と調達序列理論

　銀行借入企業，社債発行企業，株式発行企業の標本を用いる実証モデル (5.1) の推計に加え，本章の 2 つめの分析では，銀行借入企業を標本から除外し，社債発行企業，株式発行企業のみを標本として用いることで，社債発行と株式発行の選択決定要因を検証する。本分析では，実証モデル (5.3) を多国間企業パネルデータを用い，二値プロビットモデルにより推計する。実証モデル (5.3) の被説明変数は，企業 i が t 年に社債発行を行った場合を「= 1」，株式発行を行った場合を「= 0」とする変数（*Security*）を採用する。

　(5.1) 同様，本推計においても，次の 4 つの説明変数グループを採用する。まず，$Y^{PeckingOrder}$ は企業 i の金融制約，情報非対称性の代理変数グループである。そして $Y^{MarketValue}$ は，企業 i の企業価値の代理変数を含む説明変数グループで

ある。Y^{Firm} は企業 i の財務パフォーマンス,そして $Y^{Country}$ は,企業 i の本社が所在する国のマクロ経済パフォーマンス,法制度環境を示す代理変数グループである。

$$Security = Y^{PeckingOrder}\phi_1 + Y^{MarketValue}\phi_2 + Y^{Firm}\phi_3 + Y^{Country}\phi_4 \qquad (5.3)$$

$Y^{PeckingOrder}$ には,企業 i の金融制約ならびに情報非対称度を測る代理変数として,実証モデル (5.1) 同様,金融制約度 (*KZ Index*) と情報非対称度 (*Asymmetric*) を採用する。$Y^{MarketValue}$ には,Brown and Warner (1985) の手法を踏襲し,証券発行日前後±1日(3日間),そして証券発行日60日前から2日前(59日間)までの2つの累積株価超過収益率を示す変数,*CAR* (−1, +1) と *CAR* (−60, −2) を採用する。累積超過収益率の算出上,企業 i の株価収益率の理論値算出には,証券発行日から250営業日前から60営業日前までの日次データを用いている。

Y^{Firm} には資金調達規模 (*Funding Size*),財務レバレッジ (*Leverage*),総資産利益率 (*Return on Asset*),アルトマンのZスコア (*Z Score*),USドル建て売上高規模の自然対数値 (*Total Sales*) を採用する。資金調達規模 (*Funding Size*) は t 年の企業 i のU.S.ドル建ての資金調達額の自然対数値である。また財務レバレッジ (*Leverage*) の定義は,企業 i の簿価負債を時価資本額で除した比率である。その他の変数の定義は,(5.1) と同様である。$Y^{Country}$ には,企業 i の本社が所在する国・地域の所得水準の代理変数,1人当たり GDP (*per GDP*),企業 i の t 年の本社が所在する国/地域の金融発展度 (*Market Development*),金融自由化度 (*Financial Deregulation*),法制度の公平性・厳格性を示す指数 (*Legal Strength*) の自然対数値を採用する。実証モデル (5.3) において,金融制約度 (*KZ Index*) の係数値が正,情報非対称度 (*Asymmetric*) の係数値が負であれば,仮説3は支持される。

図表 5-3 では,本章が実証モデル (5.1),実証モデル (5.3) において分析対象とする2000-2016年の銀行借入企業,社債発行企業,株式発行企業数を示している。パネルAでは,これらの企業数はそれぞれ銀行資本の資金調達額比 (*Bank Cap to Funding*),資本の時価・簿価比率 (*Market to Book*) の四分

図表5-3 主取引銀行資本の対資金調達額比 vs. 企業価値，金融制約度 vs. 情報非対称度の金融手段別分布

　図表は，2000～2016年の新興国銀行借入企業，社債発行企業，株式発行企業の主要変数別標本分布を示している。具体的には，パネル(A)は主取引銀行資本の資金調達額比（Bank Cap to Funding）vs. 企業価値（Market to Book）の四分位別標本数，パネル(B)では金融制約度（KZ_Index）vs. 情報非対称度（Asymmetric）の四分位別標本数を，銀行借入（Bank Loan），社債発行（Debt），株式発行（Equity）の選択した金融手段別に示している。

パネル(A)

資本時価・簿価比率四分位		銀行資本/資金調達額　四分位				合計
		第Ⅰ分位	第Ⅱ分位	第Ⅲ分位	第Ⅳ分位	
第Ⅰ分位	銀行借入	194	246	265	278	983
	社債発行	21	19	24	19	83
	株式発行	34	59	58	61	212
第Ⅱ分位	銀行借入	204	215	205	206	830
	社債発行	16	18	18	18	70
	株式発行	38	38	31	30	137
第Ⅲ分位	銀行借入	200	196	205	196	797
	社債発行	22	17	18	16	73
	株式発行	47	33	43	32	155
第Ⅳ分位	銀行借入	76	190	185	226	677
	社債発行	21	19	21	18	79
	株式発行	29	36	36	41	142
合計	銀行借入	674	847	860	906	3,287
	社債発行	80	73	81	71	305
	株式発行	148	166	168	164	646

パネル(B)

情報非対称度四分位		金融制約度　四分位				合計
		第Ⅰ分位	第Ⅱ分位	第Ⅲ分位	第Ⅳ分位	
第Ⅰ分位	銀行借入	891	953	1,206	1,950	5,000
	社債発行	47	53	69	118	287
	株式発行	147	184	251	333	915
第Ⅱ分位	銀行借入	1,066	1,285	1,216	1,608	5,175
	社債発行	43	56	56	74	229
	株式発行	174	174	233	279	860
第Ⅲ分位	銀行借入	1,371	1,294	1,610	1,397	5,672
	社債発行	31	28	30	30	119
	株式発行	186	188	219	209	802
第Ⅳ分位	銀行借入	1,426	1,497	1,453	1,200	5,576
	社債発行	32	34	29	25	120
	株式発行	156	183	206	266	811
合計	銀行借入	4,754	5,029	5,485	6,155	21,423
	社債発行	153	171	184	247	755
	株式発行	663	729	909	1,087	3,388

資料：ビューロ・ヴァン・ダイク社 OSIRIS，社債・株式発行企業データはトムソン・ロイター社 Eikon，トムソン・ロイター社 ThomsonONE より筆者集計。

位ごとに，パネルBではそれぞれアルトマンのZスコア（KZ Index），情報非対称度（Asymmetric）の四分位ごとに示されている。

4.3 情報非対称性の計測

本章では，実証モデル（5.1），（5.3）の推計において，その説明変数の一つである企業の情報非対称性度（Asymmetry）を，Bharath et al.（2009）の手法を踏襲し，計測する。Bharath et al.（2009）は，資本市場のマイクロストラクチャを明らかにすることで，市場に上場する各企業の情報非対称性の程度を計ることが可能となると主張する。本章においても，Bharath et al.（2009）同様，まず企業iの株式の流通市場での3つの流動性の代理変数を採用し，加えて企業iの市場における逆選択の度合いを示す3つの要因変数を採用する。これら6つの変数を主成分分析により抽出した第一主成分に対する主成分得点を算出，これを企業iのt年における情報非対称性度（Asymmetric）と定義する。

3つの企業iの株式の流通市場での流動性の代理変数，ILL, LR, GAM は次の算出式を用いて採用する。まずILL は，Amihud（2002）の手法を用い，企業iの株価収益率（絶対値）を株式出来高（百万株単位，取引高ゼロ日を除く）により除した値の平方根を採用している。ここでは，株価収益率，株式出来高はともに日次データを用い，それぞれt年の平均値を算出することで年次データを作成する。2つめの企業iの流動性変数LR は，Cooper et al.（1985）とAmihud et al.（1997）により提唱された手法を採用する。算出定義は，企業iの株式出来高（百万株単位，取引高ゼロ日を除く）の株価収益率（絶対値）に対する比率の平方根の負値を採用している。ILL 同様，企業iの株価収益率，株式出来高はともに日次データを用い，それぞれt年の平均値を算出することで年次データを作成した。3つめの企業iの流動性変数GAM は，Pastor and Stambaugh（2003）にしたがい，次式を用いて算出する。

$$R_{T+1} = \phi_0 + GAM_T \cdot sign(R_T - R_T^{Index}) \cdot v_T + \kappa \tag{5.4}$$

ここでR_Tは企業iのT日における株価収益率，R_T^{Index}はT日の株式市場インデックス変動率，vはT日の企業iの株式出来高である。（5.4）式を最小

二乗法により $sign(R_T - R^{Index}_T) \cdot v_T$ の係数値を計測することで各年，各企業ごとに GAM_T を算出した。

　企業 i の市場における逆選択の程度を示す3つの変数，AD, RAD, C2は次の算出式により入手する。まず AD は，George et al.（1991）の報告にしたがい，株式を取引する株価へ企業 i の情報がどの程度，影響をもたらすのかを計測するため，株価収益率と $T-1$ 日と T 日の株価の中間値の関係を計測することで，逆選択の程度を示す第1の変数を計測する。

$$2 \times RD_T = \pi_0 + \pi_1 \times PS_T \times (D_T - D_{T-1}) + \varepsilon$$
$$AD_T = (1 - \pi_1) \times PS_T \tag{5.5}$$

ここで RD は企業 i の $T-1$ 日から T 日にかけての株価収益率と株価収益率の中間値の差分，PS は T 日内の株価最高値−最安値のスプレッド，D は売買価格 T 日内平均値を意味する。本章では，各年ごとに企業 i の AD を算出し，採用した。2つめの企業 i の市場における逆選択の程度を示す変数 RAD は，Roll's（1984）の定義をもとに，次式により算出される値を採用する。

$$RAD_T = 2 \times \sqrt{-cov_T} \tag{5.6}$$

上式では，RAD は，企業 i の T 日における株式売値と買値の一次差分の共分散の平方根を意味している。3つめの企業 i の市場における逆選択かつ情報非対称性の総合的な程度を示す変数 C2 は，Llorente et al.（2002）の結論を踏襲し，次のように算出した。

$$R_{T+1} = const + C_1 \times R_{T+1} + C_2 \times V_T \times R_T + \eta$$
$$V_T = \log turnover_T - \frac{1}{200} \sum_{s=200}^{-1} \log turnover_{T+s} \tag{5.7}$$

　(5.7) 式では，$\log turnover_T = \log(turnover_T + 0.00000255)$ であり，R_T は企業 i の T 日の株価収益率を意味する。(5.7) 式を日次データを用いて各年，

図表5-4　標本企業の経営情報透明度上位10社

図表は、4.3において説明したBharath et al. (2009)の手法を用い算出した、2000年、2010年、2017年3時点の新興国標本企業の情報非対称性度（Asymmetry）の下位10社を、「経営情報透明度」上位10社として示している。実証モデル(5.1)(5.3)では推計に際し、主成分得点を直接採用しているが、図表は算出された主成分得点の中央値を100とする指数として表した数値を表示している。

	2000年	業種	所在国	経営情報透明度
1	中国巨石	窯業・土石製品	中国	81.9
2	偉録集団	金融	香港	82.6
3	東方明珠新媒体	情報通信	中国	83.0
4	中国華仁医療	日用品	香港	83.4
5	北京首旅ホテル	旅行サービス	中国	83.5
6	シェラッド・プロデュース	飼料製造	インドネシア	83.6
7	バンク・ダナモン	銀行	インドネシア	83.6
8	KMIワイヤ・ケーブル	非鉄金属	インドネシア	83.7
9	メトロ・アライアンス	化学・物流	フィリピン	83.7
10	協合新能源集団	金融	香港	83.8

	2010年	業種	所在国	経営情報透明度
1	マークベンチャーHD	鉱業	フィリピン	70.7
2	アドバンスド・システム・オートメーション	電子機器	シンガポール	78.1
3	ATVプロジェクト	化学・材料	インド	78.2
4	京東方科技集団	電子機器	中国	78.4
5	大唐国際発電	電力	中国	78.7
6	インターナショナル・エンジニアリング	情報通信	タイ	79.0
7	中航地産	不動産	中国	79.1
8	北京華業資本	不動産	中国	79.1
9	サゲ・インターナショナル	情報サービス	香港	79.5
10	サファイア・コーポレーション	運輸通信	シンガポール	80.3

	2017年	業種	所在国	経営情報透明度
1	重慶鋼鉄	鉄鋼、金融	中国	69.9
2	OLSエンタープライズ	医薬品	シンガポール	77.7
3	アドバンスSCT	金融	シンガポール	79.0
4	S&Tコープ	複合企業	インド	79.4
5	ICPエレクトロニクス	電子機器	シンガポール	79.5
6	皖江物流	運輸	中国	80.2
7	江蘇亜星錨鏈	輸送機器部品	中国	80.2
8	インターナショナル・エンジニアリング	情報通信	タイ	80.5
9	シンガポールEディベロプメント	金融	シンガポール	80.5
10	中国中車	輸送機器	中国	81.9

資料：ビューロ・ヴァン・ダイク社 OSIRIS、社債・株式発行企業データはトムソン・ロイター社 Eikon、トムソン・ロイター社 ThomsonONE より筆者算出。

各企業ごとに推計し，データセットを作成した。

Bharath et al. (2009) の手法を用いる情報非対称性の計測に関する多くの先行研究では，上記 6 つの変数以外に 7 つめの変数として，Easley et al. (1996) が提唱する変数を採用する研究が多い。本章では，Gomes and Phillips (2012) の考え方に沿い，同変数は採用しないこととした。その理由は，Gomes and Phillips (2012) が指摘する通り，資本市場の売買高，出来高が先進国市場に比べ，小さい新興国市場では，上記の変数は誤った情報を内包する可能性が高いためである。**図表 5-4** は，*ILL*，*LR*，*GAM*，*AD*，*RAD*，*C2* を用い算出した第一主成分得点を指数化した値の，3 時点（2000年，2010年，2017年）での下位，すなわち経営透明性が高い10社を示している。

5　データ

本章では2000年から2016年までの13新興国・地域の企業のデータを採用する。13カ国・地域は，インドネシア，マレーシア，シンガポール，タイ，フィリピン，ベトナム，中国，香港，韓国，台湾，インド，トルコ，ロシアである。標本企業はすべて株式を上場する銀行借入企業，社債発行企業，株式発行企業，である。すなわち，標本期間中に，銀行借入，社債発行，株式発行のいずれかの手段により資金調達を行った企業，すなわち資金需要を持つ企業のみを抽出した。銀行借入企業は，ビューロ・ヴァン・ダイク社 *OSIRIS* において，$t-1$ 年から t 年に，銀行借入残高が純増した企業を採用している。本章のデータセットは，公募，私募の普通社債発行企業を採用している。また，担保付社債，償還期間 1 年未満の社債発行企業は標本から除外している。転換社債，ワラント債発行企業もデータから除外している。株式発行企業は普通株発行企業のみを採用し，優先株発行企業は除外している。本章では，銀行借入企業，社債発行企業，株式発行企業の財務データ，株価とこれらの企業の主取引銀行の財務データをマッチングし，さらに本社所在国・地域のマクロ経済データ，法制度データを突合している。

企業 i の銀行借入額と主取引銀行名の情報は，ビューロ・ヴァン・ダイク社

第5章　新興国企業の負債選択：社債発行決定要因の研究　169

図表 5-5　採用変数の記述統計

図表は2000～2016年の13新興国の銀行借入企業、社債発行企業、株式発行企業の採用変数の記述統計を示している。標本平均、中央値、標本数引変数グループ（Bank Cap to Funding）、CAR（−1, +1）、CAR（−60, −2））、企業パフォーマンス変数グループ（Leverage, Return on Asset, Z Score, Total Sales, Funding Size)、マクロ経済変数グループ（per GDP, Market Development, Financial Deregulation, Legal Strength）として示されている。

① 記述統計

	銀行借入企業 (Bank Loan)			社債発行企業 (Debt)			株式発行企業 (Equity)			全標本		
	平均	中央値	標本数	平均	中央値	標本数	平均	中央値	標本数	平均	中央値	標本数
Bank Cap to Funding	14.668	7.194	3,287	5.174	3.926	305	13.115	6.541	646	6.877	2.430	4,238
				主取引銀行系列変数グループ								
KZ Index	2.264	2.683	21,423	9.467	3.604	755	2.914	1.733	3,388	2.563	2.430	25,566
Asymmetric	0.001	0.048	21,423	0.040	0.168	755	0.045	0.027	3,388	0.008	0.071	25,566
ILL	0.003	2.2E-04	21,423	0.005	4.4E-04	755	0.002	1.9E-04	3,388	0.003	2.7E-04	25,566
LR	0.052	0.006	21,423	0.058	0.008	755	0.716	0.007	3,388	0.140	0.004	25,566
GAM	0.506	−4.1E-10	21,423	−6.2E-06	−7.6E-11	755	0.803	−6.3E-11	3,388	0.531	−1.1E-10	25,566
AD	3.3E-04	−8.7E-09	21,423	5.7E-04	6.0E-09	755	4.4E-04	4.7E-09	3,388	3.5E-04	5.0E-12	25,566
RAD	7.8E-05	9.8E-05	21,423	2.9E-05	4.0E-05	755	5.5E-06	1.5E-05	3,388	6.7E-05	1.4E-05	25,566
C2	−2.6E-04	−6.4E-09	21,423	−7.7E-04	−1.8E-09	755	−2.5E-04	−4.6E-10	3,388	−2.8E-04	−1.5E-09	25,566
				企業価値変数グループ								
Market to Book	1.679	1.078	21,423	1.217	1.006	755	2.179	1.334	3,388	1.732	1.079	25,566
CAR (−1, +1)				0.000	−0.001	755	0.008	−0.002	3,388	0.007	−0.008	4,143
CAR (−2, −60)				0.004	−0.001	755	0.017	−0.003	3,388	0.014	−0.004	4,143
				企業パフォーマンス変数グループ								
Leverage	2.544	0.898	21,423	2.937	1.308	755	1.206	0.581	3,388	2.378	1.212	25,566
Return on Asset	0.052	0.061	21,423	0.037	0.091	755	−0.071	0.064	3,388	0.035	0.063	25,566
Z Score	21.972	27.945	21,423	12.947	10.753	755	11.157	14.049	3,388	20.272	15.242	25,566
Total Sales	4.562	4.019	21,423	7.674	7.283	755	4.388	4.779	3,388	4.631	4.634	25,566
Funding Size	1.795	1.646	21,423	4.834	5.006	755	2.743	3.081	3,388	2.011	2.478	25,566
				マクロ経済変数グループ								
per GDP	8.143	8.677	21,423	9.363	9.547	755	9.719	9.565	3,388	8.388	8.099	25,566
Market Development	1.596	1.997	21,423	1.579	1.688	755	1.614	1.744	3,388	1.598	1.624	25,566
Financial Deregulation	1.422	1.815	21,423	1.661	1.835	755	1.679	1.656	3,388	1.463	1.613	25,566
Legal Strength	1.693	1.327	21,423	1.386	1.625	755	1.575	1.591	3,388	1.668	1.724	25,566

資料：ビューロ・ヴァン・ダイク社 OSIRIS、社債・株式発行企業データはトムソン・ロイター社 Eikon、トムソン・ロイター社 ThomsonONE より筆者集計。

② 検定結果

	社債発行企業 (Debt) − 銀行借入企業 (Bank Loan)		社債発行企業 (Debt) − 株式発行企業 (Equity)	
	スチューデント検定 (t値)	ウィルコクソン検定 (z値)	スチューデント検定 (t値)	ウィルコクソン検定 (z値)
主取引銀行変数				
Bank Cap to Funding	0.118	18.414 ***	3.211 ***	9.410 ***
調達序列変数				
KZ Index	0.664	−18.114 ***	−15.414 ***	−36.528 ***
Asymmetric	−3.960 ***	−12.647 ***	6.420 ***	16.525 ***
企業価値変数グループ				
Market to Book	4.168 ***	10.110 ***	6.157 ***	25.284 ***
CAR (−1, +1)			−0.299	8.843 ***
CAR (−60, −2)			−1.411	0.994
企業パフォーマンス変数グループ				
Leverage	0.554	−18.749 ***	−15.134 ***	−32.141 ***
Return on Asset	0.492	6.715 ***	−0.994	−18.315 ***
Z Score	5.114 ***	6.159 ***	3.513 ***	2.994 ***
Total Sales	67.518 ***	61.517 ***	−68.417 ***	−55.614 ***
Funding Size	47.478 ***	49.150 ***	−35.147 ***	−36.312 ***
マクロ経済変数グループ				
per GDP	−16.174 ***	−11.991 ***	7.956 ***	15.959 ***
Market Development	5.550 ***	6.906 ***	6.175 ***	9.914 ***
Financial Deregulation	20.141 ***	22.474 ***	11.614 ***	15.985 ***
Legal Strength	23.649 ***	28.814 ***	22.135 ***	25.628 ***

注: *** 1 ％有意, ** 5 ％有意, * 10 ％有意。

OSIRIS より入手した。具体的には，*OSIRIS* から企業 i の主取引銀行名を入手し，この銀行名の記載が 3 年以上継続している場合に，この銀行と企業 i が銀行−企業関係を有すると定義した。銀行資本の資金調達額比（*Bank Cap to Funding*）を算出するためのこの銀行の時価資本はトムソン・ロイター社 *Eikon* より入手した。

銀行借入企業，社債発行企業，株式発行企業の変数，資金調達額規模（*Funding Size*），資本の時価・簿価比率（*Market to Book*），財務レバレッジ（*Leverage*），総資産利益率（*Return on Asset*），アルトマンのZスコア（*Z Score*），売上高規模（*Total Sales*），キャッシュフロー（*CashFlow*），総資産残高（*ASSET*），支払配当額（*DIV*），現預金残高（*CASH*）を算出するための財務データは，トムソン・ロイター社 *Eikon* より入手した。企業の情報非対称性の程度を推計するための変数，*ILL*, *LR*, *GAM*, *AD*, *RAD*, *C2* はトムソン・ロイター社 *Eikon* より日次の株価，出来高，売値，買値データを用いて算出した。1 人当たり GDP（*per GDP*）は国際通貨基金 *International Financial Statistics* より採用した。金融市場の発展度（*Market Development*），金融自由化度（*Financial Deregulation*），法制度の厳格性・公平性（*Legal Strength*）は，スイス国際経営開発研究所 IMD の *World Competitiveness Yearbook* 各年版より採用した。

図表 5-5 は，採用変数の平均値，中央値，標本数を，銀行−企業関係変数（*Bank Cap to Funding*），調達序列変数（*KZ Index*, *Asymmetric*），市場価値変数（*Market to Book*, *CAR* (−1, +1), *CAR* (−60, −2)），財務パフォーマンス変数（*Leverage*, *Return on Asset*, *Z Score*, *Total Sales*, *Funding Size*），マクロ経済変数（*per GDP*, *Market Development*, *Financial Deregulation*, *Legal Strength*）それぞれの変数について示している。

図表5-6　社債発行 vs. 銀行借入，株式発行 vs. 銀行借入の選択確率の実証分析

図表は実証モデル（5.1）の多項プロビットモデルによる推計結果を示している。被説明変数はカテゴリー変数であり，パネル(A)は資金調達手段選択が社債発行（Debt）または銀行借入（Bank Loan），パネル(B)は株式発行（Equity）または銀行借入（Bank Loan），である。推計式(1)は銀行資本の資金調達額比（Bank Cap Funding）の上位四分位，推計式(2)は下位四分位の標本の推計結果である。また，推計式(3)は企業の情報非対称度（Asymmetric）の上位四分位，推計式(4)は下位四分位の標本の推計結果を示している。

標本	銀行資本/資金調達額 (Bank Cap Funding) 上位四分位 (1)	銀行資本/資金調達額 (Bank Cap Funding) 下位四分位 (2)	情報非対称度 (Asymmetric) 上位四分位 (3)	情報非対称度 (Asymmetric) 下位四分位 (4)
		パネル(A)		
説明変数	社債発行 vs. 銀行借入	社債発行 vs. 銀行借入	社債発行 vs. 銀行借入	社債発行 vs. 銀行借入
主取引銀行変数グループ				
Bank Cap to Funding	−0.111	−0.082 **		
	(−1.260)	(−2.360)		
調達序列変数グループ				
KZ Index	0.014	−0.006	−9.8E−05	0.002 ***
	(0.950)	(−0.310)	(−0.330)	(2.930)
Asymmetric	−0.654 ***	−0.110 **	−0.392 *	0.090
	(−2.750)	(−2.230)	(−1.910)	(0.620)
企業パフォーマンス変数グループ				
Market to Book	0.390 **	0.020 **	0.207 ***	0.012 ***
	(2.220)	(2.350)	(4.860)	(2.730)
Return on Asset	4.500	3.057 **	−0.331	−0.036
	(1.460)	(2.220)	(−0.640)	(−0.090)
Z Score	−0.133 **	0.051	−0.061 **	−0.019
	(−2.330)	(1.140)	(−2.210)	(−0.610)
Total Sales	0.543 ***	0.765 ***	0.346 ***	0.389 ***
	(2.940)	(4.560)	(18.440)	(9.110)
マクロ経済変数グループ				
per GDP	0.767	0.383	0.350 **	0.121 ***
	(0.570)	(1.110)	(2.330)	(4.200)
Market Development	9.286 **	3.187 ***	0.741 **	0.792 **
	(2.100)	(2.640)	(2.300)	(2.240)
Financial Deregulation	−5.617	−2.614	−0.371	−1.795 **
	(−1.510)	(−1.550)	(−0.500)	(−2.240)
Legal Strength	−1.077 ***	−2.440 ***	−1.388 ***	−0.753 **
	(−0.450)	(−4.840)	(−5.550)	(−2.350)
定数項	−8.321	−2.801	−5.063 ***	−6.369 ***
	(−0.890)	(−0.740)	(−5.470)	(−5.110)

第5章　新興国企業の負債選択：社債発行決定要因の研究　　173

説明変数	パネル(B)			
	株式発行 vs. 銀行借入	株式発行 vs. 銀行借入	株式発行 vs. 銀行借入	株式発行 vs. 銀行借入
主取引銀行変数グループ				
Bank Cap to Funding	−0.347 ***	−0.036 ***		
	(−4.960)	(−2.850)		
調達序列変数グループ				
KZ Index	0.005	−0.026 *	−0.014 ***	−0.031 ***
	(0.240)	(−1.770)	(−4.110)	(−5.550)
Asymmetric	−0.317 **	−0.575 **	−0.095	−4.0E−04
	(−2.260)	(−2.110)	(−1.390)	(−0.040)
企業パフォーマンス変数グループ				
Market to Book	−0.019	−0.006	0.086 ***	−0.002
	(−0.960)	(−0.320)	(4.880)	(−0.330)
Return on Asset	−0.341	−1.992	−1.094 ***	−0.326 ***
	(−1.440)	(−1.510)	(−3.970)	(−5.640)
Z Score	0.010 **	0.331 ***	0.007 **	0.033 ***
	(2.330)	(4.670)	(2.050)	(5.650)
Total Sales	−0.113 ***	−0.148 ***	0.006	−0.092 ***
	(−3.760)	(−2.630)	(0.190)	(−6.950)
マクロ経済変数グループ				
per GDP	1.354 ***	0.803 **	0.298 ***	0.664 ***
	(4.840)	(2.880)	(7.780)	(9.840)
Market Development	0.913	1.741 **	−0.418	−1.081 ***
	(1.260)	(2.100)	(−1.090)	(−5.640)
Financial Deregulation	0.811	−0.599	0.113	0.975 ***
	(0.710)	(−0.530)	(0.520)	(3.090)
Legal Strength	0.029	−1.581 ***	−0.078	−0.316 **
	(0.080)	(−2.960)	(−0.640)	(−2.110)
定数項	−16.334 ***	−4.793 *	−6.495 ***	−5.598 ***
	(−3.980)	(−1.890)	(−9.940)	(−10.400)
産業ダミー	yes	yes	yes	yes
時間トレンド	yes	yes	yes	yes
per GDP x 時間トレンド	yes	yes	yes	yes
per GDP^2	yes	yes	yes	yes
時間トレンド^2	yes	yes	yes	yes
標本数	1,059	1,059	6,395	6,395

注：＊＊＊１％有意，＊＊５％有意，＊10％有意。

6 推計結果

6.1 社債発行と銀行借入選択の決定要因

　図表5-6では，実証モデル（5.1）の推計結果が示されている。図表5-6のパネル(A)が被説明変数が社債発行（*Debt*）か銀行借入（*Bank Loan*）のカテゴリー変数であり，パネル(B)の被説明変数は株式発行（*Equity*）か銀行借入（*Bank Loan*）である。また，推計式(1)は *Bank Cap Funding* の上位4分位，すなわち銀行資本規模が資金調達額に比べて大きい上位25％企業の標本を採用しており，推計式(2)は銀行資本の資金調達額比（*Bank Cap Funding*）の下位4分位，資金調達額が銀行資本に比べ大きい上位25％の標本を採用した推計結果である。推計式(3)は情報非対称度（*Asymmetric*）の上位4分位の標本を採用し，推計式(4)は情報非対称度（*Asymmetric*）の下位4分位の標本を採用している。

　推計式(1)の結果を見ると，銀行資本の資金調達額比（*Bank Cap Funding*）の係数値はパネル(A)では非有意であった。この結果は，主取引銀行の時価資本の規模が，借り手企業の資金調達規模に比べて，大きい場合は，この変数は，借り手企業の負債選択に影響を与えないことを示唆している。一方，推計式(2)の結果を見ると，パネル(A)，パネル(B)ともに，銀行資本の資金調達額比（*Bank Cap Funding*）の係数値は負の有意な値を示している。この推計結果は，主取引銀行の自己資本の規模が借り手企業の資金調達規模に比べ小さい銀行−企業関係の場合，借り手企業の資金調達額が大きければ，借り手企業は社債市場もしくは株式市場へアプローチする確率が高いことを示している。推計式(1)および(2)では，パネル(A)においてのみ資本の時価・簿価比率（*Market to Book*）の係数値は正の有意な値を示している。

　また，推計式(3)の結果は，パネル(A)では金融制約度（*KZ Index*）の係数値は非有意であったが，推計式(4)のパネル(A)では金融制約度（*KZ Index*）の係数値は正の有意な値を示している。これらの結果は，金融制約が弱く，情報非

図表5-7　社債発行 vs. 株式発行の選択決定要因

図表は二値プロビットモデルによる実証モデル (5.3) の推計結果を示している。被説明変数 Security は，企業 i が t 年に社債発行による資金調達を行った場合を「＝1」，株式発行の場合を「＝0」とする変数である。推計式(5)および(6)は情報非対称度 (Asymmetric) の上位四分位，推計式(7)および(8)は情報非対称度 (Asymmetric) の下位四分位企業を標本とする場合の推計結果を示している。

標本	被説明変数			
	情報非対称度 (Asymmetric) 上位四分位 (5)	情報非対称度 (Asymmetric) 上位四分位 (6)	情報非対称度 (Asymmetric) 下位四分位 (7)	情報非対称度 (Asymmetric) 下位四分位 (8)
説明変数	Security: 社債発行(＝1) vs. 株式発行(＝0)	Security: 社債発行(＝1) vs. 株式発行(＝0)	Security: 社債発行(＝1) vs. 株式発行(＝0)	Security: 社債発行(＝1) vs. 株式発行(＝0)
主取引銀行変数グループ				
KZ Index	0.605	0.802	1.496 **	1.474 *
	(1.440)	(1.190)	(2.260)	(1.820)
Asymmetric	−0.599 **	−0.399 **	−0.022	−0.083
	(−2.100)	(−2.040)	(−0.870)	(−0.960)
企業価値変数グループ				
CAR (−1, +1)	4.390 *		8.962	
	(1.880)		(1.330)	
CAR (−60, −2)		0.360		0.337
		(0.720)		(1.410)
企業パフォーマンス変数グループ				
Funding Size	−0.019	−0.005	−0.028	−0.037
	(−0.470)	(−0.680)	(−0.390)	(−0.510)
Leverage	−2.422 ***	−2.485 **	−4.349 *	−3.648 *
	(−2.660)	(−2.280)	(−1.770)	(−1.750)
Return on Asset	0.480	0.373	2.023 **	2.043 **
	(0.510)	(0.490)	(2.120)	(2.080)
Z Score	−0.038	−0.013	−0.020	−0.030
	(−1.310)	(−1.090)	(−0.750)	(−0.750)
Total Sales	0.469 ***	0.322 ***	0.580 ***	0.709 ***
	(9.260)	(8.980)	(4.510)	(4.440)
マクロ経済変数グループ				
per GDP	−0.243 *	−0.485 *	0.728 **	0.838 **
	(−1.900)	(−1.810)	(2.050)	(2.010)
Market Development	0.551	0.380	4.009 ***	3.960 ***
	(1.120)	(1.410)	(3.710)	(3.400)
Financial Deregulation	0.918	0.974 *	−3.778 **	−3.535 **
	(1.430)	(1.660)	(−2.050)	(−2.220)
Legal Strength	−0.962 ***	−0.992 ***	−0.456	−0.771

	(−3.330)	(−3.770)	(−0.610)	(−0.960)
定数項	−2.074	−2.157	−9.205 **	−10.064 **
	(−1.230)	(−1.280)	(−2.020)	(−2.260)
産業ダミー	yes	yes	yes	yes
時間トレンド	yes	yes	yes	yes
per GDP x 時間トレンド	yes	yes	yes	yes
per GDP^2	yes	yes	yes	yes
時間トレンド ^2	yes	yes	yes	yes
標本数	988	986	988	988
ワルド χ^2	266.5 ***	270.4 ***	97.84 ***	98.26 ***
LR test of rho=0	14.360 ***	16.210 ***	21.46 ***	19.14 ***

注:*** 1％有意，** 5％有意，*10％有意。

対称性の程度が小さい場合，企業は銀行借入よりも社債発行を選択する確率が高いことを示唆している。他方，推計式(3)(4)双方において，パネル(B)では金融制約度（$KZ\ Index$）の係数値は負の有意な値を示している。この結果は，情報非対称性の大小を問わず，金融制約が強い場合，企業は株式発行を選択する確率が高いことを示している。

6.2 社債発行と株式発行の選択

図表5-7では実証モデル（5.3）の推計結果が示されている。ここでは，社債発行選択確率と調達序列変数との関係，社債発行選択確率と企業の市場価値変数の関係を，社債発行企業および株式発行企業のみの標本を用いて行った分析結果が，示されている。推計式(5)および(6)は，社債発行企業と株式発行企業の標本のうち，情報非対称度（$Asymmetric$）の上位四分位の標本を用いている。そして推計式(7)および(8)は，社債発行企業と株式発行企業の標本のうち，情報非対称度（$Asymmetric$）の下位四分位の標本を用いている。推計式(5)～(8)の被説明変数は企業 i が t 年に社債発行を行った場合を「＝1」，株式発行を行った場合を「＝0」としている。推計方法は二値選択プロビットモデルを採用している。

図表5-7は，推計式(5)および(6)では，金融制約度（$KZ\ index$）の係数値は非有意であるが，推計式(7)および(8)では正の有意な値を示している。これらの結果は，情報非対称度が低い企業に限り，金融制約度の低さが社債発行選択の

確率を高めることに貢献していることを示している。推計式(5)では，CAR（-1, +1）もしくはCAR（-60, -2）の係数値が正の有意な値を示しているが，推計式(6)～(8)はこの係数値はいずれも非有意であった。この結果は，図表 5-6 において示された社債発行と銀行借入の選択の場合に存在する正の株価効果が，社債発行と株式発行選択の場合には，必ずしも存在が明らかではないことを示唆している。

推計式(5)～(8)では，US ドル建て資金調達規模（Funding Size）の係数値が非有意であった。この結果は，資金調達規模は，社債発行 vs. 銀行借入か，または株式発行 vs. 銀行借入かの選択においては，影響力を持つものの，ともに資金調達規模が銀行借入よりも大きい社債発行 vs. 株式発行の選択確率には影響をもたらさないことを意味している。また，推計式(5)～(8)では，財務レバレッジ（Leverage）の係数値は有意な負の値を示している。これらの結果は，情報非対称度の大小にかかわらず，負債のレバレッジが高い企業は株式発行を選択する確率が高いことを示唆している。さらに，推計式(5)および(6)では，総資産利益率（Return on Asset）の係数値は非有意であったが，推計式(7)および(8)では正の有意な値を示している。推計式(5)～(8)では，アルトマンの Z スコア（Z Score）の係数値は非有意であり，売上高規模（Total Sales）の係数値は有意に正の値を示している。これらの結果は，企業の事業リスクは社債発行選択確率に影響を与えないが，複数の事業を持つなど，売上高規模が大きい企業ほど，社債発行選択確率が高まることを示している。

7　考察：社債発行企業と銀行借入依存企業の違い

図表 5-6 の実証分析結果は，資金需要が高まった企業が，社債発行 vs. 銀行借入の選択，もしくは株式発行 vs. 銀行借入の選択を迫られた場合，企業の社債選択確率と主取引銀行の自己資本（対資金調達額比），株式選択確率と主取引銀行の自己資本（対資金調達額比）が，ともに負の有意な関係にあることを示している。図表 5-6 の実証分析では，標本企業は，銀行借入企業，社債発行企業，株式発行企業，の 3 種類の資金調達者のいずれかである。図表 5-

6の結果は，銀行資本の資金調達額比（*Bank Cap Funding*）の下位四分位企業，すなわち主取引銀行の自己資本規模が相対的に小さい企業群において，企業の資金需要が（銀行自己資本に対し）相対的に高まれば高まるほど，企業は社債発行，もしくは株式発行を選択する確率を高めることを示している。このため，図表5-6の実証分析結果は，本章の仮説1を支持し，Bolton and Freixas (2008) の理論モデルの結論と整合する。このBolton and Freixas (2008) が提唱した，新興国企業が持つ固有の負債選択決定要因は，先行研究ではこれまで実証的に確認されていない。さらに，図表5-6では，企業の資金調達額の銀行資本に対する比率が高まり，同時に企業の株価が上昇した場合に社債発行確率が高まることが示されている。それゆえ，本章は，主取引銀行の資本制約に直面する新興国企業が，持続的な成長機会を有する場合，さらに社債発行を選択する強いインセンティブを持つと結論付けることができる。

次に，Sharpe (1990)，Rajan (1992) のホールドアップ仮説，Hoshi et al., (1990) (1991) の流動性制約仮説は，ともに企業の市場価値と社債発行選択の意思決定が，正の関係にあることを主張している。他方，Asquith and Mullins (1986)，Jung et al., (1996)，Graham and Harvey (2001) らによる市場タイミング理論では，企業の市場価値と社債発行選択の意思決定は，負の関係にあることを主張している。図表5-6の実証分析結果は，企業の市場価値の代理変数である資本の時価・簿価比率（*Market to Book*）はいずれも，社債発行選択確率と正の関係を持つことが示されている。これらの結果は，本章の仮説2を支持し，同時にホールドアップ仮説ならびに流動性制約仮説と整合することを示している。それゆえ，本章では，事業が順調に収益を生み出し，将来において主取引銀行からの金融救済を頼りにする必要がない高成長機会企業は，社債発行を選択する確率が高いと結論付けられる。一方で，社債発行選択と株式発行選択に影響を与える諸要因を検証した図表5-7では，*CAR* (-1, +1)，*CAR* (-60, -2) は，この選択に対して明確な影響が認められていない。それゆえ，新興国企業の負債選択ではホールドアップ仮説，流動性制約仮説は支持されるが，負債と資本の選択では，市場タイミング理論は必ずしも整合しないと結論付けられる。

また，図表5-6，7ではいずれも，企業規模の代理変数である売上高規模

(*Total Sales*) と社債発行確率も正の関係を有することが示されている。これらの結果は，国内政治の混乱や外需の減速など，主要先進国企業に比べ，事業外部環境が急変する可能性が高い新興国企業は，複数の事業を持つなどの大規模な高成長機会企業であることも，社債発行の要件であることを示している。前章の銀行－企業関係の分析と併せて考察すれば，新興国企業は，経済発展段階の初期時点では，主取引銀行に外部資金調達を依存する。これらの主取引銀行が，借り手企業の事業が困難化した場合に金融救済を行うことで，借り手企業は再び成長への挑戦が可能となる。その後，借り手企業がさらなる成長機会に直面し，企業価値が資本市場において高く評価される場合，これらの企業は，将来の金融救済を必要としないと判断すれば，社債発行を選択する。そしてその資金調達規模が大きければ大きいほど，主取引銀行は自らの資本を上回る資金需要に応えることが難しくなり，社債発行選択の確率はさらに高まる。ホールドアップ仮説や流動性制約仮説を提唱する論文以外にも，Bruinshoofd and de Haan（2007）やDeAngelo et al.（2010）は，先進国企業の社債発行選択と社債発行後の累積超過収益率との間に正の関係が存在することを報告している。本章は，特に図表 5 - 6 において，こうした正の関係が，新興国においても存在することを確認している。

第 3 に，金融資本市場の発展度が低く，格付け機関などの情報仲介者が情報生産を行う機会が少ない新興国では，先進国企業よりも企業の情報非対称性が大きい。本研究の実証分析結果は，こうした新興国市場では，金融制約度（*KZ Index*）と情報非対称性度（*Asymmetric*）が企業の社債発行選択確率において，主要な決定要因となっていることを示している。これらの結果は，本章の仮説 3 を支持すると同時に，台湾企業を分析したShen（2014）の結論やエジプト企業，ブラジル企業を分析したAllini et al.（2018），Zeidan et al.（2017）らの研究結果とも整合する。社債発行体企業の金融制約や債務履行能力に関する情報は，外部投資家の投資意思決定に強く影響を与える。換言すれば，企業が明らかに金融制約が強い場合や金融制約の程度がわからない場合，投資家はこれらの企業の社債を購入しない。それゆえ，強い金融制約下にある，もしくは大きな情報非対称性を持つ企業は，金融救済を受けるオプションがある銀行借入を継続する確率が高い。

8 結論：新興国社債市場発展の決定要因

　本章の研究は，2000～2016年の13新興国の企業の負債選択において，銀行－企業関係ならびに情報非対称度がどのようにこの選択に影響を与えるのかを分析した。本実証分析において導出した，先行研究に対する貢献は以下の通りである。新興国では，先進国に比べ，社債発行を選択する企業数は著しく小さい。しかし，本章の実証分析結果は，新興国企業は，その資金需要の成長率が，先進国企業よりも高いため，社債発行選択を望む企業が潜在的には多い事実を示している。資金需要規模の拡大とともに，主取引銀行は銀行融資ではこの需要に応えることが難しくなり，必然的に借入企業の社債発行，株式発行の確率が高まる。しかし，下記に示す企業の情報非対称性に関わる制約要因が存在することにより，これまで新興国社債市場では発行社数低迷が続いてきた，という点が本章が実証分析を通じて得た1つめの知見である。

　第2の結論は，すでに数多くの先行研究が議論を進めてきた社債発行選択と企業価値の関係についてである。本章の分析結果は，新興国においても，企業の社債発行選択はホールドアップ仮説，流動性制約仮説と整合することを示している。具体的には，新興国企業の場合も，企業価値が高まるほど，社債発行が選択される確率が高まるとの知見を得ている。第3の結論は，新興国企業の情報非対称性がもたらす負債選択への影響である。本章の分析は，金融制約が小さく，情報非対称度がともに低い企業のみが，企業価値が高まるにつれ，社債発行選択の確率を高めていると結論付けている。新興国企業の企業財務の1つの特徴は，資金需要拡大の高いスピードに加え，企業の情報非対称性が大きい点である。この新興国企業の金融制約と情報非対称度の大きさが，資金需要の高まりにもかかわらず，社債発行企業数が頭打ちとなってきた原因である。

第6章

市場アクセス性と新興国企業の資本構成

1 問題意識：新興国株式市場の障害は何か

　21世紀の新興国株式市場では，上場企業数増加とこれらの企業の時価総額上昇により，企業部門全体の自己資本価値の増大が続いている。近年の新興国では，この自己資本が，他人資本，すなわち銀行借入や社債発行等の負債とともに増え続けることで，資産サイドの固定資産である生産設備の能力増強がもたらされ，マクロ経済統計上，固定資本形成の高成長が続いている。言うまでもなく，各国証券市場におけるこの株式時価総額は，株価と発行済み株式数の積算値の合計額である。このため，上場企業の株価が上昇，もしくは発行済み株式数が，増加することにより，各国・地域全体の時価総額も増大する。本章の試みは，新興国の経済発展の過程において，これらの国・地域の企業部門が，どのようなメカニズムにより，自己資本を増強し，最終的に各国・地域の金融発展がもたらされてきたのかをファイナンス理論から解明することにある。

　世界の証券市場では，株式発行企業数が増加を続ける国・地域があれば，低迷が続く国・地域も多い。また，株式発行企業数が増加を続ける国・地域においても，公募発行が市場発展の牽引役である国・地域もあれば，私募発行が株式発行の大半を占める国・地域もある。新興国では，初期の金融発展段階では，株式発行企業数は当然のことながら低迷し，経済発展とともにその数は増加する。1990年代，ゴー・チョクトン政権（シンガポール），マハティール政権（マレーシア）が，開発政策の1つとしての証券市場育成策を採用したことを契機に，21世紀には，多くの新興国が，市場育成策を通じる，国内企業の自己資本増強，ひいては生産能力強化を目指してきた。一方，この新しい開発政策を採用した国・地域の中でも，金融発展が順調に進んだ国・地域もあれば，上場企

業数，時価総額面で，資本市場の発展が停滞する国・地域も依然多い。

　本章は，関連先行研究を踏まえ，先進国の中小企業が資本増強において直面する障害と，同様の障害が存在する理由で，新興国企業の株式発行選択が困難であることを仮説とし，これを検証する。本書が，第1章から第5章において，実証分析に採用した国・地域には，資本市場の発展度が高い国・地域，低い国・地域の双方が含まれている。そして，この国・地域効果の資本市場の発展度への影響は，社債市場よりも大きいと考えられる。この場合，企業の株式発行決定要因を探索する過程で，株式発行企業の特徴よりも，企業が所在する国・地域の政策や歴史的経緯が，より顕著に影響をもたらすという実証結果が検出される可能性がある。このため，本章は，分析対象を，資本市場の発展度と歴史的経緯が似通った1人当たりGDP3,000ドル以上10,000ドル未満の東南アジア諸国とし，インドネシア，マレーシア，フィリピン，タイの東南アジア諸国連合（以下，ASEAN）4カ国企業の株式発行の決定要因を確認する。実証分析では，2000年から2017年のこれらの国々の企業データを用い，いかなる要因が，これらの新興国企業の株式発行を阻んでいるのか，または後押ししているのか，に関する分析を進める。過去における公募増資の頻度および有無を株式市場へのアクセス性と捉え，このアクセス性がもたらす株式発行選択確率への影響を検証する。

　第2節ではまず，ASEAN分析対象国の資本市場育成策の近年の取り組みを紹介し，最近18年間の株式市場の金融発展を，時価総額および株式発行企業数のデータを用いて確認する。ASEAN諸国の資本市場の現状を踏まえた上で，続く第3節では，企業の株式発行に関する先行研究調査の概要を説明し，ASEAN市場へのインプリケーションを考察する。続く第4節では本実証分析の仮説，第5節では実証分析手段と採用データを説明し，第6節，第7節では実証分析結果，考察を説明した上で，最後に結論を提示する。

2　ASEAN分析対象国資本市場発展の経緯

　本章が分析対象とするASEAN 4カ国では，2000年以降，様々な資本市場育

成策が進められてきた。まず，ASEAN 地域全体での取り組みでは，2005年にジャカルタ証券取引所，ブルサ・マレーシア，フィリピン証券取引所，タイ証券取引所，シンガポール証券取引所の5証券取引所が共同で，英国 FTSE インターナショナルとともに，新株価指数，FTSE/ASEAN40指数の開発に取り組んでいる。この取り組みは，株価指数に採用される ASEAN 企業の株式売買高増大を目指すとともに，5市場共通のベンチマークを公表することで，国境を超える ASEAN 向け株式投資を後押しすることが目的とされている[1]。また2018年には，この5市場のうちの1つ，タイ証券取引所が，カンボジア，ラオス，ミャンマー，ベトナム企業向け新市場創設を発表し，「CLMV」と呼ばれるカンボジア，ラオス，ミャンマー，ベトナムの4カ国との将来的な市場統合に乗り出すことが報道されている[2]。

一方で，既存制度の規制緩和を進めることで市場育成を目指すインドネシア，タイに対し，逆に資本市場関連法制整備・強化を進めるマレーシアといったように，個々の資本市場育成策は，国ごとに異なる試みが進められている。インドネシアは，1999年に外国人投資家の国内企業株式保有比率の上限を撤廃し，2007年にはジャカルタ証券取引所とスラバヤ証券取引所を統合することで，外国人投資家の誘致と国内市場の再編を並行的に進めてきた。また，タイの資本市場育成策は，タイ資本市場発展委員会が，2009年に「資本市場発展マスター・プラン」を発表し，2011年から2014年にかけて証券取引規制の自由化を含む証券取引法制改革や証券税制改正を進めている。1990年代より市場育成策を進めるマレーシアでは，2000年の証券取引法改正に続き，2007年には資本市場サービス法を施行し，投資家権利保護に関する法制整備を進めることで投資誘致を促してきた。マレーシアではさらに，2010年以降は，証券取引ブローカー業者をライセンス制とし，投資家に加え仲介業者を育成強化することにより，市場取引ルールの透明化と公平性を高める努力を続けている。

2000年以降の ASEAN 市場の時価総額を確認すると，**図表6−1**に示される通り，インドネシア，マレーシア，フィリピン，タイ，いずれの国々においても，2000年から2017年末にかけ時価総額が，数倍規模に増加している。例えば

---

[1] The Economist Intelligence Unit, *Country Finance Indonesia* 2012, pp.63-64.
[2] 日本経済新聞2018年2月21日朝刊11面。

インドネシアでは2000年の268億ドルから2017年には5,207億ドルへ増大し、この間、上場企業数も286社から566社へ増加している。タイにおいても、2000年の292億ドルから2017年には5,488億ドルへ増大し、上場企業数も381社から688社へ増加している。この時価総額はこの間、対名目GDP比では、インドネシアが約15%から約46%へ、タイが約23%から約79%へ上昇している。米国、日本の同比率がそれぞれ146.9%、100.1%（いずれも2017年）であることを踏まえると、このASEAN時価総額の対名目GDP比上昇は、21世紀の、ASEAN各国における金融発展の進展を象徴している。

図表6－2は、2000年12月、2010年12月、2017年12月の3時点での、分析対象4カ国企業の時価総額規模の上位10社を示している。本表を見ると、2000年に1位のテナガ・ナシオナル（電力、マレーシア）の時価総額は、94.8億ドルであったが、2017年1位のサンポルナ（タバコ、インドネシア）は405.5億ドルに達している。この間、株式発行企業数も急速に増加し、**図表6－3**に示される通り、インドネシア、マレーシア、フィリピン、タイ、すべての国々にお

図表6－1　分析対象国株式市場の時価総額・上場企業数の推移

図表は、2000年および2017年の2時点におけるインドネシア、マレーシア、フィリピン、タイ、シンガポールの国内株式市場の時価総額のUSドル建て換算値、上場企業数を示す。時価総額の（　）内の数値は対名目GDP比である。複数の株式市場が国内に存在する場合は、これらの市場の時価総額合計値である。シンガポールは本章の分析対象外であるが、ASEANで先駆的な市場育成策を進める国の事例として最後行に示した。

国・地域	時価総額（億USドル）		上場企業数（社）	
	2000年	2017年	2000年	2017年
インドネシア	268.1 (15.3%)	5,206.7 (45.7%)	286	566
マレーシア	1,131.6 (120.6%)	4,557.7 (106.4%)	787	894
フィリピン	259.8 (32.1%)	2,904.0 (121.3%)	228	264
タイ	292.2 (23.1%)	5,488.0 (78.6%)	381	688
シンガポール （参考）	1,528.3 (110.4%)	7,872.6 (215.6%)	328	483

資料：世界銀行 https://data.worldbank.org/indicator より筆者作成。

図表6-2 分析対象4カ国企業の上位時価総額の推移

図表は，2000年12月末から2017年12月末時点までの，3時点におけるインドネシア，マレーシア，フィリピン，タイの国内株式市場に上場する企業の，時価総額のUSドル建て換算値の上位10社を示している。2000年以降に買収合併が実施され，社名が変更された企業は，当時の企業名，所属業種を示している。

	2000年12月末	業種	所在国	時価総額 (百万USドル)
1	テナガ・ナシオナル	電力	マレーシア	9,482
2	テレコム・マレーシア	通信	マレーシア	9,178
3	マラヤン銀行	銀行	マレーシア	8,341
4	MISC	海運	マレーシア	3,475
5	ペトロナス・ガス	ガス	マレーシア	3,359
6	ダナモン銀行	銀行	インドネシア	3,138
7	サイム・ダービー	複合企業	マレーシア	2,913
8	PLDT	携帯電話	フィリピン	2,913
9	クルンタイ銀行	銀行	タイ	2,770
10	グダン・ガラム	タバコ	インドネシア	2,693

	2010年12月末	業種	所在国	時価総額 (百万USドル)
1	タイ石油公社	石油	タイ	30,209
2	アストラ・インターナショナル	自動車部品・販売	インドネシア	24,551
3	CIMBグループ	銀行	マレーシア	20,554
4	マラヤン銀行	銀行	マレーシア	20,185
5	タイ石油開発公社	石油	タイ	18,488
6	テレコムニカシ・インドネシア	通信	インドネシア	17,818
7	バンク・セントラル・アジア	銀行	インドネシア	17,367
8	サイム・ダービー	複合企業	マレーシア	17,150
9	バンク・マンディリ	銀行	インドネシア	15,021
10	パブリック・バンク	銀行	マレーシア	14,913

	2017年12月末	業種	所在国	時価総額 (百万USドル)
1	サンポルナ	タバコ	インドネシア	40,552
2	バンク・セントラル・アジア	銀行	インドネシア	39,399
3	タイ石油公社	石油	タイ	38,563
4	テレコムニカシ・インドネシア	通信	インドネシア	32,987
5	バンク・ラクヤット	銀行	マレーシア	32,761
6	ユニリーバ・インドネシア	家庭用品	インドネシア	31,437
7	タイ空港	輸送施設サービス	タイ	29,808
8	バンク・マンディリ	銀行	インドネシア	27,242
9	マラヤン銀行	銀行	マレーシア	26,111
10	アストラ・インターナショナル	自動車部品・販売	インドネシア	24,766

資料：トムソン・ロイター社 *ThomsonONE* より筆者集計。

図表 6-3　分析対象 4 カ国と他 ASEAN 諸国の株式発行企業数の推移

図表は，1990年12月末から2017年12月末までの，分析対象 4 カ国とその他の ASEAN 諸国の国内株式市場に上場する企業の，株式発行企業全数を示している。上段の(A)株式公募・私募発行企業数は，発行企業数合計値であり，下段の(B)株式公募発行企業数は公募増資実施企業数である。本表は普通株発行企業のみを集計し，また IPO 時の株式発行は企業数から除外している。単位：社（延べ数）。

	1990－1999年	2000－2009年	2010－2017年
(A)　株式公募・私募発行企業数			
インドネシア	248	198	410
マレーシア	271	796	1,713
フィリピン	147	202	303
タイ	136	468	744
シンガポール	206	860	1,066
ベトナム	0	198	1,180
ミャンマー	1	0	7
ラオス	0	0	2
カンボジア	0	0	4
(B)　株式公募発行企業数			
インドネシア	206	161	211
マレーシア	229	400	1,311
フィリピン	107	91	149
タイ	64	218	410
シンガポール	172	521	662
ベトナム	0	112	693
ミャンマー	1	0	7
ラオス	0	0	0
カンボジア	0	0	4

資料：トムソン・ロイター社，*ThomsonONE* より筆者算出。

いて2000－2009年の株式発行企業数を，2010－2017年のそれが大きく上回っている。1990年には，アストラ・インターナショナル社など 8 社に過ぎなかったインドネシアの株式発行企業数は，2010年代後半には年平均50社を超える規模に拡大し，四半世紀を経て，株式発行はインドネシア企業の主要な資金調達手段の 1 つとして定着しつつある。1990年代は，ガジャ・トゥンガル（素材）やカワサン・インダストリ（不動産）等，私募による株式発行が数多く見られたが，2010年以降は，資金調達規模の拡大とともに，ほとんどの株式発行が公募により実施されている。また，ASEAN 諸国の中で，株式発行社数が，突出した増加を記録しているのがマレーシア企業である。2000年代からすでに年間70

〜100社を超えていた株式発行社数は、2010年代はさらに増大し、2010年以降は恒常的に年間100社を超える企業が株式発行を行っている。2010年代、マレーシアにおいても、企業の株式発行のほとんどは公募増資により実施されている。

 ASEAN資本市場の発展において、2010年代のフィリピンも顕著な発展を示している。同国は、2000年の株式発行社数は、APIテクノロジーズ（電子機器）、マクロ・アジア（家庭用品関連）の2社に過ぎなかったが、2010年代ピーク時の2015年には、アヤラ不動産やSMプライム・ホールディングス等、年間50社を超える企業が株式発行による資金調達を行っている。またフィリピンにおいても、2010年代の株式発行の大半が公募増資である。タイにおいても、企業の株式発行数は増加を続けている。タイの株式発行社数は、特に2013年以降、年間100社を超える企業が公募増資を行っている。2006年、2014年の度重なる国軍クーデターの渦中にもかかわらず、タイにおいても株式発行は企業の資金調達手段のひとつとして定着している。

3　先行研究：資本市場アクセス性と株式発行選択

 第5章で示した通り、現代ファイナンス理論では、トレードオフ理論と、調達序列理論、市場タイミング理論の3つの潮流が、企業の株式発行選択、ならびに資本構成の決定要因として理解されてきた。トレードオフ理論ならびに、調達序列理論、市場タイミング理論の概要を改めて述べれば次の通りである。まずトレードオフ理論は、企業は証券発行による資金調達を実施するに際し、その資金調達手段の選択により生じる限界費用と限界効用の「トレードオフ」、すなわちこれらの大小関係次第で、企業が株式を発行するか社債を発行するかの選択が決定されると主張する。例えばVan Binsbergen et al.（2011）は、企業の証券発行の選択にともない生じる限界費用を実証的に比較し、やはりこれらの費用の大小が資金調達手段の選択に影響を与えるとの結論を報告している。

 一方、調達序列理論は、企業が株式発行による資金調達を実施する場合、外部投資家は、自らがエージェンシー・コストを負担することで内部情報を探索するか、もしくは企業に経営内部情報を透明化することを求める、と主張する。

市場タイミング理論は，企業は自らの企業価値が株式市場において過大評価されるとき，株式発行を行い，そうではない場合には，社債発行もしくは銀行借入を選択すると主張する。トレードオフ理論の場合，株価上昇にともなう企業の負債比率の低下は，さらなる銀行借入，社債発行を後押しすると考えられている。しかし，市場タイミング理論の結論は，株価の上昇が，負債の選択ではなく増資を促すという点で，トレードオフ理論とは逆の結果を示唆することから，長年，研究者の間で議論となってきた[3]。Dittmar and Thakor (2007) は，この市場タイミング理論をベースとして，その後,「ディスアグリーメント理論」の正当性を主張している。企業が増資を実施するとき，既存株主は自身の持ち株比率の低下と，1株当たりの利益額の低下，いわゆるダイリューションと呼ばれる状況に直面する。このため Dittmar and Thakor (2007) は実証分析を通じて，既存株主と企業内部者≒経営者が，株式発行後の利潤増大により，発行済み株式数の増加が1株当たり利益を希薄化しないとの認識が一致した場合にのみ，当該企業が株式発行を選択する確率が高まると主張する。各発行体企業の所有構造次第で，企業の株価と株式選択確率の関係が変化すると主張する Billett et al. (2007) や Datta et al. (2005) は，間接的にこのディスアグリーメント理論を支持している。

企業の株式発行に関する先行研究の多くが，米国上場企業の発行データを用いた検証を行っている。これに対し近年は，欧州企業を標本とする実証研究において，情報コストや株価以外の，企業の株式発行選択要因を支持する研究報告が増加している。例えば，Brav (2009) は，企業の資本市場へのアクセス度の違いに着目し，このアクセス度の違いが株式発行の意思決定に影響を与えるとの実証分析結果を報告している。Brav (2009) の研究の結論は，英国資本市場は，市場アクセス性が高い企業と市場アクセス性が低い企業の2つの階層から構成されており，市場アクセス性が高い企業は，株式発行や社債発行のいずれかを選択する確率が高いが，低い企業は上場企業であっても銀行借入に依存し続ける傾向が強いと結論付けている。また欧州大陸企業の標本を用いた Goyal et al. (2011) も同様に，市場アクセス性が高い企業と低い企業の違いに

---

[3] 例えば，Dong et al. (2012) にこの「トレードオフ理論 vs. 市場タイミング理論」の論争の経緯が詳細に説明されている。

ついて分析した結果，市場アクセス性の違いは，株式発行の選択確率のみならず，証券発行後の事業パフォーマンスにも違いをもたらすと結論付けている。

新興国企業の株式発行選択に関する先行研究においても，トレードオフ理論，調達序列理論，市場タイミング理論の妥当性を検証した研究が幾つか報告されているが，これらの理論的枠組みを支持する実証研究は少ない。Vo（2017）はベトナム上場企業を標本として，これらの企業の資本構成の決定要因は，長期と短期では異なることを指摘している。また，企業の所有集中度が特に高いと言われるチリの企業を標本とするMartin and Saona（2017）は，所有集中度の高さと株式発行選択は負の関係にあることを報告している。この研究では，その理由として，Dittmar and Thakor（2007）が指摘する通り，ブロックホルダーが一株当たり利益の希薄化を忌避するためである，と指摘している。また，インド企業を標本とするBandyopadhyay and Barna（2016）は，資本構成の決定要因は，各企業それぞれの要因よりも，マクロ経済トレンドが強く影響を与えるとの実証分析結果を報告している。

4 仮説：新興国固有の企業金融行動

第3節の先行研究調査をまとめると，市場タイミング理論，ディスアグリーメント理論に基づけば，企業の株価と株式発行選択確率は，正の関係を有すると考えられてきた。一方で，トレードオフ理論や，第5章で確認した通り，Sharpe（1990）やRajan（1992）のホールドアップ仮説，Hoshi et al.（1990, 1991）の流動性制約仮説にしたがえば，企業の株価と社債発行選択確率も正の関係を持つことが支持されている。これらの結論は，企業の株価上昇時には，株式発行，社債発行，双方の選択確率が高まることを意味する。本章は，この2つの結論を整理し，株価が上昇する企業は，他にどの条件が重複した場合に，株式発行の選択確率を高めるのかを，新興国企業の公募増資に焦点を当て，実証的に結論を導出する。

Brav（2009）やGoyal et al.（2011）の研究は，資金調達にともなう金融費用，発行体の情報非対称性の程度，そして株価，が資金調達手段選択に影響を与え

るか否かよりも,そもそも市場アクセス性が低い企業は,上記のいかなる要因も株式発行を後押ししないと,指摘している。この点は,株式発行企業数,社債発行企業数が,小さい新興国市場にとって,重要な結論である。本章においても,この新興国企業の市場アクセス性が,株式発行選択要因のすべての根源となっていると,仮説設定する。すなわち,市場アクセス性が高い企業は,株式発行が選択可能であるが,市場アクセス性が低い企業は,金融費用の大小や株価が,証券発行の選択に影響せず,銀行借入への依存を継続する,と仮説設定する。

仮説1:新興国市場では,市場アクセス性が低い企業は,いかなる要因も,株式発行選択を促進せず,銀行借入依存型ファイナンスを継続する。

　次の仮説は,市場アクセス性が高い企業は,他にどのような条件が満たされた場合に,資金調達手段の選択において,株式発行を選択するのか,についてである。換言すれば,市場アクセス性が高い新興国企業の株式発行選択は,先行研究がこれまで議論してきたトレードオフ理論,調達序列理論,市場タイミング理論のいずれの行動様式と整合的であるのかに関する仮説である。すでに述べた通り,先行研究は,資金調達手段選択にともない発生する費用と効用のバランス,発行体の情報非対称度,そして株価が,株式発行と社債発行を選択する上で,重要な規定要因であると主張している。本章の第2,第3の仮説は,発行体の市場アクセス性が高まった際,これらの理論の1つ,もしくは複数が調達手段選択行動と整合すると考える。前章の負債選択の研究は,Sharpe (1990),Rajan (1992) のホールドアップ仮説,Hoshi et al. (1990, 1991) の流動性制約仮説に沿い,株価の上昇が,社債発行の確率を高めると結論付けている。これに対し,本章では,トレードオフ理論が主張する資金調達手段の限界費用,中でも金融費用が,その選択に影響を与えると仮説設定する。その理由は,ホールドアップ仮説や流動性制約仮説では,企業の倒産費用もしくは清算費用を社債発行選択における「費用」として想定しているのに対し,倒産確率が低い企業の場合には,金融費用が重視されるためである。

仮説2：新興国市場では，市場アクセス性が高い企業のみ，資金調達時の金融費用が，株式発行選択確率に影響を与える。

また，本章の第3の仮説は，発行体企業の所有者と経営者の経営パフォーマンスに関する見通しが，資金調達選択に影響を与えると考えている。Dittmar and Thakor（2007）は，株主と経営者の将来の業績見通しが一致するか否かが，企業の株式発行の意思決定に影響を与えると主張する。そして，Billett et al.（2007），Datta et al.（2005）は，各発行体企業の所有が集中している場合に，この株主と経営者の将来の業績見通しのコンセンサスが資金調達手段の選択に影響を与え，企業の株価と株式選択確率の関係を支配すると主張する。第4章で確認した通り，市場経済化後の新興国企業の1つの特徴は，ブロックホルダーと呼ばれる所有の集中化が進行することである。本章ではこの点を踏まえ，下記を第3の仮説として設定する。

仮説3：新興国市場では，市場アクセス性が高い企業のみ，株主−経営者間の将来の事業見通しが一致した場合，株式発行の選択確率が高まる。

5　分析方法

本章の実証分析では，分析対象である，インドネシア，マレーシア，フィリピン，タイのASEAN4カ国（以下，分析対象4カ国）の上場企業の標本を用い，企業の市場アクセス性の高低別に，新興国企業の株式発行選択に関する第4節の3つの仮説が妥当するかを検証する。これらの仮説を検証するため，本章では2000年から2017年の標本期間のデータを用い，以下の実証モデル（6.1）を推計する。

$$\begin{aligned}Equity_{it} = &\theta_0 + \theta_1 EqFinanceCost_{it} + \theta_2 NonEqFinanceCost_{it} \\&+ \theta_3 EqMBR_{it} + \theta_4 NonEqMBR_{it} + \theta_5 EqEPS\_Post_{it} \\&+ \theta_6 NonEqEPS\_Post_{it} + \theta_9 EqROA_{it} + \theta_8 NonEqROA_{it} \\&+ \theta_9 EqASSET_{it} + \theta_{10} NonEqASSET_{it} + \theta_{11} EqDER_{it} \\&+ \theta_{12} NonEqDER_{it} + \zeta_{it} \end{aligned} \quad (6.1)$$

　実証モデル（6.1）は被説明変数として $Equity$ を採用する。$Equity$ の定義は，標本期間中の t 年に，公募での株式発行を実施した企業を「＝1」，実施していない企業を「＝0」とする。実証モデル（6.1）は，説明変数には，まず $EquityDum$，$EquityNonDum$ の2種類の変数を採用し，これらの変数とトレードオフ理論，市場タイミング理論，ディスアグリーメント理論に関する仮説を立証するための変数との交差項を説明変数として採用する。採用する説明変数の具体的な説明は次の通りである。まず，変数 $EquityDum$ は，企業 i が1990年から t 年までにIPOを除く公募増資の経験がある場合に「＝1」，ない場合を「＝0」とする。変数 $EquityNonDum$ は企業 i が1990年から t 年までにIPOを除く公募増資の経験がない場合に「＝1」，ある場合を「＝0」とする。すなわち，t 年までの公募増資の経験がある企業を市場アクセス性が高い企業，公募増資の経験がない企業を市場アクセス性が低い企業と定義する。Brav（2009）の研究では，英国企業の市場アクセス性の有無の定義を上場企業vs.非上場企業と定義している。新興国の場合には，上場後も公募増資を実施する企業が少ないため，上記の定義を採用した。併せて，仮説1～3を検証するための変数として，金融費用（$Finance\ Cost$），資本の時価・簿価比率（$Market\ to\ Book$），将来の1株当たり利益の自然対数値（EPS_Post），総資産利益率（$Return\ on\ Asset$），USドル建て（百万USドル）総資産規模の自然対数値（$ASSET$），DEレシオ（$Debt\ to\ Equity$）を採用する。これら金融費用（$Finance\ Cost$），資本の時価・簿価比率（$Market\ to\ Book$），将来の1株当たり利益の自然対数値（EPS_Post），総資産利益率（$Return\ on\ Asset$），USドル建て総資産規模の自然対数値（$ASSET$），DEレシオ（$Debt\ to\ Equity$）の各説明変数と，t 年時点での過去の公募増資経験の有無，すなわち $EquityDum$，$EquityNonDum$ との交差項をそれぞれ，$EqFinanceCost$，$NonEqFinanceCost$，

EqMBR, *NonEqMBR*, *EqEPS_Post*, *NonEqEPS_Post*, *EqROA*, *NonEqROA*, *EqASSET*, *NonEqASSET*, *EqDER*, *NonEqDER*, と定義する。実証モデル (6.1) は推計後, *EqFinanceCost-NonEqFinanceCost*, *EqMBR-NonEqMBR*, *EqEPS_Post-NonEqEPS_Post*, *EqROA-NonEqROA*, *EqASSET-NonEqASSET*, *EqDER-NonEqDER* の係数値の差の検定を行うことで, 市場アクセス性の違いがもたらす各変数の影響度の違いを検証する。最後に, 実証モデル (6.1) の推計後, $EquityDum = 1$ (および $= 0$), $EquityNonDum = 1$ (および $= 0$) の場合の, 2種類の *Equity* の予測値を事後的に算出し, これらの差の検定を行うことで, 公募増資経験の有無がもたらす株式発行確率の違いを確認する。

企業 i が t 年に株式発行ではなく, 社債発行を選択した場合に生じうる, 金融費用 (*Finance Cost*) の定義は, Bondt (2005) にしたがい,

$$Finance\ Cost = 平均社債発行利率 \\ - \{0.5 \times 平均支払利回り + 0.5 \times 1/(株価収益率 \\ + 消費者物価上昇率前年比)\} \quad (6.2)$$

を採用する。金融費用 (*Finance Cost*) は, 社債発行費用がもたらす株式発行選択確率に対する影響を確認することで, トレードオフ理論の正当性を検証するための変数である。金融費用 (*Finance Cost*) と *EquityDum* の交差項 *EqFinanceCost* の係数値が有意に負, *FinanceCost* と *EquityNonDum* の交差項 *NonEqFinanceCost* の係数値が非有意であれば, 新興国では市場アクセス性が高い企業のみトレードオフ理論が整合するという本章の第1, 第2の仮説が支持される。

また, 株価の水準が, 株式発行選択に影響を与えているか否かを検証するための変数として, 資本の時価・簿価比率 (*Market to Book*) 以外に, 株式発行前3カ月, 6カ月の市場調整済収益率 (*StockPrice3Month*, *StockPrice6Month*) を採用する。資本の時価・簿価比率 (*Market to Book*) の定義は, t 年の資本時価に前年の簿価負債を加えた額を前年の総資産で除した値を採用する。また, 市場調整済3カ月収益率 (*StockPrice3Month*), 市場調整済6カ月収益率 (*StockPrice6Month*) の定義はそれぞれ, 株式発行直前3カ月間, 6カ月間の,

日次株価変動率からそれぞれの国々の日次市場株価インデックス変動率を差し引いた値の平均値を採用する。資本の時価・簿価比率（*Market to Book*）と *EquityDum* の交差項 *EqMBR* の係数値が正，資本の時価・簿価比率（*Market to Book*）と *EquityNonDum* の交差項 *NonEqMBR* の係数値が非有意であれば，市場アクセス性が高い企業のみ市場タイミング理論，もしくはディスアグリーメント理論が整合するという本章の第1，第3の仮説が支持される。資本の時価・簿価比率（*Market to Book*）の替わりに市場調整済3カ月収益率（*StockPrice3Month*），市場調整済6カ月収益率（*StockPrice6Month*）を採用する場合についても同様である。

また，企業 i の所有者と経営者の将来の業績見通しに関するコンセンサスの代理変数には，企業 i の $t+1$ 年の1株当たり利益（*EPS_Post*）の US ドル建て自然対数値を採用する。この変数は，本来であれば，Dong et al.（2011）他の研究が採用する，t 年時点での証券アナリスト業績予想 EPS を採用することが望ましい。しかし，北米市場とは異なり，新興国市場では，証券アナリストの次期 EPS 予想値の入手が困難であるため[4]，$t+1$ 年の1株当たり利益（*EPS_Post*）の自然対数値を採用する。1株当たり将来利益（*EPS_Post*）と *EquityDum* の交差項 *EqEPS_Post* の係数値が正，1株当たり将来利益（*EPS_Post*）と *EquityNonDum* の交差項 *NonEqEPS_Post* の係数値が非有意であれば，市場アクセス性が高い企業のみディスアグリーメント理論が整合するという本章の第3の仮説が支持される。

6　データ

本章の実証分析では，2000年から2017年の分析対象4カ国の上場企業の財務データ，株式発行情報，日次株価データをマッチングしたパネルデータを採用する。採用企業は，t 年において銀行借入残高純増，株式発行，社債発行，の

---

[4] トムソン・ロイター社 *Eikon* には，t 年時点での証券アナリストによる企業 i の将来の業績予想値は収録されている。しかし，ASEAN 標本企業の場合，収録企業が全上場企業の1割に満たないため，採用を見送った。

いずれかの資金調達活動を行った企業を，資金需要を持つ企業として採用した。本データセットは，企業 i が t 年に株式を発行した後も，データセットに企業 i は含まれている。上記のデータセットのうち，企業 i の財務データ，日次株価データはトムソン・ロイター社 *Eikon*，株式発行データ，社債発行データは同社 *ThomsonONE* より入手した。t 年の企業 i の銀行借入の有無を確認するための銀行借入残高のみ，ビューロ・ヴァン・ダイク社 *OSIRIS* より入手した。データセットは，上場廃止企業，新規上場企業を含む。

図表 6-4　分析対象 4 カ国企業の公募増資頻度と累積株式発行額 (1990－2017年)

図表は，1990年から2017年までの，インドネシア，マレーシア，フィリピン，タイの分析対象 4 カ国企業の，公募増資頻度，私募増資頻度，株式発行累計額の US ドル建て換算値の上位20社を示している。本表においても，普通株発行企業のみを集計し，また IPO 時の株式発行は企業数から除外している。1990年以降に買収合併が実施され，社名が変更された企業は，当時の企業名，所属業種を示している。単位：回，百万 US ドル。

		本社所在国	業種	公募発行回数	私募発行回数	累計額
1	バンク・ダナモン	インドネシア	銀行	12	0	6,516
2	バンコ・デ・オロ	フィリピン	銀行	8	3	6,256
3	ベルリ・ジュッカー	タイ	総合商社	3	2	6,160
4	バクリ・ブラザース	インドネシア	複合企業	4	1	5,755
5	メイ・バンク	マレーシア	銀行	4	2	4,818
6	バンク・マンディリ	インドネシア	銀行	5	2	4,490
7	ブミ・リソーシズ	インドネシア	石油・石炭	10	2	4,375
8	コンソーシアム・トランスナショナル	マレーシア	交通運輸	6	3	4,365
9	マレーシア航空	マレーシア	航空	5	2	4,115
10	CIMB ホールディングス	マレーシア	金融	13	1	3,718
11	メトロ・パシフィック・インベストメント	フィリピン	金融	9	17	3,691
12	BNI (旧バンク・ネガラ・インドネシア)	インドネシア	金融	5	2	3,614
13	PTT (旧タイ石油公社)	タイ	石油・石炭	3	0	3,595
14	XL アクシアタ	インドネシア	情報通信	3	5	3,538
15	サンミゲル・ピュア・フード	フィリピン	飲料・食品	8	3	3,351
16	サイムダービー	マレーシア	複合企業	4	2	3,311
17	MISC	マレーシア	海運	2	1	3,243
18	アクシアタ	マレーシア	情報通信	4	0	3,208
19	パブリック・バンク	マレーシア	銀行	3	0	3,082
20	マタハリ百貨店	インドネシア	小売	7	0	2,931

資料：トムソン・ロイター社，*ThomsonONE* より筆者算出。

図表6-5 分析対象4カ国公募増資経験企業と未経験企業の各変数の差の検定

図表は，インドネシア，マレーシア，フィリピン，タイの分析対象4カ国企業の，標本期間2000年から2017年における採用変数の記述統計を示している。スチューデント検定は高市場アクセス市場と低市場アクセス企業の平均値の差の検定結果，ウィルコクソン検定は高市場アクセス市場と低市場アクセス企業の中央値の差の検定結果を示す。

	高市場アクセス企業			低市場アクセス企業			スチューデント検定（t値）	ウィルコクソン検定（Z値）
	平均値	中央値	標本数	平均値	中央値	標本数		
Finance Cost	0.008	0.119	3,410	0.064	0.112	11,542	−0.112	−1.060
Market to Book	1.341	1.196	3,410	1.733	1.585	11,542	−0.630	−13.662 ***
Stock Price 3month	0.071	0.095	3,410	0.139	0.126	11,542	−1.120	−1.245
Stock Price 6month	0.051	0.055	3,410	0.239	0.256	11,542	−0.956	−1.351
EPS_Post	0.182	0.135	3,410	0.050	0.019	11,542	2.112 **	21.416 ***
Return on Asset	0.049	0.061	3,410	0.056	0.059	11,542	−1.014	−1.728 *
ASSET	5.346	5.134	3,410	5.278	5.035	11,542	1.158	1.322
Debt to Equity	1.154	0.578	3,410	2.816	0.841	11,542	−0.938	−11.337 ***

注：***，**，*はそれぞれ1％，5％，10％での有意水準を示す。

　株式発行データは新規公開（IPO）時の発行情報は除外し，社債発行は新規発行情報をデータセットに含めている。被説明変数 Equity は IPO 以外の公募普通株式のみを「株式発行」として定義し，優先株その他の株式の発行企業は標本より除外した。企業の社債発行時の規約が，株式発行と社債発行の選択に影響を与えるとする Billett et al.（2007）にしたがい，社債発行は，償還期間1年以上の普通社債，メディアム・ターム・ノートの無担保債券を「社債」として定義し，担保付社債，転換社債，ワラント債，劣後債発行企業は標本より除外した。他方，企業の市場アクセス性の代理変数ある EquityDum の定義は，トムソン・ロイター社 ThomsonONE より，公募増資の1990年以降，t 年時点までの過去に，公募増資を経験している企業を「＝1」，未経験の企業を「＝0」とした。t 年の株式発行が IPO 以降，初めての公募増資である場合は，未経験の企業「＝0」と定義した（**図表6-4**）。

　企業の「成長機会」の代理変数である資本の時価・簿価比率（Market to Book），社債発行を選択した場合に生じる金融費用（Finance Cost），企業 i の1株当たり将来利益（EPS_Post），内部資金力の代理変数である総資産利益率（Return on Asset），企業規模を表す総資産残高（ASSET），DEレシオ（Debt to Equity) はいずれもトムソン・ロイター社 *Eikon* より入手した。企業の市場調整済収益率（*StockPrice3Month*, *StockPrice6Month*）を算出するための，株式発行前3カ月，6カ月の2種類の株価変動率および市場株価インデックス変動率もトムソン・ロイター社 *Eikon* より入手した（**図表6-5**）。

7 推計結果

7.1 ASEAN分析対象企業の公募増資頻度と株式発行選択

　本実証分析では，実証モデル（6.1）の推計前に，まず分析対象4カ国企業の公募増資頻度（*Equity Issue Freq*）と株式発行選択（*Equity*）との関係を，パネル・プロビット推計により検証した。公募増資頻度（*Equity Issue Freq*）の定義は，1990年から2017年の期間中における，株式発行 t 年時点でのIPOを除く過去の公募増資実施頻度である。この推計結果が，**図表6-6**に示されている。推計結果(1)，(2)，(3)を見ると，公募増資実施頻度（*Equity Issue Freq*）の係数値は，いずれの推計式においても，正の有意な係数値を示している。それゆえ，ASEAN4カ国では，過去における公募増資の経験の有無が，現在から将来にかけての株式発行選択の確率に影響を与えていることがわかる。

　一方，新興国企業の金融コストの代理変数（*Finance Cost*）の係数値は，(1)，(2)，(3)式では，いずれも非有意であった。これらの結果は，社債発行の金融費用の大小は，企業の株式発行選択確率に影響を与えていないことを意味する。また企業 i の資金調達時の株価の代理変数（*Market to Book, Stock Price 3 month, Stock Price 6 month*）の係数値も，(1)，(2)，(3)式では，いずれも非有意であった。これらの結果は，分析対象4カ国では，資金調達時の株価は，一般的には，企業の株式発行選択確率に影響を与えていないことを意味する。また資金調達実施後の業績見通しの代理変数である1株当たり将来利益（*EPS_Post*）の係数値も，いずれの推計においても，この係数値は非有意であった。

　上記の結果を踏まえると，分析対象4カ国企業の株式発行において，最も影響が大きい要因は，過去における公募増資の頻度であることがわかる。この結

図表 6-6 実証分析結果 I：分析対象 4 カ国企業の公募増資頻度と株式発行選択

図表は，インドネシア，マレーシア，フィリピン，タイの分析対象 4 カ国企業の株式発行選択に影響を与える諸要因の推計結果である。標本期間は 2000 年から 2017 年であり，標本企業はこの間，銀行借入，株式発行，社債発行のいずれかを行った資金需要を持つ企業である。それぞれの説明変数の定義は，本章第 5 節に示した通りである。

標本	株式・社債発行・銀行借入企業		
	(1)	(2)	(3)
推計方法	パネル・プロビット推計	パネル・プロビット推計	パネル・プロビット推計
被説明変数	Equity	Equity	Equity
Equity Issue Freq	0.617 **	0.400 ***	0.210 ***
	(2.450)	(2.960)	(2.880)
Finance_Cost	−0.055	−0.003	−0.002
	(−0.690)	(−1.110)	(−1.220)
Market to Book	0.617		
	(1.230)		
Stock Price 3month		−0.742	
		(−1.460)	
Stock Price 6month			−0.838
			(−1.350)
EPS_Post	1.6E−04	1.0E−05	1.0E−04
	(0.440)	(0.670)	(0.910)
Return on Asset	−0.753	−1.050	−0.991
	(−0.620)	(−1.410)	(−1.430)
ASSET	0.375 ***	0.459 *	0.560 *
	(4.840)	(1.960)	(1.860)
Debt to Equity	0.031	−0.003	−0.006
	(1.090)	(−0.520)	(−0.450)
定数項	2.983 ***	−1.737	−1.742 *
	(4.660)	(−1.330)	(−1.370)
産業ダミー (SIC 2 桁)	yes	yes	yes
年ダミー	yes	yes	yes
LR chi2	122.80 ***	55.89 *	63.8 ***
Pseudo R2	0.216	0.090	0.115
標本数	14,952	14,952	14,952

注：***，**，*はそれぞれ 1 ％，5 ％，10％での有意水準を示す。

果は Brav（2009）の市場アクセス性が，企業の株式発行選択において重要な規定要因であるとの結論と一致する。一方で，新興国企業の株式発行選択は，トレードオフ理論，市場タイミング理論，ディスアグリーメント理論，いずれの理論的枠組みとも整合しないことが，実証分析結果より示されている。

7.2 企業の市場アクセス性とファイナンス理論

　図表6-7では，実証モデル（6.1）を用いた，分析対象4カ国企業の株式発行選択に対する市場アクセス性の影響に関する実証分析結果が示されている。推計結果(4)，(5)，(6)では，まずパネル1において実証モデル（6.1）の推計結果が示されている。図表6-7のパネル2では，各式における説明変数と$EquityDum$の交差項の係数値，説明変数と$EquityNonDum$との交差項の係数値の差の検定結果のp値が示されている。またパネル3は，推計結果(4)-(6)の推計結果を用い，算出した$EquityDum=1$，$EquityNonDum=0$の場合の予測値と，$EquityDum=0$，$EquityNonDum=1$の場合の$Equity$の予測値の平均値の差の検定結果を示している。

　まずパネル1の結果を見ると，$EqFinanceCost$の係数値は，推計結果(4)-(6)すべてにおいて負の有意な値を示している。他方，$NonEqFinanceCost$の係数値は，推計結果(5)のみ負の有意な値を示しているが，その他の(4)，(6)は非有意であった。本推計結果は，公募増資実施経験企業のみが，トレードオフ理論にしたがい，株式発行市場の利用者となっていることを示している。また，$EqMBR$の係数値も，推計結果(4)では正の有意な結果を示している。一方で，$NonEqMBR$の係数値は，推計結果(4)において非有意な結果を示している。本推計結果は，より高い成長機会に恵まれる高株価企業が，過去に公募増資の経験を有する場合のみ，株式発行による資金調達を実施する確率も高まることを示している。株価がもたらす株式発行選択への影響については，推計結果(5)(6)において，$EqStockPrice3m$と$NonEqStockPrice3m$ならびに$EqStockPrice6m$と$NonEqStockPrice6m$についても$EqMBR$および$NonEqMBR$の係数値と同様の結果が得られている。

　次に，$EqEPS\_Post$の係数値は，推計結果(4)-(6)のすべてにおいて正の有意な結果が得られている。一方で，$NonEqEPS\_Post$の係数値は，推計結果(4)-(6)のすべてにおいて非有意な結果を示している。この結果は，より将来の1株当たり利益率が高まると見込まれる企業が，過去に公募増資の経験を有する場合のみ，株式発行による資金調達を実施する確率が高まることを示している。

　続いて，$EquityDum$×各説明変数の係数値と，$EquityNonDum$×各説明変

図表6-7　実証分析結果2：分析対象4カ国企業の市場アクセス性と株式発行選択

図表は，分析対象4カ国企業の株式発行選択要因に関する第5節の実証モデル（6.1）の推計結果である。標本期間は2000年から2017年，標本企業はこの間，銀行借入，株式発行，社債発行のいずれかを行った資金需要を持つ企業である。説明変数の定義は，本章第5節に示した通りである。パネル1は推計結果，パネル2は $EquityDum$×各変数，$EquityNonDum$×各変数の係数値の差の検定結果（p値）である。パネル3は(A)$EquityDum$ が1，$EquityNonDum$ が0の場合の株式発行確率予測値の平均値，(B)$EquityDum$ が0，$EquityNonDum$ が1の場合の株式発行確率予測値の平均値，そして(C)はこの予測値の平均値の差の検定結果である。

標本	株式・社債発行・銀行借入企業		
	(4)	(5)	(6)
推計方法	パネル・プロビット推計	パネル・プロビット推計	パネル・プロビット推計
被説明変数	Equity	Equity	Equity
	パネル1		
EqFinanceCost	−1.10E−04 ***	−0.005 ***	−7.60E−04 *
	(−2.840)	(−3.860)	(−1.750)
NonEqFinanceCost	2.10E−05	−0.006 **	−5.45E−06
	(0.350)	(−2.350)	(−0.640)
EqMBR	0.025 **		
	(2.150)		
NonEqMBR	−0.441		
	(−0.380)		
EqStockPrice3m		0.005 **	
		(2.260)	
NonEqStockPrice3m		−0.006	
		(−0.110)	
EqStockPrice6m			0.007 ***
			(2.690)
NonEqStockPrice6m			0.001
			(0.120)
EqEPS_Post	4.1E−05 *	9.4E−06 *	8.5E−05 *
	(1.910)	(1.820)	(1.710)
NonEPS_Post	−5.2E−05	−1.0E−04	−1.3E−04
	(−0.850)	(−0.740)	(−0.990)
EqROA	−1.864	−2.61E−04	−6.67E−04
	(−0.930)	(−1.660)	(−0.050)
NonEqROA	−0.385	2.23E−05	1.64E−04
	(−1.550)	(0.830)	(0.540)
EqASSET	0.875 ***	0.003 ***	0.029 ***
	(2.810)	(11.880)	(3.870)
NonEqASSET	−0.388	−1.00E−04 ***	1.88E−03
	(−0.001)	(−1.040)	(1.240)
EqDER	−0.906 *	−0.011 **	−1.87E−04 *
	(−1.810)	(−2.380)	(−1.690)
NonEqDER	−3.70E−03	−0.074	−7.84E−06
	(−0.030)	(−1.220)	(−0.040)

定数項	−0.750	**	−0.033		−0.978	
	(−2.350)		(−0.160)		(−0.840)	
標本数	14,952		14,952		14,952	
			パネル2			
FinanceCost	0.061	*	0.000	***	0.055	*
Market to Book	0.001	***				
Stock Price 3 month			0.001	***		
Stock Price 6 month					0.004	***
EPS_Post	0.003	***	0.001	***	0.000	***
ROA	0.080	*	0.470		0.915	
ASSET	0.024	**	0.000	***	0.000	***
Debt to Equity	0.000	***	0.025	**	0.122	
			パネル3			
(A)公募増資実施企業による株式発行確率予測値	12.1%		14.1%		9.9%	
(B)公募増資未経験企業による株式発行確率予測値	0.4%		0.5%		−0.3%	
(C)(A)−(B)平均値の差検定(p値)	0.000	***	0.000	***	0.000	***
(D)公募増資実施企業の株式発行確率>公募増資未経験企業の株式発行確率	100.0%		100.0%		100.0%	

注:***,**,*はそれぞれ1%,5%,10%での有意水準を示す。

数の係数値の差の検定結果をパネル2において確認すると,次の結果が示されている。まず推計結果(4)−(6)において $EqFinanceCost$ と $NonFinanceCost$ の係数値の絶対値の差は,推計結果(4)−(6)すべてにおいて前者が後者を上回っている。また,$EqMBR$ と $NonEqMBR$ の係数値の差も,有意に前者が上回る。また $EqStockPrice3m$ と $NonStockPrice3m$ および $EqStockPrice6m$ と $NonStockPrice6m$ の係数値の絶対値の差についても,前者が上回っている。

最後にパネル3では,$EquityDum = 1$,$EquityNonDum = 0$ の場合の被説明変数の予測値の平均値と,$EquityNonDum = 1$,$EquityDum = 0$ の場合の被説明変数の予測値の平均値の差の検定結果が示されている。これを見ると,推計結果(4)−(6)すべてにおいて,公募増資経験企業による株式発行確率の予測値は,公募増資未経験企業のそれよりも上回っていることが示されている。

8 考察：ファイナンス理論が整合する企業・しない企業

　世界1万3,000社の公募株式，私募株式発行体の相違点を実証的に研究したGomes and Phillips（2012）では，公募と私募の選択を規定する主要な要因は，発行体の情報非対称性と資金調達規模であるとの結論を報告している。またこの結論は，新興国企業を標本として採用したDenis and Mihov（2003），Davydov et al.（2014）においても支持されている。国内資本市場で情報仲介者数が少ない新興国企業は，一般的に発行体の経営内容に関する情報非対称性が強い。ところが，企業成長の過程において，不特定多数の投資家からの投資を募る公募増資の場合，目論見書，有価証券報告書をはじめとする投資家向け資料の作成，公開が義務付けられる。このため，一度，公募増資を実施した企業は，外部投資家にとって，新興国においても情報が入手しやすい企業と位置付けられるため，企業側もさらなる株式発行による資金調達の確率が高まると，本章は仮説設定している。

　ASEAN4カ国企業は，資金調達手段として株式発行を選択するに際し，この市場アクセス要件の充足を投資家から求められているのだろうか。実証分析結果の考察は次の通りである。まず，図表6-7では，分析対象4カ国企業のうち，過去に公募増資を経験した企業は，株式発行選択に際して社債発行選択の金融費用が負の影響をもたらすが，未経験企業は，この変数は影響をもたらさないことが示されている。この点は，新興国では，公募増資を経験した企業は，資金調達手段選択において，金融費用の高低が株式発行選択に影響を与えるが，市場アクセス性が低い企業にはこの変数は影響を与えないとする，本章の仮説1，仮説2を支持するものである。本実証結果より，新興国企業の場合，トレードオフ理論は，IPO後に公募増資を一度ならず経験した市場アクセス性が高い企業のみに成立し，これらの企業は金融費用の大小を踏まえ，資金調達手段の選択を行っていると結論付けることができる。換言すれば，Brav（2009）における英国中小企業同様，新興国では，公募増資を行う企業が多くないこと

が，Vo (2017) やBandyopadhyay and Barna (2016) などの先行研究において，トレードオフ理論が整合しないと主張される理由である。

併せて図表6-7では，新興国企業の株式発行における株価効果の検証結果を示している。これらの結果を見ると，企業の株価は，それ単独では，株式発行選択に影響を与えておらず，Asquith and Mullins (1986) やGraham and Harvey (2001) が提唱する市場タイミング理論も，一見，新興国では妥当しないように見受けられる。しかし，公募増資を一度のみならず，経験した企業は，高い株価が株式発行選択の確率を高めていることを，実証結果は示しており，市場アクセス性が高い企業は，資金調達手段選択において，株価効果の影響下にあることがわかる。また，実証分析結果は，公募増資経験企業は，資金調達に際する金融費用や将来の1株当たり利益の動向が，株式発行の選択に有意に影響を与えていることも示している。この結果は，新興国ではDittmar and Thakor (2007) のディスアグリーメント理論も，市場アクセス性が高い企業のみ，当てはまると解釈することができる。特に本書第4章やMartin and Saona (2017) が指摘する通り，市場経済化後，ブロックホルダーの存在が際立つ新興国では，これらのブロックホルダーが株式発行選択を認めるか否かは，公募増資実施経験のある新興国企業にとって重要な決定要因であると考えられる。一方で，公募増資未経験企業は，株価や将来の業績見通しが，株式発行選択に影響を与えることはない。

第5章で見た通り，Sharpe (1990)，Rajan (1992) のホールドアップ仮説，Hoshi et al. (1990, 1991) の流動性制約仮説は，企業の株価と社債発行選択との正の関係を主張する。第5章，本章の実証分析結果は，株式発行，社債発行ともに株価の上昇が，2つの証券発行選択確率に対し，正の影響を有意にもたらすことを示している。他方，本章図表6-7の実証結果によれば，株式発行の場合には，資金調達手段選択に際する金融費用と，資金調達後の将来の業績動向に関する株主と経営者のコンセンサスが要件となることが，社債発行決定要因との相違点である。

上記の議論をまとめると，新興国企業はまず，少数の高市場アクセス企業と大多数の低市場アクセス企業に大別することができる。この後者の低市場アクセス企業が，資金調達市場では，大半を占めるため，多くの先行研究では，ト

レードオフ理論，市場タイミング理論，ディスアグリーメント理論は，いずれも新興国市場では説明力が乏しいと結論付けられてきた。しかし，市場アクセス性が高まった少数の企業の限界（金融）費用低下，株価上昇は，将来の株式発行の選択確率を高める。そして，この高市場アクセス企業の株価上昇の過程において，資金調達後の高業績見通しは，株主に1株当たり利益希薄化の回避を理解させるため，株式発行選択を後押しする。特に，この株式発行選択要因は，市場経済化の過程で企業の所有集中度が高まる新興国固有の特徴でもある。

9　結論：株式発行選択する新興国企業の特徴

ロンドン大学の故アントニー・スミス教授は，1944年の国際通貨基金，国際復興開発銀行の設立，そして1948年に締結された関税及び貿易に関する一般協定が，20世紀半ば以降に独立した国々の輸出主導工業化を促したと指摘する[5]。本章が分析対象としたインドネシア，マレーシア，フィリピン，タイの4カ国のうち，3カ国はいずれも1945年以降に独立し，輸出主導工業化による経済発展を享受してきた。外需に依存するこれらの国々の経済発展の特徴は，国内消費の規模を超える固定資本形成の成長が，経済発展の過程で，まず進行する点である。本章の分析は，内需の規模を超えるこれら新興国企業の生産能力強化の過程において，企業が自己資本をどのようなメカニズムで増強してきたのかを，ファイナンス面から考察した。本章で確認された結論を改めて記述すると，次の通りである。

まず公募増資を一度ならず経験した企業は，それ以降，資金調達活動において株式発行を選択する確率が高まる。この1つの理由は，株式発行時の金融費用が，公募増資頻度が高まるにつれ，限界的に逓減するためである。2つめの理由は，公募増資は，それまで発行体企業の情報に触れることができない投資家に対し，様々な情報入手の機会をもたらすためである。特に後者は，先進国市場における投資収益率が低迷する中，外国人投資家にとって，新興国発行体

---

[5]　Anthony D. Smith, The Ethic Origins of Nations, Blackwell, 1986, 巣山靖司他訳『ネイションとエスニシティ－歴史社会学的考察』，名古屋大学出版会，1999年。

企業の情報非対称性の低下は，同地域向け投資拡大を後押ししたと考えられる。

　本章のもう1つの結論は，新興国企業の株式発行選択が，現代ファイナンス理論と条件付きで整合することである。新興国企業の株式発行は，市場アクセス性が高い企業のみ，先行研究が提唱する理論的枠組みと一致し，市場アクセス性が低い企業とは一致しないという2階層構造を持つ。このため，新興国企業全体で見ると，これらの株式発行は，一般的には，先行研究において議論されるいずれの理論的枠組みとも整合しない。しかし，公募増資の頻度が高く，市場アクセス性が高い企業は，上記の通り，資金調達時の金融費用が株式発行選択に影響を与えるとするトレードオフ理論と整合する。また，重ねて説明するように，外部資金調達手段を銀行借入に依存する低市場アクセス性企業にとって，企業の所有構造は資金調達手段の選択に何ら影響をもたらさない。一方で，一度，市場アクセス性が高まった企業は，その所有構造は株式発行に影響をもたらし，既存株主と内部経営者との将来業績の見通しが，影響を与えるという点で，ディスアグリーメント理論にも整合する。

第IV部

イスラム金融市場が成長する理由

第7章

イスラム金融の謎を解く：スクーク市場のマイクロストラクチャ

1 問題意識：スクーク市場はなぜ新興国で拡大するのか

　第5-6章では，新興国ではなぜ，先進国に比べ，社債や株式の発行による，資金調達を行う企業が少ないのかについて，実証分析による原因の究明を行った。一般的には，新興国企業の直接金融利用が進まない理由は，「金融市場の未発展」のためであると片付けられがちである。しかし，第5章の分析結果は，新興国企業は，むしろ先進国企業以上に，社債発行，株式発行市場へアプローチする潜在的な意向が強いことを示している。そして，起債件数が伸び悩む理由は，新興国発行体に関する情報入手が，外部投資家にとって困難であるためであるとの実証結果を報告している。さらに第6章の分析結果は，新興国では，社債発行のみならず株式発行も少ない理由として，いわゆる発行体企業の市場アクセス性が低いため，すなわち企業の経営情報が見えにくいことに加え，資金調達にかかる初期費用がかさむためであるとの結論を導出している。

　その伸び悩む普通社債市場での起債数，株式市場での公募増資数を尻目に，新興国でも，市場メカニズムのもとで拡大を続ける直接金融市場がある。それがイスラム債（以下スクークと称する）市場である。世界のスクーク市場は2000年代から2010年代にかけ，新興国を中心に拡大，過去最大の起債額を記録した2014年の発行額は，同年のイタリア普通社債発行額と同規模の1,260億ドルへ拡大した。このスクーク市場発展過程の1つの特徴は，まず，2000年代に中東諸国ならびにASEAN諸国において，発行企業数が増加，その後，2010年代に入り，先進国で起債数が増加するという，現代金融史における過去の市場発展パターンとは逆のプロセスを歩んでいることである。

社債市場では，確定利付き債や割引債等の普通社債以外に，担保付社債や転換社債，デュアル・カレンシー債など，様々な種類の社債が発行されている。同様に，スクーク市場においても，ムダラバ・スクーク，イジャラ・スクーク，ムシャラカ・スクークをはじめ，10種類を超えるスクークが発行されている。そして，スクーク市場では，これら10種類超のスクークのいずれかが選択されることにより，発行額の急拡大が続いてきた。ファイナンス研究の世界においても，このスクーク起債数の増加とともに，企業のスクーク発行の決定要因に関する研究も急増している（例えば Mohamed et al., 2015 ; Azmat et al., 2016 ; Halim et al., 2017 ; Klein and Weill, 2016 ; Nagano, 2016 ; Nagano, 2017 ; Ahmed et al., 2018）。こうした潮流を受け本章では，マレーシア企業とインドネシア企業に焦点を当て，これらの企業のうち，どのような特徴を持つ企業がスクーク発行による資金調達を実施するのか，そしてそれらの特徴は，普通社債発行を促す要因とは類似するのか，異なるのかを明らかにする。本章は，新興国企業がスクーク発行を選択する理由が，この資金調達手段が，銀行借入よりも多額の資金調達が可能であり，同時に普通社債発行よりも実施要件充足が容易である点に着目する。新興国企業の多くは，第5章で明らかにした理由により，普通社債発行を選択することができない。しかし，彼らにとってスクーク発行による資金調達は，情報非対称性が大きい企業でさえも可能であるため，このことが，スクーク発行急増の主因であることを実証的に示すことが本章の研究目的である。

　本章は，これらの仮説をもとに，新興国企業で急増するスクーク発行の決定要因を，実証研究を通じて明らかにすることで，新たな理論的枠組みの構築を目指す。本章では，まず銀行－企業関係がもたらすスクーク発行選択への影響を検証する。具体的には，新興国企業は，普通社債発行同様，資本市場において企業価値が市場に高く評価される企業ほど，スクーク発行を選択する確率が高いことを実証的に確認する。次に，普通社債発行とスクーク発行の決定要因の相違点を検証する。普通社債発行が可能ではない企業が，スクークであれば選択が可能な理由として，企業の情報非対称性がもたらす影響を確認する。すなわち，スクークが持つ，発行体企業の情報非対称性を緩和する機能が，普通社債を発行できない企業に，この直接金融手段を選択させていることを，明ら

かにすることが，本章の研究の目的である。

本章の構成と分析の手順は次の通りである。次節では，近年のイスラム金融の拡大がいかなる状況であるのかを，イスラム銀行市場とスクーク市場の2つの市場を概観する。その上でスクーク市場に焦点を当て，最近の主要発行体を確認し，近年の潮流について考察する。続いて第3節では，先行研究をレビューし，これらを第2節のスクーク市場の現状と照らし合わせ，本章が掲げる仮説の詳細を説明する。第4節では，この仮説を立証するための，実証分析の方法を解説する。第5－6節では，これらの実証結果の報告と仮説との整合性を考察し，最後に結論を導出する。

2 近年のイスラム金融とスクーク市場

バンク・ネガラ・マレーシア（中央銀行）イスラム金融サービス局の2018年年次報告書[1]によれば，2017年6月末時点で世界のイスラム銀行の総資産規模が最も大きい国がイラン，続いて順に，サウジアラビア，アラブ首長国連邦，マレーシア，クウェートと報告されている。6位以降は，カタール，トルコ，バングラデシュ，インドネシア，バーレーンの順であり，これらの国々がイスラム銀行が資金調達者や預金者に銀行サービスを提供する主な国々である。イラン，サウジアラビアをはじめ，市場経済化が遅れる国々ほど，イスラム銀行の総資産規模が大きい理由は，普通銀行が行う一部の貸出業務や貸出金利息の受け取りが，イスラム教義に反すると見なされるためである。それゆえ，伝統的な商業銀行業務が制限される国ほど，イスラム銀行市場が発展するというパラドックスが生まれている。この結果，全世界のイスラム銀行市場に占める湾岸協力会議（GCC）加盟国，およびその周辺国に所在するイスラム銀行の貸出残高は，全世界比8割を超える（**図表7-1**）。

一方，直接金融手段であるスクーク発行額のシェアは，東アジア，特にマレーシアが中東諸国を圧倒している（**図表7-2**）。マレーシアにおいてスクー

---

[1] Bank Negara Malaysia (2018), "Islamic Financial Services Industry Stability Report 2018," Islamic Financial Services Board of Bank Negara Malaysia, 2018.

ク発行額が2000年代，急増した１つのきっかけは，マレーシア政府，バンク・ネガラ・マレーシアによるイスラム債市場育成策が2000年代初頭に進められたためである。この市場育成策，2001年「資本市場マスタープラン」が実施された理由は，当時のマレーシア・クアラルンプール市場が，シンガポール金融資本市場に売買高で大きく劣後したことにマレーシア政府が危機感を募らせたこと，また輸出主導工業化による経済発展が行き詰まり始めたため，新産業育成策として金融業の国際競争力強化とスクーク市場育成を後押したためである，と言われている[2]。この結果，マレーシア国内でのスクーク発行額は2007年に670億ドルへ，また2011年には2,350億ドルへ急拡大し，2017年まで毎年1,000億ドル前後の発行額が続いている。

　近年のスクーク市場における，東アジア地域の発行体のほとんどは，マレーシア企業もしくはインドネシア企業である。これらの発行体企業を業種別に見ると，一見，金融業に起債企業が多いように見える。しかし，発行体を個々に注視すると，例えばマレーシアの石油ガス供給大手のペトロリアム・ナシオナルの金融子会社ペトロナス・キャピタルが，親会社に代わりスクークを発行するなど，国営エネルギー企業や大手通信業の金融子会社が発行体であるケースが多い。そしてこれらのスクーク発行において特徴的であるのは，大手企業の資金調達活動のために設立された金融子会社のうち数社は，米大手格付け機関スタンダード＆プアーズやムーディーズ・インベスター・サービス，フィッチ・レイティングス等からの格付けを取得している点である（**図表7-3**）。さらに，主幹事会社の多くがCIMBグループの投資銀行，証券会社であるなど，一部の引受機関が発行市場で大きなシェアを持ち，かつ多くのスクークが私募市場で発行されていることも先進国企業の普通社債発行とは異なる特徴である。

　東アジア企業が，いかなるタイプのスクークを選択したかを見てみると，ムラバハ・スクーク，イジャラ・スクーク，ムシャラカ・スクークを選択する企業が多い。2011年までは，イジャラ・スクーク，ムシャラカ・スクークの発行額，発行件数がともにムラバハ・スクークを上回っており，特に2011年にムシャラカ・スクークは多くの発行体企業に選択されている。しかし，2012年か

---

[2] Dalla, Ismail, (2003), *Harmonization of Bond Market Rules and Regulations in Selected APEC Economies*, Asian Development Bank.

図表 7 − 1　全世界の地域別イスラム銀行の総資産残高の推移（単位：10億USドル）

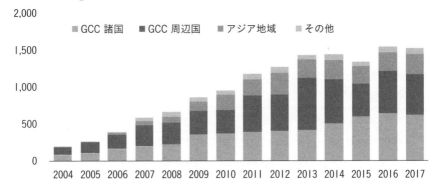

資料：2004−2008年は ISI Emerging Markets（現 EMIS），2009−2017年は Bank Negara Malaysia (2018), "Islamic Financial Services Industry Stability Report 2018," Islamic Financial Services Board of Bank Negara Malaysia より筆者作成。

図表 7 − 2　全世界の地域別スクーク発行額の推移（単位：10億USドル）

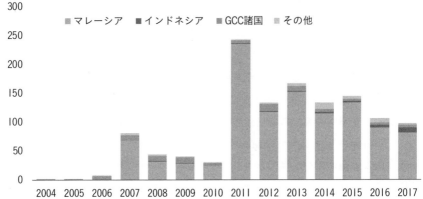

資料：トムソン・ロイター社 *ThomsonONE* より筆者作成。

ら2017年にかけては，この市場拡大の牽引役が，ムシャラカ・スクークからムラバハ・スクークに入れ替わることで，スクーク市場において発行件数が急増した。いずれにしても10数種類存在するスクークの中で，このムラバハ・スクーク，イジャラ・スクーク，ムシャラカ・スクークは，2000−2017年発行件数の9割を超える。

第7章 イスラム金融の謎を解く:スクーク市場のマイクロストラクチャ 213

図表7-3 東アジアにおけるスクーク発行額トップ10(2000-2017年)

図表は、2000年1月1日~2017年12月31日の東アジア地域におけるスクーク発行額上位15ディールを示す。スクーク発行額は、同日に同企業が異なる償還期間のスクーク発行を行い、トムソン・ロイター社 ThomsonONE においてディール番号が異なる場合は、最高額のディールのみを発行額として表示している。このため複数の発行体企業が同日に異なる償還期間のスクークを発行していることから、償還期間の掲載を省略した。

	発行体企業	業種	国名	発行日	発行額(百万USドル)	S&P格付	Moody's格付	主幹事	タイプ	市場
1	プラス・エキスプレス・ベトナス・キャピタル	鉄道	マレーシア	2011年12月16日	6,169	―	―	CIMB投資銀行	ムシャラカ	国内公募
2	ペトロナス・キャピタル	金融	マレーシア	2009年8月5日	4,481	A-	A1	CIMB証券	イジャラ	海外私募
3	ビナリアン GSM	通信	マレーシア	2007年12月28日	3,621	―	―	CIMB投資銀行	ムシャラカ	国内私募
4	PPSI-III	政府支援企業	インドネシア	2017年3月22日	3,000	―	Baa3	ドイツ銀行	アルワカラ	海外私募
5	BGSM マネジメント	金融	マレーシア	2013年12月23日	2,190	―	―	CIMB投資銀行	ムシャラカ	国内私募
6	ジマ・イースト電力	電力	マレーシア	2015年11月23日	2,088	―	―	CIMB投資銀行	ムラバハ	国内私募
7	PPSI-III	政府支援企業	インドネシア	2015年5月21日	2,000	BB+	Baa3	ドイツ銀行他	アルワカラ	海外私募
8	ワカラ・グローバル・スクーク	金融	マレーシア	2011年6月28日	2,000	A-	A3	CIMB投資銀行	不明	海外私募
9	ペルグシャン・アセトエア	金融	マレーシア	2011年6月10日	1,921	―	―	CIMB投資銀行	ムラバハ	国内公募
10	テナガ電力	電力	マレーシア	2013年1月4日	1,755	―	―	不明	ムラバハ	国内私募
11	テナガ・ナショナル	電力	マレーシア	2011年8月1日	1,702	―	―	不明	イジャラ	国内私募
12	マラコフ電力	電力	マレーシア	2013年12月12日	1,666	―	―	CIMB投資銀行	ムラバハ	国内私募
13	セルコム・トランス	情報通信	マレーシア	2012年8月14日	1,606	―	―	HSBC銀行	ムラバハ	国内私募
14	マンジュン・アイランド・エナジー	電力	マレーシア	2011年10月25日	1,552	―	―	CIMB投資銀行	イジャラ	国内私募
15	マレーシア・スクーク・グローバル	金融	マレーシア	2016年4月20日	1,500	A-	A3	CIMB投資銀行	アルワカラ	海外私募

資料:トムソン・ロイター社 ThomsonONE より筆者作成。

3　先行研究：ファイナンス理論とイスラム金融研究

　2000年代のイスラム金融ブーム以降，学術界では，イスラム銀行とスクーク市場の成長と発展に関する多くの研究成果が報告されている。イスラム銀行に関する先行研究の多くは，イスラム銀行と伝統的な商業銀行の類似点と相違点に焦点を当てている。例えば，Chong and Liu（2009）はマレーシアのイスラム銀行のムシャラカ銀行融資を実証的に分析し，この利益分配型の商用融資の利回りが，同国の商業銀行の預金金利よりも低いことを報告している。また，Cihak and Hesse（2010）は，一方で，主要イスラム諸国の23イスラム銀行と115商業銀行を比較した結果，イスラム銀行の経営パフォーマンスは，収益性，財務安全性の2つの点で，伝統的な商業銀行を上回ると結論付けている。また，イスラム銀行と商業銀行の比較研究を費用効率性の観点から研究を進めたのがBeck et al.（2013）である。彼らは，22カ国のイスラム銀行88行と商業銀行422行の費用構造を比較分析し，イスラム銀行は商業銀行よりも収益性では上回るものの，費用効率性では下回るとの結論を導出している。さらに，Pappas et al.（2014）は，1995年から2010年の中東湾岸諸国・東アジア諸国20カ国421銀行の標本を用いた生存時間分析を行い，イスラム銀行の経営破綻確率が，伝統的な普通商業銀行よりも低いとの結論を示している。

　イスラム銀行の銀行－企業関係がもたらす銀行パフォーマンスへの影響を分析したのが，Turk Ariss（2010）と Ongena and Şendeniz-Yüncü（2011）である。まず Turk Ariss（2010）は，2000年から2006年にかけての，主要イスラム諸国13カ国のイスラム銀行の競争力について，収益性とリスク度の両面から実証的な検証を行っている。彼女の分析は，標本対象国では，イスラム銀行の借り手の多くが金融業者であるため，イスラム銀行は，伝統的な商業銀行よりも，融資業務の収益性が低いと結論付けている。またこの研究では，イスラム銀行は，借り手企業に債務履行能力が低い顧客を抱え込む傾向があることを示し，信用リスク面で，普通商業銀行よりも競争力が劣るとの結論を併せて示

している。Ongena and Şendeniz-Yüncü（2011）もまた，トルコのイスラム銀行の借り手企業の特徴についての実証分析を行っている。彼らの研究では，トルコのイスラム銀行の借り手企業は，伝統的な商業銀行の借り手に比べ，創業後経過年数が短く，単一事業のみを営む企業が多いため，外部経済環境の変化が借り手企業の債務履行能力の低下につながりやすいと結論付けている。一方で，Abedigar et al.（2015）およびEbrahim et al.（2017）は，1990年代から2010年代半ばまでのイスラム銀行に関する先行研究を包括的にサーベイし，新興国企業の発展において，この金融手段が借り手企業の成長に，多大なプラスの影響をもたらしてきたと結論付けている。

　2000年代のイスラム金融に関する先行研究は，イスラム銀行の分析がその大半を占めていたが，2010年代に入り，スクーク市場の分析結果を報告する研究が増加している。Godlewski et al.（2013，2016）およびMohamed et al.（2015）は，マレーシア企業の財務および株価データを用い，スクーク発行企業と普通社債発行企業では，どのような点でその特徴が異なるかについての実証分析を行っている。Godlewski et al.（2013）は，スクーク発行企業と普通社債発行企業の発行直前・直後の累積超過収益率を算出し，スクーク発行がこの累積超過収益率に負の影響をもたらすことを報告している。このことから，Godlewski et al.（2013）は，スクーク発行企業は，経営パフォーマンスが芳しくない企業が普通社債を発行できないため，逆選択によりスクーク発行を選択していると結論付けている。この結論はその後，Ahmed et al.（2018）による，マレーシア以外の国々のスクーク発行企業を標本とする実証研究においても支持されている。Mohamed et al.（2015）は，スクーク発行企業と普通社債発行企業の資金調達時の金融費用，およびスクーク発行企業と普通社債発行企業の資金調達後の株価を，それぞれ比較分析している。この結果，資金調達活動としてのスクーク発行選択は，この金融費用と株価方法から影響を受けていることを立証し，トレードオフ理論とタイミング理論の双方に整合すると結論付けている。Sole（2008）は同様の研究を中東湾岸諸国について分析し，やはりスクーク選択時の金融費用が普通社債のそれを下回ることが，同地域の企業が普通社債発行よりも，スクーク発行を選好している要因であると結論付けている。さらに，Godlewski et al.（2016）は，スクーク発行選択の意思決定に大きな影響を与え

る，発行体企業内部のシャリアボードの構成メンバーが，スクークのタイプ選択に影響を与えているか否かを実証的に検証している。この実証結果から，彼らは，イスラム法学者等から構成されるこのシャリアボード・メンバーの国籍，在任期間，そして法学者としての評価が，機関投資家，もしくは金融資本市場全般から発行体企業が信認を得ることに貢献していると結論付けている。換言すれば，この発行体のシャリアボードにどのようなメンバーが採用されているかが，発行体企業の事業プロジェクトへの信認を高め，外部投資家と発行体間の情報非対称性の緩和に貢献していると解釈している。

Maghyereh and Awartan（2016）および Naifar et al.（2016）は，利益分配型スクークのひとつであるムシャラカ・スクークに注目し，この発行体の株価変動ボラティリティとスクークの利回りとの関係を分析している。これらの研究は，まず発行体の株価ボラティリティは，発行体の事業収益性の変動の影響を受けるため，利益分配型スクークの投資家への利益分配額も，株価ボラティリティの影響を受けると結論付けている。一方で，Naifar et al.（2016）の研究は，この利益分配額の大小が逆に，株価ボラティリティに影響を与える逆の波及経路は存在しないと併せて結論付けている。この結論はその後，Kabir et al.（2018）においても支持されている。Halim et al.（2016）と Klein and Weill（2016）は，発行体のスクーク発行頻度と発行体の情報非対称性の大きさとの関係を検証し，情報非対称度が大きい発行体ほど，相対的に資金調達額が小さな規模のスクークを複数回発行する傾向があることを報告している。

4 仮説：スクーク発行選択決定要因

前節までで見た通り，イスラム金融に関する先行研究では，イスラム銀行と商業銀行の経営パフォーマンス，スクークと普通社債発行の決定要因の違いに焦点を当てる研究が多い。本章はこれらの先行研究を踏まえ，新興国企業が，どのような要件を充足すればスクーク発行を選択する確率を高めるのか，そしてその要件は普通社債発行を後押しする要件とは同じなのか，異なるのかを明らかにすることを目的とする。このスクークと普通社債の発行選択決定要因の

類似点,相違点を検証することで,なぜスクークが多くの新興国企業に選択されるのかを明らかにする。

具体的には,本章は下記に示す3つの仮説を検証する。第4章で確認したように,新興国では,予見不可能な将来の流動性危機に備えるという点で銀行－企業関係の形成は,むしろ先進国よりも借り手企業にとって重要である。しかし,Bolton and Freixas(2008)が主張する通り,借り手企業の資金調達規模の成長速度と同調的に主取引銀行が自己資本の拡大を続けることは容易ではない。このため第1の仮説は第5章同様,ホールドアップ仮説(Sharpe, 1990; Rajan, 1992)や流動性制約仮説(Hoshi et al., 1990, 1991)が主張する通り,流動性危機に陥る可能性が低い高株価企業のみが,社債発行,スクーク発行ともに選択確率を高めると考える。換言すれば,スクーク発行の選択確率と発行体の企業価値の高さは,普通社債の発行選択確率と企業価値の関係同様,正の関係を持つ。

仮説1:スクーク発行による資金調達意向を持つ新興国企業は,資本市場で企業価値が高く評価されるとき,その選択確率を高める。

それでは,何が普通社債発行とスクーク発行を選択する分かれ目となるのか。本章の2つめの実証分析では,調達序列理論がスクーク発行選択と整合すること検証することで,この疑問に回答する。調達序列理論に関わる先行研究Donaldson(1961),Myers(1984),Shyam-Sunder and Myers(1999)にしたがえば,社債発行企業は,債務履行能力に関する企業情報が,少なくとも投資家に理解される必要がある。一方で新興国では,企業と投資家の間の情報非対称性の程度は,先進国に比べ著しく大きい。本章の第2の仮説は,内部情報が外部投資家に理解されにくい新興国企業は,普通社債発行は困難であるが,企業価値が高く評価されている場合には,情報非対称性が大きい企業であってもスクーク発行を選択するケースが多いと考える。

現代のスクーク市場では,ムラバハ・スクーク,イジャラ・スクーク,ムシャラカ・スクークの順に利用企業が多い。ムラバハ・スクークは,事業プロジェクト費用に一定程度の付加価値を上乗せ,償還額を決定するイスラム債で

ある。このムラバハ・スクークは、他の2種類のスクークに比べ、償還期間が短く、調達額が小さい、という特徴を持つ。この償還期間が短い少額のスクークを複数回発行するのが、ムラバハ・スクークを利用する発行体の資金調達パターンである。Halim et al.（2017）と Klein and Weill（2016）は、投資家から見て事業内容が見えにくい企業は、短期的な償還期間を持つ少額スクークを複数回発行することで資金需要を充足し、投資家も償還が訪れる度ごとに発行体の債務履行能力のモニターが可能となる、すなわちエージェンシー・コストを軽減すると指摘する。

　イジャラ・スクークは、発行体が特別目的会社（SPC）をまず設立し、発行体はこの SPC へ土地や生産設備などの有形固定資産を売却するスクークである。そして SPC はこれらの有形固定資産を担保として資産担保付社債を発行し、併せて、購入した土地や生産設備を発行体企業へリースし、発行体企業は生産活動を継続する。イジャラ・スクークの発行後、発行体が債務履行が困難な状況に陥った場合には、この担保が代位弁済に用いられるため、仮に投資家が発行体の事業内容を事前にすべて見通せなかったとしても、そのエージェンシー・コストは固定資産の価値により軽減される。ムシャラカ・スクークは、利益分配型の債券であるという点で、普通株の配当と似た特徴を持つ。投資家が受け取る投資収益は、資金調達後の事業プロジェクトの収益の大小に依存する。このため、投資家はムラバハ・スクークやイジャラ・スクーク以上に、発行体企業の事業情報をあらかじめ入手しておく必要がある。

　これらの代表的なスクークの資金調達構造を見ると、発行体と外部投資家の間に横たわる情報非対称性の問題は、ムラバハ・スクークの場合は、償還を迎えたスクークをロールオーバーする際、投資家が都度、債務履行能力を確認することで緩和される。イジャラ・スクークの場合、SPC が取得する発行体の有形固定資産がこのエージェンシー・コストをカバーする。そのため、最も情報の非対称性が影響を与えうるのが、情報非対称性緩和機能を携えないムシャラカ・スクークである。こうしたスクークの仕組みの違いによるエージェンシー・コストのカバーの仕方を踏まえ、本章の第2の仮説は次のように仮説設定する。

仮説 2：情報非対称性が大きく，普通社債発行を行えない新興国企業は，スクークを発行することで，資金需要を充足することが可能となる。

　Denis and Mihov（2003）および Gomes and Phillips（2012）は，企業の普通社債発行において，情報非対称性の大きさが，発行体が公募を選ぶか私募を選ぶかの選択の主要な要因であると報告している。これらの研究の具体的な主張は次の通りである。まず，外部投資家が発行体の経営内容を見通すことが困難な場合，この発行体は私募発行を選択し，企業の経営内容を見通すことができる一握りの投資家がこの社債を購入する。他方，発行体の経営内容が市場から見て，透明性が高い場合には，この企業は公募により社債を発行し，不特定多数の投資家が社債を購入する。図表 7-3 に象徴されるように，2000 年から 2017 年にかけてのマレーシア，インドネシアのスクーク発行は，その多くが私募による発行である。特に商業銀行に証券業務の併営が認められているマレーシアでは，同国の商業銀行は，借り手の信用情報を独占的に保有する唯一の存在であると同時に，スクーク発行の主幹事となることも可能である。そこで本章では第 3 の仮説として，次の仮説を設定する。

仮説 3：情報非対称性が大きい新興国市場では，スクークは私募で発行され，発行体事業情報を占有する一部の投資家が買い手となる。

5　分析方法

　スクーク発行の決定要因に関する最初の分析は，第 5 章の分析手法を踏襲し，主取引銀行の資本規模および資金調達額の大きさが，スクークの発行確率に影響を与えているか否かを検証する。本章の分析では，マレーシアとインドネシアの上場企業の中から，主取引銀行情報が入手可能な企業を抽出し，これらの企業の中でスクークを発行する企業が，主取引銀行との関係においていかなる特徴を持つのかを確認する。実証分析ではまず，モデル（7.1）とモデル（7.2）

を多項プロビットモデルにより推計する。モデル (7.1) の被説明変数は，t 期の資金調達手段にスクーク発行を選択した企業（$Sukuk$），社債発行を選択した企業（$Debt$），銀行借入を選択した企業（$Bank\ Loan$）のいずれかのカテゴリー変数である。換言すれば，標本は，スクーク発行企業，普通社債発行企業，銀行借入企業，の3種類の資金調達手段のいずれかを選択した企業のみで構成されている。モデル (7.2) の被説明変数は，カテゴリー変数のスクーク発行を選択した企業（$Sukuk$），社債発行を選択した企業（$Debt$），株式発行を選択した企業（$Equity$）のいずれかである。

3つの説明変数グループのうち，$(X^{PartnerBank})$ は企業 i の主取引銀行の財務上の特徴を示す変数から構成される。また，$(X^{PeckingOrder})$ は，企業 i の金融制約と情報非対称性の度合いを示す変数から構成される。そして (X^{Firm}) は，企業 i の財務パフォーマンスを示す変数から構成される。

$$Sukuk \cdot or \cdot Debt \cdot or \cdot BankLoan = X^{PartnerBank}\phi_1 + X^{PeckingOrder}\phi_2 \\ + X^{MarketValue}\phi_3 + X^{Firm}\phi_4 \quad (7.1)$$

$$Sukuk \cdot or \cdot Debt \cdot or \cdot Equity = X^{PartnerBank}\beta_1 + X^{PeckingOrder}\beta_2 \\ + X^{MarketValue}\beta_3 + X^{Firm}\beta_4 \quad (7.2)$$

$(X^{PartnerBank})$ に含まれる変数，銀行資本の資金調達額比（$Bank\ Cap\ to\ Funding$）の定義は，第5章 (5.1) 式の定義にしたがう。すなわち，銀行資本の資金調達額比（$Bank\ Cap\ to\ Funding$）は，企業 i の主取引銀行の t 年の時価総額を，同時期の企業 i の資金調達額で除した値である。他方，本章の分析では，(7.2) 式の $X^{PartnerBank}$ は，スクーク，普通社債，株式が公募市場で発行される場合を「$Public\ or\ Private = 1$」，私募市場で発行される場合を「$Public\ or\ Private = 0$」とする説明変数を含む。本章 (7.2) 式では，$(X^{PartnerBank})$ はさらに，企業 i の主取引銀行もしくはその主取引銀行のグループ企業がスクーク，普通社債，株式の発行において主幹事企業である場合に「$Lead\ Manager = 1$」，そうではない場合に「$Lead\ Manager = 0$」とする変数，$Lead\ Manager$ も新たに含む。

($X^{PeckingOrder}$) の説明変数は，第5章のモデル（5.2）において説明変数として採用した Kaplan and Zingales（1997）の企業の金融制約度の代理変数，金融制約度（KZ_Index）を採用する。情報非対称度（$Asymmetric$）は第5章において算出した企業 i の t 年の情報非対称性の度合いを表す代理変数である。企業価値（$X^{MarketValue}$）ならびに企業の財務パフォーマンス（X^{Firm}）を表す採用変数は，第5章と同じ説明変数を採用する。資本の時価・簿価比率（$Market\ to\ Book$）の他，資金調達時の企業価値を表す代理変数として，企業 i の累積超過収益率にイベント期間59日間の $CAR(-60,-2)$，3日間の $CAR(-1,+1)$ を採用する。資本の時価・簿価比率（$Market\ to\ Book$）を（7.1）式に，2つの累積超過収益率 $CAR(-60,-2)$ ならびに $CAR(-1,+1)$ を，（7.2）式の推計に採用する。本分析においても，企業 i の累積超過収益率の算出時の株価理論値は，資金調達時点から60-250営業日前の標本期間を用い算出した。また（X^{Firm}）にはこの他，US ドル換算での総資産残高（百万 US ドル）の自然対数値（$ASSET$），総資産利益率（$Return\ on\ Asset$），アルトマンのZスコア（$Z\ Score$），US ドル換算での売上高規模（百万US ドル）の自然対数値（$Total\ Sales$）を採用した。

　本分析ではまず，モデル（7.1）およびモデル（7.2）を多項プロビットモデルにより推計し，仮説を検証する。続いてこれらのモデル（7.1）の結果を追試するため，モデル（7.3）として，モデル（7.1）の被説明変数をスクーク発行を選択する場合「$Sukuk\ Issue\ 1=1$」，銀行借入を選択する場合「$Sukuk\ Issue\ 1=0$」，とする二値プロビットモデルによる推計を行う。この二値プロビットモデルでは普通社債，普通株式発行による資金調達を選択した企業は除外する。さらにモデル（7.4）として，モデル（7.2）の推計結果を追試するため，モデル（7.2）の被説明変数を，スクーク発行を選択する場合「$Sukuk\ Issue\ 2=1$」，株式発行を選択する場合「$Sukuk\ Issue\ 2=0$」とする二値プロビットモデルによる推計を行う。この二値プロビットモデルでは銀行借入，普通社債による資金調達を選択した企業は除外する。

$$SukukIssue1 \cdot (Sukuk=1 \cdot BankLoan=0) = X^{PartnerBank}\varpi_1 + X^{PeckingOrder}\varpi_2 + X^{Firm}\varpi_3 \quad (7.3)$$

$$SukukIssue\ 2 \cdot (Sukuk = 1 \cdot Equity = 0) = X^{PartnerBank}\chi_1 + X^{PeckingOrder}\chi_2$$
$$+ X^{Firm}\chi_3 \qquad (7.4)$$

銀行資本の資金調達額比（*Bank Cap to Funding*）と資本の時価・簿価比率（*Market to Book*）の交差項の係数値が負の値であれば，本章の仮説1は支持される。また銀行資本の資金調達額比（*Bank Cap to Funding*）と情報非対称度（*Asymmetric*）の交差項の係数値が負であれば仮説2は支持される。公募・私募（*Public or Private*）または銀行グループ主幹事（*Lead Manager*）の係数値がそれぞれ負，正であれば仮説3が支持される。

6 データ

本分析において使用するデータは，2000年から2017年のマレーシア，インドネシアの国内上場企業データを採用する。2008-09年のグローバル金融危機時に，イスラム諸国において，イスラム銀行が他の地場普通銀行に替わり，借り手企業への流動性供給を強化し，金融危機の影響を軽減したと報告するBourkhis and Nabi（2013）の研究を踏まえ，標本期間は，この危機時の期間を含む。標本企業は，両国の上場企業のうち，標本期間中にスクークを発行した企業，銀行借入残高が純増した企業，普通社債を発行した企業，株式を発行した企業，の4種類の企業である。担保付普通社債，転換社債，ワラント債，優先株発行企業は標本から除外している。標本企業の分布は**図表7-4**，**図表7-5**に示されている。本分析では，上記の標本企業の資金調達活動データと財務データ，株価データをマッチングし，データセットを作成した。

銀行借入データならびに主取引銀行情報の出所はビューロ・ヴァン・ダイク社 *OSIRIS* である。この *OSIRIS* のデータにおいて，3年以上，連続して同一主取引銀行名が記載されていることをもって，同銀行を借り手企業との間で長期取引関係を有する主取引銀行と定義した。銀行資本の資金調達額比（*Bank Cap to Funding*）を算出するための，主取引銀行の時価資本，借り手企業の資金調達額のデータは，トムソン・ロイター社 *Eikon* から入手した。*OSIRIS* に

図表7-4 銀行借入企業，スクーク発行企業，普通社債発行企業，株式発行企業数の推移

銀行借入企業および銀行借入額の出所はビューロ・ヴァン・ダイク社 OSIRIS より，スクーク，普通社債，株式発行企業および証券発行額の出所はトムソン・ロイター社 ThomsonONE より入手した。標本期間はいずれも2000年1月1日から2017年12月31日。普通社債発行企業数は，国内公募，国内私募の普通社債の案件数を示す。この普通社債発行案件数は，償還期間1年未満，担保付き社債，転換社債，ワラント債，海外起債を除く一方，無担保メディアム・ターム・ノートを含む。株式発行企業数は普通株発行企業のみであり，優先株，海外発行株の発行を除く。この株式発行企業数は，新規株式公開，国内私募株式を除く。

	マレーシア				インドネシア			
	銀行借入	スクーク発行	普通社債	株式	銀行借入	スクーク発行	普通社債	株式
2000年	12	0	2	0	6	0	2	0
2001年	28	0	2	3	12	0	0	1
2002年	30	0	0	4	16	0	0	1
2003年	35	1	0	7	20	0	0	0
2004年	42	3	1	4	14	0	1	1
2005年	52	1	2	1	18	0	0	0
2006年	56	1	2	1	28	0	0	0
2007年	59	4	0	4	22	2	2	1
2008年	54	8	1	5	22	5	0	3
2009年	50	2	1	4	33	2	1	1
2010年	63	2	1	9	32	0	1	4
2011年	59	6	1	12	38	0	1	3
2012年	66	6	0	16	33	2	2	3
2013年	56	6	2	17	32	0	1	2
2014年	49	10	1	27	37	1	1	1
2015年	61	7	1	28	46	2	0	0
2016年	74	5	1	18	54	2	2	1
2017年	66	7	3	29	51	8	3	1
合計	912	69	21	189	514	24	17	23

資料：ビューロ・ヴァン・ダイク社 OSIRIS，トムソン・ロイター社 ThomsonONE より筆者集計。単位：社数。

図表7-5 主取引銀行，企業価値，情報非対称度および資金調達手段の標本分布

図表は，2000年から2017年の銀行借入企業，スクーク発行企業，普通社債発行企業，株式発行企業の各変数ごとの四分位別標本分布を示している。パネル(A)の標本数は銀行資本/資金調達額（Bank Cap to Funding）と資本時価・簿価比率（Market to Book）の四分位別の分布，パネル(B)の標本数は情報非対称度（Asymmetric）の四分位別に公募・私募（Public or Private）ならびに主取引銀行・主幹事一致度（Lead Manager）の標本数を示している。

パネル(A)

資本時価・簿価比率四分位		銀行資本/資金調達額四分位				合計
		第Ⅰ分位	第Ⅱ分位	第Ⅲ分位	第Ⅳ分位	
第Ⅰ分位	銀行借入	36	81	139	171	427
	スクーク発行	0	1	3	1	5
	普通社債	1	0	0	0	1
	株式発行	11	16	14	11	52
	計	48	98	156	183	485
第Ⅱ分位	銀行借入	64	86	149	86	385
	スクーク発行	4	2	2	1	9
	普通社債	9	1	0	0	10
	株式発行	16	18	16	14	64
	計	93	107	167	101	468
第Ⅲ分位	銀行借入	86	83	80	96	345
	スクーク発行	12	8	2	1	23
	普通社債	10	6	1	1	18
	株式発行	16	22	28	16	82
	計	124	119	111	114	468
第Ⅳ分位	銀行借入	78	66	60	65	269
	スクーク発行	19	11	2	1	33
	普通社債	10	12	0	0	22
	株式発行	19	21	20	29	89
	計	126	110	82	95	413
合計	銀行借入	264	316	428	418	1,426
	スクーク発行	35	22	9	4	93
	普通社債	30	19	1	1	38
	株式発行	62	77	78	70	212

第7章 イスラム金融の謎を解く：スクーク市場のマイクロストラクチャ

市場別分布		パネル(B)				合計
		情報非対称度四分位				
		第Ⅰ分位	第Ⅱ分位	第Ⅲ分位	第Ⅳ分位	
公募市場	スクーク発行	0	2	0	0	2
	普通社債	1	8	7	5	21
	株式発行	50	56	24	21	151
	計	51	66	31	26	174
私募市場	スクーク発行	3	14	37	37	91
	普通社債	1	5	5	9	20
	株式発行	24	28	1	7	60
	計	28	47	43	53	171
合計	スクーク発行	3	16	37	37	93
	普通社債	2	13	12	14	41
	株式発行	74	84	25	28	211
主幹事会社 ＝主取引銀 行グループ	スクーク発行	2	11	23	43	79
	普通社債	0	0	1	1	2
	株式発行	9	15	11	11	46
	計	11	26	35	55	127
主幹事会社 ≠主取引銀 行グループ	スクーク発行	0	4	8	2	14
	普通社債	3	13	5	18	39
	株式発行	55	38	35	38	166
	計	58	55	48	58	219
合計	スクーク発行	2	15	31	45	93
	普通社債	3	13	6	19	41
	株式発行	64	53	46	49	212

資料：ビューロ・ヴァン・ダイク社 OSIRIS、トムソン・ロイター社 Eikon、ThomsonONE。単位：社数。

226　第Ⅳ部　イスラム金融市場が成長する理由

図表 7−6　主取引銀行変数、調達序列関連変数、企業価値関連変数、経営パフォーマンス変数グループの資金調達手段別の記述統計

図表の統計量は、2000−2017年の銀行借入企業、スクーク発行企業、普通社債発行企業、株式発行企業の各変数の平均値、中央値、標本数を示している。主取引銀行変数グループ (Bank Loan) は銀行借入企業/資金調達額 (Bank Cap to Funding) は金融制約度 (KZ Index) および情報非対称度 (Asymmetric)、そして Asymmetric の算出に用いたそれぞれの情報コスト変数、企業価値変数グループは資本時価・簿価比率 (Market to Book)、累積超過収益率 CAR (−1, +1) / Total Sales (Z Score)、企業パフォーマンス変数グループは総資産利益率 (Return on Asset)、アルトマンのZスコア (Z Score) を意味する。図表の下段は、それぞれの変数のスクーク発行企業と銀行借入企業の平均値・中央値の差、スクーク発行企業と株式発行企業の平均値・中央値の差、スクーク発行企業と普通社債発行企業の平均値・中央値の差の検定結果を示す。

	主取引銀行変数グループ														
	銀行借入企業 (Bank Loan)			スクーク発行企業 (Sukuk)			普通社債発行企業 (Debt)			株式発行企業 (Equity)			全標本		
	平均値	中央値	標本数	平均値	中央値	標本数	平均値	中央値	標本数	平均値	中央値	標本数	平均値	中央値	標本数
Bank Cap to Funding	5.887	5.813	1,426	3.474	3.464	1,426	3.780	3.490	93	5.587	5.120	38	5.679	5.813	1,769
							調達序列変数グループ								
KZ Index	7.797	2.914	1,426	4.965	2.905	1,426	3.402	2.927	93	3.880	1.588	38	6.556	2.630	1,769
Asymmetric	0.326	0.039	1,426	0.069	0.085	1,426	0.077	0.140	93	0.070	0.016	38	0.168	0.048	1,769
ILL	0.000	2.2E+05	1,426	0.000	1.1E-04	1,426	0.000	3.5E-05	93	0.000	0.000	38	0.000	2.9E-04	1,769
LR	0.265	0.004	1,426	0.009	0.008	1,426	0.024	0.016	93	0.014	0.007	38	0.165	0.004	1,769
AD	0.013	0.183	1,426	−0.069	−0.066	1,426	1.4E+04	−0.011	93	0.706	−0.038	38	0.422	−0.099	1,769
RAD	9.4E-03	1.4E-02	1,426	0.016	1.6E-02	1,426	1.4E-02	8.2E-03	93	−3.7E-01	2.0E-02	38	−3.6E-03	1.8E-02	1,769
C2	4.6E-03	1.2E-09	1,426	−2.0E-07	9.8E-01	1,426	6.6E-04	−2.9E-10	93	6.9E-04	4.7E-10	38	7.8E-04	2.1E-09	1,769
GAM	0.000	4.4E-11	1,426	−1.8E-13	−9.7E-12	1,426	2.2E-10	−2.5E-11	93	0.000	1.2E-11	38	0.000	2.2E-11	1,769
							企業価値変数グループ								
Market to Book	1.715	1.020		1.898	1.358		1.816	1.494		2.096	1.562		1.623	1.130	
CAR (−1, +1)		0.005		0.004	0.005		0.001	0.001		0.001	0.004		0.000	0.005	343

第7章　イスラム金融の謎を解く：スクーク市場のマイクロストラクチャ　227

	スクーク発行企業-銀行借入企業		スクーク発行企業-株式発行企業		スクーク発行企業-社債発行企業	
	スチューデント検定(t値)	ウィルコクソン検定(Z値)	スチューデント検定(t値)	ウィルコクソン検定(Z値)	スチューデント検定(t値)	ウィルコクソン検定(Z値)
企業パフォーマンス変数グループ						
CAR (−60, −2)	0.016	0.066	0.001	0.059	0.007	0.137	0.008	0.092	0.003	0.056	0.004	0.059
Return on Asset	0.054	0.051										
Z Score	3.856	3.395	4.103	4.455	3.875	3.974	4.180	4.362	4.435	4.367
Total Sales	4.298	4.309	6.213	6.291	6.436	6.242	4.184	4.082	4.545	4.288
		1,426	1,426	93	93	93	93	38	38	212	212
		1,426	1,426								
										343	1,769
											1,769
											1,769

	スチューデント検定(t値)	ウィルコクソン検定(Z値)	スチューデント検定(t値)	ウィルコクソン検定(Z値)	スチューデント検定(t値)	ウィルコクソン検定(Z値)
主取引銀行変数グループ						
Bank Cap to Funding	−5.515 ***	−3.941 ***	−3.944 ***	0.091	−0.860	
調達順序変数グループ						
KZ Index	0.958	0.548	0.499	2.994 ***	−1.434	−0.951
Asymmetric	0.020	−0.774	0.091	2.869 ***	0.033	0.638
企業価値変数グループ						
Market to Book	−0.684	3.764 ***	−0.398	0.122	−0.062	0.884
CAR (−1, +1)			−0.098	0.418	0.353	0.994
CAR (−60, −2)			−0.459	0.740	−0.696	−0.867
企業パフォーマンス変数グループ						
Return on Asset	−0.115	−0.721	0.496	0.945	−2.910 ***	−3.685 ***
Z Score	−1.941	−0.900	0.910	0.647	1.514	−0.111
Total Sales	5.285 ***	6.360 ***	6.745 ***	5.969 ***	0.417	−0.789

***有意水準1パーセント。
**有意水準5パーセント。
*有意水準10パーセント。

2行以上の銀行名が記載される場合には，各行の総資産規模（簿価）の値を用い，時価資本の加重平均値を算出した。スクーク，普通社債，株式の発行額，そしてそれらの発行が公募か私募か，そして主幹事会社名の情報は，トムソン・ロイター社 Thomson ONE より入手した。

銀行借入企業，スクーク発行企業，普通社債発行企業，株式発行企業の財務データ，資本の時価・簿価比率（Market to Book），資金調達前後の累積超過収益率 CAR（−60, −2），CAR（−1, +1），総資産利益率（Return on Asset），アルトマンのZスコア（Z Score），売上高規模（Total Sales）は，トムソン・ロイター社 Eikon より入手した。また金融制約度（KZ_Index）を算出するためのキャッシュフロー（CF），総資産残高（Asset），支払配当額（DIV），現預金残高（CASH）についても，トムソン・ロイター社 Eikon より入手した財務データを用い算出した。さらに第5章の情報非対称度（Asymmetry）算出方法にしたがい，この変数を主成分分析により算出するための6種類の情報非対称性の程度を示す各変数 ILL，LR，GAM，AD，RAD，C2についても，トムソン・ロイター社 Eikon より，企業 i の株価，売買高，買値，売値の日次終値，売買高データをもとに算出した。

図表7−4から図表7−6は，資金調達手段別標本企業の分布数，主取引銀行変数（$X^{PartnerBank}$: Bank Cap to Funding），調達序列関連変数（$X^{PeckingOrder}$: KZ Index, Asymmetric），企業価値変数（$X^{MarketValue}$: Market to Book, CAR（−1, +1），CAR（−60, −2））, 企業パフォーマンス変数（X^{Firm}: Return on Asset, Z Score, Total Sales）の平均値，中央値，標本数を示している。

7 推計結果

7.1 スクーク発行と銀行借入の選択

図表7−7は，モデル（7.1）およびモデル（7.3）の推計結果を示している。多項プロビットモデルによる推計式(1)および(2)は，それぞれ被説明変数が Sukuk もしくは Bank Loan，Debt もしくは Bank Loan の場合の結果を示して

いる。推計式(1)および(2)の標本はスクーク発行企業と銀行借入企業，普通社債発行企業である。株式発行企業は，双方ともに標本には含まれていない。推計式(1)(2)ともにベース結果の被説明変数は *Bank Loan* である。

推計式(1)では，金融制約度（*KZ Index*）の係数値が負の有意な値を示しており，金融制約の程度が低いほど，スクーク発行の選択確率が高まることを示唆している。一方，推計式(1)では，情報非対称度（*Asymmetric*）の係数値は非有意であった。資本の時価・簿価比率（*Market to Book*）の係数値は正の有意な値を示しており，高い成長機会もしくは企業価値の評価が，スクーク発行選択の確率を高めることを示唆している。また，銀行資本の資金調達額比（*Bank Cap to Funding*）と資本の時価・簿価比率（*Market to Book*）の交差項の係数値は負の有意な値を示している。この結果は，主取引銀行の資本規模に比べ資金調達規模が大きく，同時に企業価値が市場で高く評価される場合，スクーク発行の選択確率が高まることを意味している。同様に，銀行資本の資金調達額比（*Bank Cap to Funding*）と情報非対称度（*Asymmetric*）の交差項の係数値も負の有意な値を示している。この結果は，主取引銀行の資本規模に比べ資金調達規模が大きいことに加え，発行体の情報非対称性が大きい場合，企業はスクーク発行を選択する確率を高めることを示唆している。

推計式(2)では，銀行資本の資金調達額比（*Bank Cap to Funding*）の係数値が，負の有意な値を示しており，また資本の時価・簿価比率（*Market to Book*）の係数値は正の有意な値を示している。そして銀行資本の資金調達額比（*Bank Cap to Funding*）と情報非対称度（*Asymmetric*）の交差項の係数値は正の有意な値を示している。これらの結果は，普通社債発行選択の確率は，スクーク同様，主取引銀行の資本規模に比べ資金調達規模が大きい場合，企業価値が市場で高く評価される場合に上昇する。しかし，スクーク発行と異なる点は，企業の情報の非対称性が低い場合に普通社債発行の選択確率が高まることを意味している。

二値プロビットモデルによる推計式(3)も，標本期間中の全てのスクーク発行企業（*Sukuk Issue 1* ＝ 1），銀行借入企業（*Sukuk Issue 1* ＝ 0）を標本としている。また推計式（4）はすべての普通社債発行企業（*Debt Issue* ＝ 1），銀行借入企業（*Debt Issue* ＝ 0）を標本としている。まず推計式(3)を確認すると，金融

制約度（*KZ Index*）の係数値が負の有意な値を示しており，この結果は推計式(1)と一致する。推計式(3)は，資本の時価・簿価比率（*Market to Book*）の係数値も正の有意な値を示しており，これも推計式(1)と一致する。また，推計式(3)は，銀行資本の資金調達額比（*Bank Cap to Funding*）と資本の時価・簿価比率（*Market to Book*）の交差項の係数値が負の有意な値を示し，銀行資本の資金調達額比（*Bank Cap to Funding*）と情報非対称度（*Asymmetric*）の交差項の係数値も負の有意な値を示している。これらの結果も，推計式(1)と一致する。すなわち，推計式(3)は主取引銀行の資本規模に比べ資金調達規模が大きいことに加え，発行体の企業価値が高く評価される場合，そして発行体の情報非対称性が大きい場合に，企業はスクーク発行を選択する確率を高めることを意味している。

続いて，推計式(4)を見てみると，金融制約度（*KZ Index*）の係数値が非有意，資本の時価・簿価比率（*Market to Book*）の係数値も正の有意な値を示している。これらはいずれも推計式(2)と一致する。他方，推計式(4)は，銀行資本の資金調達額比（*Bank Cap to Funding*）と情報非対称度（*Asymmetric*）の交差項の係数値が正の有意な値を示しているが，銀行資本の資金調達額比（*Bank Cap to Funding*）と資本の時価・簿価比率（*Market to Book*）の交差項の係数値は非有意であった。これらの結果も，推計式(2)と一致し，主取引銀行の資本規模に比べ資金調達規模が大きいことに加え，発行体の企業価値が高く評価される場合，企業は普通社債発行の選択確率を高めるが，発行体の情報非対称性の大小は，資金調達手段選択には無関係であることを示唆している。

第7章 イスラム金融の謎を解く：スクーク市場のマイクロストラクチャ

図表7-7 スクーク発行と銀行借入の選択：実証分析結果 I

図表は多項プロビット・モデルおよび二値プロビット・モデルによるモデル (7.1), (7.3) の推計結果を示している。推計式(1)の被説明変数はカテゴリーデータのスクーク発行 (Sukuk) または銀行借入 (Bank Loan), 推計式(2)は社債発行 (Debt) または銀行借入 (Bank Loan) である。ベース推計結果は(1)(2)ともに Bank Loan である。(1)(2)の標本はスクーク発行企業と銀行借入企業, スクーク発行企業と普通社債発行企業, 株式発行企業は除外した。推計式(3)の被説明変数は Sukuk Issue 1 であり, t 年にスクークを発行した場合を「=1」, 銀行借入の場合を「=0」とした。推計式(3)は普通社債発行企業, 株式発行企業を除外している。推計式(4)の被説明変数は Debt Issue であり, t 年に普通社債を発行した場合を「=1」, 銀行借入の場合を「=0」とした。推計式(3)はスクーク発行企業, 株式発行企業を除外している。

	被説明変数			
	(1)	(2)	(3)	(4)
説明変数	スクーク発行 vs. 銀行借入	社債発行 vs. 銀行借入	Sukuk Issue 1：スクーク発行 (=1) vs. 銀行借入 (=0)	Debt Issue：社債発行 (=1) vs. 銀行借入 (=0)
推計方法	多項プロビット・モデル		二値プロビット・モデル	二値プロビット・モデル
Bank Cap to Funding	0.027	−0.347 **	−0.042	−0.478 ***
	(0.110)	(−2.120)	(−0.990)	(−3.540)
KZ Index	−0.929 **	0.005	−0.657 *	0.061
	(−2.240)	(0.010)	(−1.750)	(0.450)
Asymmetric	1.034	19.157	1.111	16.490
	(0.560)	(1.510)	(0.610)	(1.360)
Market to Book	0.841 *	3.097 *	0.264 ***	2.209 **
	(1.810)	(1.840)	(2.960)	(2.050)
Return on Asset	−4.779	7.432	−4.464	5.690
	(−1.330)	(1.360)	(−1.330)	(1.200)
Z Score	−0.098	−0.187	−0.063	−0.175
	(−0.690)	(−1.410)	(−0.750)	(−1.360)
Total Sales	0.063	0.058	0.094	0.143
	(1.450)	(1.400)	(0.630)	(1.270)
Bank Cap to Funding x Market to Book	−0.077 ***	−0.157	−0.047 ***	−0.478
	(−2.970)	(−0.280)	(−2.870)	(−0.190)
Bank Cap to Funding x Asymmetric	−0.141 ***	2.311 **	−0.138 **	1.327 *
	(−3.150)	(1.990)	(−2.000)	(1.900)
Bank Cap to Funding^2	−0.014	−0.027	−0.008	−0.014
	(−0.740)	(−0.830)	(−0.430)	(−0.480)
Market to Book^2	−0.037	−1.122 **	−0.019	−0.776 **
	(−0.590)	(−2.240)	(−0.400)	(−2.100)
Asymmetric^2	−29.680	−16.600	−8.888	−24.419
	(−0.660)	(−1.220)	(−0.590)	(−1.050)
定数項	−5.058 ***	−6.447 ***	−5.068 ***	−6.131 ***
	(−4.540)	(−3.560)	(−5.020)	(−2.880)
産業ダミー (SIC 2桁)	yes	yes	yes	yes
国・地域ダミー	yes	yes	yes	yes
時間トレンド	yes	yes	yes	yes
国・地域ダミー x時間トレンド	yes	yes	yes	yes
標本数		1,557	1,519	1,464
ワルドχ^2検定		239.4 ***	216.4 ***	211.5 ***
LR test of rho=0		19.550 ***	10.160 ***	9.660 ***

***有意水準1パーセント。　　**有意水準5パーセント。　　*有意水準10パーセント。

7.2 スクーク発行と株式発行の選択

図表7-8はモデル(7.2)およびモデル(7.4)の推計結果を示している。推計式(5)は被説明変数が*Sukuk*もしくは*Equity*,推計式(6)は被説明変数が*Debt*もしくは*Equity*の場合の結果を示している。推計式(5)および推計式(6)の標本は,全スクーク発行企業,普通社債発行企業,株式発行企業である。銀行借入企業はともに標本に含まれていない。被説明変数が*Equity*の場合を,多項プロビット・モデル推計におけるベース結果としている。

推計式(5)は銀行資本の資金調達額比(*Bank Cap to Funding*)の係数値が非有意であることを示している。この結果は,資金調達規模の相対的な大きさが,スクーク発行と株式発行の選択において関係が希薄であることを意味している。また金融制約度(*KZ Index*)の係数値は負の有意な値,情報非対称度(*Asymmetric*)の係数値は正の有意な値を示している。また推計式(5)は*Market to Book*の係数値は非有意な値を示しているが,銀行資本の資金調達額比(*Bank Cap to Funding*)と資本の時価・簿価比率(*Market to Book*)の交差項の係数値は負の有意な値を示している。一方で銀行資本の資金調達額比(*Bank Cap to Funding*)と情報非対称度(*Asymmetric*)の交差項の係数値は非有意であった。推計式(6)は銀行資本の資金調達額比(*Bank Cap to Funding*),金融制約度(*KZ Index*),情報非対称度(*Asymmetric*),資本の時価・簿価比率(*Market to Book*)の係数値がいずれの非有意であることを示している。銀行資本の資金調達額比(*Bank Cap to Funding*)と資本の時価・簿価比率(*Market to Book*)の交差項の係数値,銀行資本の資金調達額比(*Bank Cap to Funding*)と情報非対称度(*Asymmetric*)の交差項の係数値はともに非有意であった。

推計式(7)-(9)は,標本にスクーク発行企業と株式発行企業を採用し,普通社債発行企業,銀行借入企業を除外した場合の推計結果を示している。被説明変数は,スクーク発行企業(*Sukuk Issue 2*=1),株式発行企業(*Sukuk Issue 2*=0)を採用している。推計式(7)は資金調達時の企業価値の代理変数として資本の時価・簿価比率(*Market to Book*)を採用し,推計式(8)は累積超過収益率*CAR*(-60,-2),推計式(9)は累積超過収益率*CAR*(-1,+1)を採用し

ている。推計式(7)-(9)を見てみると，情報非対称度（$Asymmetric$）の係数値は全て正の有意な値を示している。一方，資本の時価・簿価比率（$Market\ to\ Book$），累積超過収益率 CAR（$-60, -2$），累積超過収益率 CAR（$-1, +1$）の係数値は，いずれも非有意であった。推計式(7)では，銀行資本の資金調達額比（$Bank\ Cap\ to\ Funding$）と資本の時価・簿価比率（$Market\ to\ Book$）の交差項の係数値が負の有意な値を示しており，推計式(8)では銀行資本の資金調達額比（$Bank\ Cap\ to\ Funding$）と累積超過収益率 CAR（$-60, -2$）の交差項の係数値が負の有意な値，推計式(9)では銀行資本の資金調達額比（$Bank\ Cap\ to\ Funding$）と累積超過収益率 CAR（$-1, +1$）の交差項の係数値が負の有意な値を示している。銀行資本の資金調達額比（$Bank\ Cap\ to\ Funding$）と情報非対称度（$Asymmetric$）の交差項の係数値は，推計式(7)-(9)いずれにおいても非有意であった。

図表7-8 スクーク発行と株式発行の選択:実証分析結果2

図表は多項プロビット・モデルおよび二値プロビット・モデルによるモデルしている。推計式(7.2), (7.4) の推計結果を示している。推計式(5)の被説明変数はカテゴリー変数スクーク発行 (Sukuk) または株式発行 (Equity) であるベース推計結果は推計式(5)(6)とともに株式発行 (Equity) である。(5)(6)の標本はスクーク発行企業と株式発行企業、普通社債発行企業であり、銀行借入企業は除外した。推計式(7)-(9)の被説明変数はSukuk Issue 2であり、t年にスクークを発行した場合を「=1」、株式発行の場合を「=0」とした。推計式(7)-(9)は普通社債発行企業を除外している。

説明変数	(5) スクーク発行 vs. 株式発行	(6) 社債発行 vs. 株式発行	(7) Sukuk Issue 2: スクーク発行 (=1) vs. 株式発行 (=0)	(8) Sukuk Issue 2: スクーク発行 (=1) vs. 株式発行 (=0)	(9) Sukuk Issue 2: スクーク発行 (=1) vs. 株式発行 (=0)
推計方法	多項プロビット・モデル		二値プロビット・モデル	二値プロビット・モデル	二値プロビット・モデル
Bank Cap to Funding	0.246 (0.760)	0.475 (0.730)	0.089 (1.310)	0.101 (0.160)	0.051 (0.750)
KZ Index	−1.341 ** (−2.330)	0.622 (0.740)	−0.834 (−1.120)	−0.451 (−0.950)	−0.529 (−0.770)
Asymmetric	5.027 ** (1.990)	31.145 (1.226)	3.574 ** (2.170)	2.734 ** (2.390)	2.110 *** (2.780)
Market to Book	1.556 (1.190)	6.695 (1.560)	1.056 (1.010)		
CAR (−60, −2)				0.391 (1.510)	
CAR (−1, +1)					1.399 (1.340)
Return on Asset	−3.065 (−1.000)	9.367 (1.200)	−2.542 (−0.420)	−4.541 (−1.260)	−3.926 (−1.270)
Z Score	−0.297 (−1.340)	−0.284 (−0.540)	−0.706 (−1.390)	−1.037 (−0.450)	−1.390 (−0.560)
Total Sales	0.412 ** (2.490)	1.064 ** (2.440)	0.594 ** (2.250)	0.374 * (1.900)	0.913 ** (2.260)

第7章 イスラム金融の謎を解く:スクーク市場のマイクロストラクチャ 235

	(1)	(2)	(3)	(4)
Bank Cap to Funding	−0.171 *	−0.085		
	(−1.800)	(−0.220)		
x Market to Book				
Bank Cap to Funding				−0.754 **
x CAR (−60, −2)				(−2.100)
Bank Cap to Funding			−1.195 *	−0.228
x CAR (−1, +1)			(−1.760)	(−1.100)
Bank Cap to Funding x Asymmetric		−0.085 **		−0.009
		(−2.140)		(−0.640)
Bank Cap to Funding^2	−0.285	−0.392	−0.385	
	(−1.410)	(−1.510)	(−1.250)	
	−0.023	−0.010	−0.385	
	(−0.280)	(−0.490)	(−0.250)	
Market to Book^2	−1.924			
	(−0.280)			
	−0.008			
	(−0.780)			
	−1.852	−0.012		
	(−1.450)	(−0.590)		
CAR (−60, −2)^2	−0.016		−18.180	−19.680
	(−0.450)		(−1.350)	(−1.460)
CAR (−1, +1)^2			−0.373	−1.825
			(−0.250)	(−0.240)
Asymmetric^2	−6.808	−6.325		
	(−0.440)	(−0.570)		
定数項	−7.591	−5.022 ***	−3.091 **	−3.391 ***
	(−0.770)	(−3.280)	(−2.220)	(−2.750)
	−7.438 ***			
	(−3.830)			
	−10.045 **			
	(−2.200)			
産業ダミー (SIC 2 桁)	yes	yes	yes	yes
国・地域ダミー	yes	yes	yes	yes
時間トレンド	yes	yes	yes	yes
国・地域ダミー×時間トレンド	yes	yes	yes	yes
標本数	343	305	305	305
ワルド χ² 検定	82.2 ***	64.3 ***	54.6 ***	54.0 ***
LR test of rho=0	18.740 ***	16.650 **	9.120 ***	8.840 ***

***有意水準1パーセント。**有意水準5パーセント。*有意水準10パーセント。

7.3 スクーク発行と資金調達市場の選択

図表7-9は，モデル（7.4）の推計モデルに，説明変数にスクークの発行が公募市場か私募市場であるかを示すダミー変数（公募市場での発行：$Public\ or\ Private=1$，私募市場での発行：$Public\ or\ Private=0$）を加えた推計式(10)および主幹事会社が主取引銀行グループ関連企業であるか否かに関するダミー変数（主幹事会社もしくは引受会社が主取引銀行グループ：$Lead\ Manager=1$，その他：$Lead\ Manager=0$）を加えた推計式(11)を示している。推計式(10)-(11)の被説明変数は，スクーク発行企業（$Sukuk\ Issue\ 2=1$），株式発行企業（$Sukuk\ Issue\ 2=0$）である。それゆえ，標本企業はスクーク発行企業，株式発行企業のみであり，普通社債発行企業，銀行借入企業は除外した。推計式(10)を見ると，公募・私募（$Public\ or\ Private$）の係数値は負の有意な値を示し，同時に公募・私募（$Public\ or\ Private$）と情報非対称度（$Asymmetric$）の交差項の係数値も負の有意な結果を示している。推計式(11)は，銀行グループ主幹事（$Lead\ Manager$）の係数値は正の有意な値を示し，同時に銀行グループ主幹事（$Lead\ Manager$）と情報非対称度（$Asymmetric$）の交差項の係数値も正の有意な結果を示している。

図表7-9　スクーク発行の公募・私募市場選択：実証分析結果3

図表は二値プロビットモデルによるモデル(7.4)の推計結果を示している。推計式(10)-(11)の被説明変数は$Sukuk\ Issue2$であり，t年にスクークを発行した場合を「＝1」，株式発行の場合を「＝0」とした。推計式(10)-(11)は新たに，説明変数として公募・私募（$Public\ or\ Private$）ならびに主取引銀行・主幹事一致度（$Lead\ Manager$）を加え，さらにこれらの変数と情報非対称（$Asymmetric$）との交差項を加えている。

	被説明変数	
	(10)	(11)
説明変数	Sukuk Issue 2：スクーク発行（＝1）vs. 株式発行（＝0）	Sukuk Issue 2：スクーク発行（＝1）vs. 株式発行（＝0）
Bank Cap to Funding	0.600 (0.650)	0.805 (0.720)
Public or Private	−0.222 *** (−2.860)	
Lead Manager		9.030 *** (3.440)
KZ Index	−0.842 (−1.050)	−1.098 (−1.240)

Asymmetric	6.763	**	8.020	**
	(2.220)		(2.220)	
Market to Book	1.253		1.937	
	(1.240)		(1.190)	
Return on Asset	−3.193		−1.483	
	(−0.960)		(−0.050)	
Z Score	−0.114		−0.411	
	(−1.110)		(−0.790)	
Total Sales	0.217	**	0.450	***
	(2.240)		(3.100)	
Bank Cap to Funding × Market to Book	−0.221	*	−0.620	**
	(−1.910)		(−2.090)	
Bank Cap to Funding × Asymmetric	−0.619		−0.178	
	(−0.330)		(−0.440)	
Public or Private × Asymmetric	−9.880	**		
	(−2.240)			
Lead Manager × Asymmetric			21.102	**
			(2.110)	
Bank Cap to Funding ^2	−0.008		−0.078	
	(−0.250)		(−0.410)	
Market to Book^2	−0.024		−0.102	
	(−0.160)		(−0.120)	
Asymmetric^2	−4.490		−11.400	
	(−0.770)		(−1.570)	
定数項	−5.334	***	−3.151	**
	(−2.870)		(−2.470)	
産業ダミー (SIC 2桁)	yes		yes	
国・地域ダミー	yes		yes	
時間トレンド	yes		yes	
国・地域ダミー×時間トレンド	yes		yes	
標本数	305		305	
ワルド χ^2 検定	46.2	***	42.7	***
LR test of rho=0	11.900	***	12.800	***

***有意水準1パーセント。**有意水準5パーセント。 *有意水準10パーセント。

8 考察：発行選択企業の特徴

　本章の図表7-7の実証分析結果は，マレーシア，インドネシア企業のスクーク発行選択確率と資金調達額の相対的規模（対銀行資本比）は，関係が希薄であることを示している。一方で，新興国企業は，資金調達規模が大きく，同時に自社の市場での企業価値が高まったとき，スクークの選択確率を高めることが示されている。これらの結果は，推計式(1)～(4)において，多項プロビットモ

デル，二値プロビットモデル推計，のいずれにおいても確認されており，本章の仮説1を支持する。この結果は，新興国企業の資金調達手段選択において，Bolton and Freixas（2008）が指摘する決定要因（大規模な資金調達額）と，Rajan（1992）らのホールドアップ仮説が主張する決定要因（高企業価値）が，同時に達成された場合に，スクーク発行が促されることを意味している。

図表7-8に示される通り，スクーク発行企業，株式発行企業のみの標本を用いた分析結果は，ホールドアップ仮説や流動性制約説が，条件付きでスクーク発行確率を高める要因として整合することを示している。図表7-8は，資本の時価・簿価比率（$Market\ to\ Book$），2つの累積超過収益率 CAR（-60, -2），CAR（-1, +1），いずれの企業価値の代理変数も，被説明変数であるスクーク発行確率に対し，影響が希薄であることを示している。トレードオフ理論が当てはまる場合はこの係数値は正の値，市場タイミング理論が当てはまる場合には，負の値を示すはずであるが，本分析結果は，いずれの理論的枠組みとも整合していない。一方，図表7-8では，新興国企業のスクーク発行選択は，資金調達規模（対銀行資本比）が大きい場合に，企業価値が高まると，選択確率を高めることが示されている。図表7-8では，推計式(7)-(9)において，資本の時価・簿価比率（$Market\ to\ Book$），2つの累積超過収益率 CAR（-60, -2），CAR（-1, +1），いずれの株価効果の変数を用いた場合にもこの結果が確認されている。これらの結果は，Maghyereh and Awartani（2016）やNaifar et al.（2016）の実証分析結果とも一致しており，スクーク発行企業の全般的な特徴と結論付けることができる。

第5章と本章の実証分析結果を比べると，普通社債発行とスクーク発行選択の決定要因の最も顕著な違いは，発行体の情報非対称度である。本章の図表7-7の実証分析結果を見ると，資金調達規模（対銀行資本比）と情報非対称度の代理変数の交差項は，スクーク発行確率に対し負の影響をもたらしている。この結果は，低い情報非対称性が求められる普通社債とは異なり，スクーク発行の場合は，情報非対称度が大きい企業ほど，資金調達規模が大きい場合，スクーク発行の選択確率を高めることを意味している。直観的にも，本章の標本であるマレーシア，インドネシアの企業は，主要先進国企業に比べ，投資家との間の情報非対称度が大きい企業が多いと思われる。本章第3節で示した通り，

スクーク発行の6割超を占めるムラバハ・スクークおよびイジャラ・スクークは，この資金調達ストラクチャ内に，エージェンシー・コストを負担する機能が存在しているため，情報非対称度が大きい企業が選択しやすい直接金融手段となっていると解釈することができる。そしてこの実証分析結果は，Ebrahim et al.（2016）による，タイプ別スクークの情報非対称性をカバーする効果の違いに関する理論的枠組みから導かれる結論とも一致しており，本章の仮説2を支持している。Ebrahim et al.（2016）以外にも，Halim et al.（2017）やKlein and Weill（2016）の研究では，新興国の情報非対称度が大きい企業は，普通社債を敬遠し，スクーク発行を選好するとの実証分析結果を報告している。こうした状況を踏まえると，本章の実証分析結果は先行研究の結果と一致する。

図表7-9の実証分析結果は，スクーク発行体は，私募市場において資金調達活動を行う確率が高いことを示している。普通社債発行体が，公募市場，私募市場のいずれを選択するかについて，その決定要因を研究したDenis and Mihov（2003）やGomes and Phillips（2012）は，情報非対称性が小さく，企業情報の透明性が高い企業は公募市場，そうではない企業が私募市場を選択するとの結論を報告している。そしてこれらの先行研究の重要な結論は，私募市場を選択する理由は，特定の外部投資家，金融機関のみに発行体情報が独占されるためである，としている。図表7-9では，主幹事会社もしくは引受機関が，主取引銀行グループと資本関係を有するか否かを示す変数の係数値が，有意な正の値を示している。この結果は，スクーク発行において私募市場が選択される理由は，Denis and Mihov（2003）やGomes and Phillips（2012）が指摘する通り，発行体の企業内部情報が一部の投資家に占有されていることを示しており，本研究の仮説3を支持している。

9　結論：スクーク市場が新興国で拡大する理由

本章は，マレーシア，インドネシア企業の2000年から2017年のデータを用い，スクーク発行選択の決定要因が，第5章で導出された新興国企業の普通社債の発行要因とどのような類似点，ならびに相違点を持つのかを検証した。実証分

析とその考察を経て至った結論をまとめると次の通りである。まず，本章の1つめの結論は，スクーク発行と普通社債発行は，類似する選択決定要因を持つことある。銀行借入依存型企業の資金需要規模が高い伸び率で拡大すること，そしてこの企業の企業価値が資本市場に高く評価されること，この2つの条件が同時に満たされるとき，企業はスクーク，普通社債ともに選択する確率を高める。

本章の2つめの結論は，スクーク市場が存在する新興国では，情報非対称性が大きい企業がスクーク発行を選択し，情報非対称性が小さい企業が普通社債発行企業を選択する点である。換言すれば，スクーク発行は情報非対称度が大きく，普通社債発行を選択できない企業に選択される。しかし，スクークは，企業が，銀行借入限度額を超える大規模な資金調達を行いたい場合に，選択する直接金融手段であることが，本章の2つめの結論である。銀行借入依存企業は，多くの場合，主取引銀行に企業内部情報を占有される。資金調達規模が拡大した場合，社債発行により不特定多数の投資家からの投資を募るためには，投資家は企業に事業情報の透明性を求めるが，多くの新興国市場ではこのエージェンシー・コストが大きい。スクークは，ムラバハ・スクーク，イジャラ・スクーク等に象徴されるように，エージェンシー・コストを軽減する仕組みを持つため，新興国企業の間で発行企業が急増したことを，本章の分析結果は示している。そして，スクークの大半が私募市場で発行される理由は，発行体企業の情報非対称性が大きいゆえ，これらの事業情報を占有する一部の投資家向けに発行されるためである。

上記の2つの結論は，直接金融手段の1つであるスクーク発行は，調達額規模が大きいために銀行借入が難しく，エージェンシー・コスト面で，普通社債発行が難しい企業に選択される，中間的な資金調達手段であることを意味している。同時にこの結論は，ムラバハ・スクーク，イジャラ・スクークが，今後は，イスラム教徒人口の大小にかかわらず，情報非対称性が大きい新興国市場の間でも普及が進む可能性が高いことを示唆している。将来のスクーク発行市場に関するミクロ研究では，銀行業務と証券業務の業際規制の有無がもたらす影響や，金融持ち株会社の国内での市場占有度など，金融制度とスクーク市場発展の関係がより精査されるべきであることを，今後の研究課題として最後に指摘しておきたい。

第8章

イスラム金融選択序列の研究：スクーク市場のケース

1 問題意識：スクークが多様な仕組みを持つ理由

　第7章では，マレーシア企業とインドネシア企業を標本として，スクーク発行を実施する企業の特徴についての分析を行った。ここでの分析では，スクーク発行を選択する企業は，第5章で分析した普通社債発行を選択する企業とは異なり，資本市場において情報非対称性が大きいと見なされる企業が多いことを明らかにした。第7章ではこれらの分析結果より，スクーク発行が近年，新興国で急拡大した理由が，投資家から見て情報非対称性が大きな企業でも，直接金融手段の利用による大規模資金調達が可能となるためであるとの結論を導出している。第7章の分析のみならず，近年のスクーク市場の研究では，Godlewski et al. (2013) や Mohamad et al. (2015) など，調達序列理論の枠組みを用い，スクーク発行の決定要因について，分析を進める研究が多い。一方で，トムソン・ロイター社 ThomsonONE によれば，2000年から2017年までで，発行頻度が5件未満のごく少ないタイプを除外すれば，主として8種類のスクークが全世界で発行されている[1]。このスクークの中には，資金調達構造においてエージェンシー・コストを負担する機能を持つスクークも複数あれば，この機能を持たないスクークもある。筆者が知る限り，どのような特徴を持つ企業が，どのタイプのスクークを選択するのかについての先行研究は，国際的にも皆無である。本章は，前章の研究を更に発展させ，各スクーク発行体企業の特徴と，それぞれの企業が選択したスクークのタイプとの関係を精査し，ス

1　具体的には，発行件数が多い順に，ムラバハ，イジャラ，ムシャラカ，イスティスナ，アルワカラ・ビル・イスティマル，ムダラバ，バイルナ，バイ・ビサマル・アジルの各スクークである。

クーク市場においても，発行体企業は，エージェンシー・コスト負担効果の大きさの順に，資金調達手段を選択していることを立証する。スクークは構造上，各タイプごとに異なる情報非対称性軽減効果を持つことから，発行体企業の情報非対称性の大きさが，スクークのタイプ別選択に結果的に影響を与えていることを実証的に確認することが研究の目的である。

現代ファイナンス理論における調達序列理論では，資金調達手段はそのエージェンシー・コストが小さな順から，内部資金，銀行借入，社債発行，株式発行を，順次選好すると述べられている。本章は，スクークの場合も同様に，それぞれのスクークのエージェンシー・コスト負担効果の大きな順に，ムラバハ・スクーク，イジャラ・スクーク，ムシャラカ・スクークの順に選択される，選択序列が存在すると仮説設定する。本章の研究では，2000－2017年の標本期間中，8つのスクークの発行頻度総数の9割超を占める，ムラバハ・スクーク，イジャラ・スクーク，ムシャラカ・スクーク，の3つの種類のスクークを発行する発行体企業および普通社債発行企業を分析対象とする。

あらかじめ本章の実証分析の仮説を詳細に記述すれば次の通りである。まず第1に，ムラバハ・スクークは，情報非対称性が大きい企業が，少額で償還期間が短い資金を複数回調達する場合に選択すると仮説設定する。ムラバハ・スクークは償還期間が短いため，投資家は，償還のたびに発行体企業の債務履行能力の確認が可能となるため，発行体－投資家間のエージェンシー・コストがこの度重なる償還時のモニターにより負担されることがその理由である。投資家は，投資収益率よりも保有資産の流動性を重視する場合，このムラバハ・スクークへの投資を第1に選好する。第2に，大規模な長期資金需要を持つ企業は，仮に情報非対称性が大きくとも，イジャラ・スクークを選択すると仮説設定する。この理由は，資産担保付社債であるイジャラ・スクークは，発行体，正確には傘下の特別目的会社（SPC）が保有する有形固定資産が，発行体のエージェンシー・コストをやはり負担する働きを持つためである。極論すれば，投資家は仮に債務履行能力がよくわからない発行体企業に投資し，この企業が将来，債務不履行に陥った場合においても，この固定資産を清算することにより投資資金を回収することができる。第3に，最も情報非対称性が低い企業が長期資金を需要する場合，ムシャラカ・スクークを選択すると仮説設定する。

投資家への利益分配額が，資金調達後の事業プロジェクトの収益に依存する利益分配型のムシャラカ・スクークの場合，投資家は，投資時点で，事業プロジェクトの将来収益に関する情報が必要不可欠となる。このため，このスクーク発行の場合，投資家に事業プロジェクトの内部情報が見えやすい，いわゆる情報非対称性が小さい企業のみが，この選択が可能であるはずである。

第2節では，近年のタイプ別スクークの発行実績の状況を説明し，第3節ではタイプ別スクークに関する先行研究サーベイの結果を報告する。そして，これらの内容をもとに，第4節では本章が明らかにすべき点と，先行研究との関係を説明し，本章が用いる実証分析の手段を解説する。最後に，実証分析結果およびその考察を報告し，結論を述べることとする。

2 近年のタイプ別スクーク発行

図表8-1は，近年の全世界のスクーク発行額をタイプ別に示している。これを見ると，もともと2000年代後半は，世界の発行体企業は，イジャラ・スクーク，もしくはムシャラカ・スクークを選択するケースが多かったが，2014年以降，ムラバハ・スクークが，最も選好されるスクークとなっていることがわかる。2011年から2014年までのイジャラ・スクークの発行額は，他のスクークに比べ突出して大きかったが，2014年以降，ムラバハ・スクークがこれを逆転し，今日に至っている。直近の2016年から2017年の特徴は，資金調達専門の代理人（企業）が発行体企業に代わりスクークを発行する，アル・ワカラ・ビル・イスティマルの発行額増加が顕著であることである。このように，2000年以降のスクーク市場の短い歴史の中においても，様々なタイプのスクークが，入れ替わり発行市場拡大の中心役を担ってきた。

本章の標本であるマレーシアでは，2000年から2017年の間に計2,398社がスクークを発行し，このうち144社が標本企業（金融業を除く）である。この2,398社のうち，最も発行頻度が大きいスクークがムラバハ・スクークである。2000年1月1日から2017年12月31日までの18年でムラバハ・スクークは1,214社，イジャラ・スクークが340社，ムシャラカ・スクークは556社が発行を行ってい

る。標本企業に限ればその発行体企業数は，ムラバハ・スクークが78社，イジャラ・スクーク19社，ムシャラカ・スクーク34社，その他が13社である。マレーシアでは，日本企業も発行体，主幹事会社の双方の立場から市場参加者として名を連ねている。例えばイオンの現地法人イオン・クレジット・サービスは，2007年1月にムシャラカ・スクークを発行したことを皮切りに，2017年12月までに計14回のスクーク発行を現地で行っている。これらの起債では，三菱東京UFJ銀行（現：三菱UFJ銀行）もしくは三菱証券が主幹事グループの1社としてたびたび参画している。イオン・クレジット・サービス以外では，トヨタ自動車の子会社であるトヨタ・キャピタル・マレーシアが，発行頻度が大きい発行体である。イオン・クレジット・サービス，トヨタ・キャピタル・マレーシアに共通しているのは，多くの場合，ムシャラカ・スクークが選択されている点である。

図表8-2の全世界のタイプ別スクークの発行頻度数は，発行頻度においてもムラバハ・スクークが，2011年以降，最も選好されるスクークであることを示している。特に2010年以降のムラバハ・スクークの急増は，主としてマレーシア市場で増加していることによるものであることがわかる。逆に2000年代後半は発行頻度が大きかったものの，2010年以降，その減少が顕著であるのがムシャラカ・スクークである。いずれにしてもマレーシアでは，ムラバハ・ス

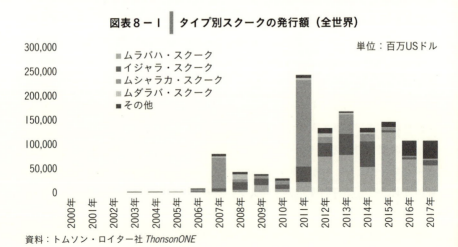

図表8-1 タイプ別スクークの発行額（全世界）

資料：トムソン・ロイター社 ThomsonONE

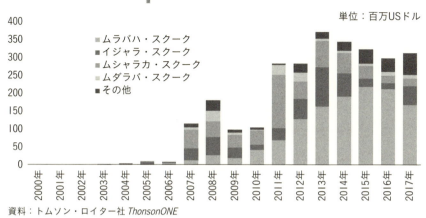

図表8-2 タイプ別スクークの発行件数（全世界）

資料：トムソン・ロイター社 *ThomsonONE*

クーク，イジャラ・スクーク，ムシャラカ・スクークの発行頻度が高まるにつれ，普通社債の発行件数が2010年以降伸び悩んでいる。

3　先行研究と仮説：どの発行体がどのスクークを選択しているのか

3.1　先行研究

　前章で述べたように，これまでのイスラム金融に関する先行研究の多くは，Chong and Liu（2009）などの，伝統的な商業銀行とイスラム銀行の共通点と相違点に関する研究である。一方，2010年代以降に急増したスクーク研究は，Godlewski et al.（2013, 2016），Mohamed et al.（2015），Halim et al.（2017），Maghyereh and Awartan（2016），Naifar et al.（2016），Klein and Weill（2016），Ahmed et al.（2018），Hassan et al.（2018）が代表的な研究であり，その視点は様々である（**図表8-3**）。この中で，本章の研究と問題意識を共有する研究が，Chong and Liu（2009）および Godlewski et al.（2016）である。

　Chong and Liu（2009）の研究は，もともとイスラム銀行についての研究で

図表 8-3　イスラム金融に関する近年の先行研究

図表は、イスラム金融に関する近年の先行研究の一覧表である。表の上段は、スクーク市場またはスクーク市場発展の背景に関する先行研究、下段がイスラム銀行に関する研究概要と結論を示している。下段のイスラム銀行に関する先行研究は、イスラム銀行と普通銀行の比較研究を中心にとりあげた。Ongena and Şendeniz-Yüncü (2011) は、イスラム銀行と普通銀行の借り手企業の比較研究であるため、標本銀行数は記述していない。

分析テーマ	著者	標本国・地域	標本期間	主な結論
A. スクーク市場と資本市場との関係に関する研究	Godlewski et al. (2013)	マレーシア	2002−2009年	a) 発行体企業がスクークによる資金調達を実施することにより株価は負の影響を受ける。このため、スクークは事業パフォーマンスが優れない企業が発行する逆選択の可能性が高い。
	Mohamed et al. (2015)	マレーシア	2002−2012年	
	Godlewski et al. (2016)	イスラム諸国8カ国	2006−2013年	b) スクーク発行体は、費用・便益のバランスを踏まえ、その資金調達手段を選択しており、トレード・オフ理論と整合的である。
	Halim et al. (2017)	マレーシア	2001−2014年	c) 発行体企業の情報非対称性の大小は、スクーク発行に影響を与えることから、調達序列理論と整合する。
	Klein and Weill (2016)	マレーシア、マレーシア、サウジアラビア、アラブ首長国連邦	2004−2013年	d) 発行体企業のシャリア・ボード・メンバーの在任期間、国籍、投資家の評判が、スクーク発行後の事業パフォーマンスに影響を与えており、シャリアボードは情報非対称性を緩和する機能を持つ。
	Naifar et al. (2016)		2010−2014年	e) 情報非対称性が大きい企業ほど、スクークの発行頻度が大きい。
	Ahmed et al. (2018)	世界全スクーク・普通社債発行企業	2001−2015年	f) 発行体企業の情報非対称性と株価収益率ボラティリティの関係は、スクークのその後の投資収益率に影響を与えている。一方で、スクークへの投資収益率は株式ボラティリティへは影響を与えない。
	Kabir et al. (2018)	世界全スクーク・普通社債発行企業	2001−2015年	

第8章 イスラム金融選択序列の研究：スクーク市場のケース　247

分析テーマ	著者	標本国・地域	標本期間	標本銀行数 イスラム銀行	標本銀行数 普通銀行	主な結論
b．イスラム銀行と普通商業銀行の比較研究	Abedifar et al. (2015)	先行研究サーベイ	—	—	—	a) イスラム銀行は、生産性、費用効率性、経営パフォーマンスが普通商業銀行を上回る。 b) イスラム銀行の貸出約定契約は、借り手の信用度により異なる。 c) ムシャラカ融資の利回りは同地域の普通銀行の預金金利を下回る。 d) イスラム銀行は、生産性、費用効率性、経営パフォーマンスが普通商業銀行を上回る。 e) イスラム銀行は、普通商業銀行よりも高い競争力を持つ。 f) イスラム銀行の借り手企業は業歴が短く、事業数が少なく、数多くの銀行と取引する傾向がある。
	Bader et al. (2008)	21カ国	1990–2005年	43	37	
	Bourkhis and Nabi (2013)	16カ国	2007–2009年	34	34	
	Beck et al. (2013)	22カ国	2000–2006年	88	422	
	Cihak and Hesse (2010)	20カ国	1993–2004年	77	397	
	Chong and Liu (2009)	マレーシア	1995–2004年	—	—	
	Hasan and Dridi (2010)	9カ国	2008–2009年	120	120	
	Hassan (2006)	21カ国	1995–2001年	43	43	
	Moktar et al. (2006)	マレーシア	1997–2005年	149	139	
	Olson and Zoubi (2008)	6 GCC 諸国	2000–2005年	96	141	
	Ongena and Sendeniz-Yüncü (2011)	トルコ	2008年	—	—	
	Srairi (2010)	6 GCC 諸国	1999–2007年	71	71	
	Turk Ariss (2010)	13カ国	1997–2005年	115	23	

注：「GCC 諸国」はアラブ首長国連邦、オマーン、カタール、クウェート、サウジアラビア、バーレーンの湾岸協力会議加盟国を意味する。

あり，本来は本章が分析対象とするスクーク発行企業の分析ではない。しかし，彼らの分析は，イスラム銀行融資におけるムシャラカ融資に焦点を当て，この利益分配型商用貸付の利回りが，隣接する伝統的な普通商業銀行の預金金利，すなわち資金調達利回りを下回ると報告している。この研究の特徴は，利益分配型のムシャラカ融資の収益が，調達コストを下回る理由として，銀行－借り手間のエージェンシー・コストの存在にその原因を求めている点である。すなわち，ムシャラカ融資では，銀行側が事前に，借り手企業の事業プロジェクトの将来を十分に見通すことができないケースが多かったため，結果的に，利益分配型融資の利回りが資金調達コストを下回ったと，この研究では結論付けている。

　スクークのタイプ選択と発行体企業内に設置されるシャリアボードのメンバー構成との関係に焦点を当てた研究が，Godlewski et al.（2016）である。彼らの研究は，シャリアボード・メンバーの国籍，在任期間，市場からの信認，の3点が，タイプ別スクークの選択，資金調達後の事業パフォーマンスに影響を与えると結論付けている。この研究は，シャリアボードのメンバー構成が，スクークのタイプ選択に影響を与える理由として，市場からの評価が高いシャリアボード・メンバーが存在する場合，発行されるスクークは信用度が高いと，投資家が見なすためであると指摘している。さらにこの論文では，イジャラ・スクークを選択する企業は統計的に，その他のタイプのスクークを選択するよりも，資金調達後の事業パフォーマンスが優れていることも指摘している。その理由は，高い成長機会と金融制約の双方に直面した企業は，イジャラ・スクーク発行により，後者の金融制約を解消し，前者の潜在的な成長機会を実現できるためであるとしている。

3.2　仮説

　本章の第1の分析は，ムラバハ・スクークの発行選択と発行体企業の資金需要期間・規模，情報非対称度との関係に関する仮説を検証する。ムラバハ・スクークは，別称コスト・プラス・セールス方式と呼ばれることに象徴されるように，発行体企業が事業プロジェクト費用に資金調達コストをマークアップ方式で上乗せし，発行するスクークである。具体的には，主幹事会社もしくは引

受機関がまず初めに、スクーク発行企業が利用を希望する生産設備を購入する（**図表8-4**①）。この主幹事会社等とスクーク発行企業は、主幹事会社等が購入した生産設備の費用をスクーク発行企業が支払い、生産設備を使用する契約を締結する（同②）。最後にスクーク発行企業は、生産設備の費用に一定程度の費用を上乗せした「コスト・プラス・セールス価格」に相当するスクークを発行し、主幹事会社等に生産設備使用料を支払う（同③）。それゆえ、ムラバハ・スクークの特徴は、確定利付き証券として発行される普通社債に似通っているが、異なる点は、普通社債は言うに及ばず、他のスクークに比べても償還期間が短い点である。Donaldsonm（1961）, Myers（1984）, Shyam-Sunder and Myers（1999）らの一連の調達序列理論を巡る研究は、企業は、エージェンシー・コストがより小さい確定利付き証券発行が、株式発行よりも優先的に選択されると主張する。ムラバハ・スクークは、償還期間がスクークの中で最も短く、少額である一方、同一企業による発行頻度は最も大きい。本章の最初の仮説は、情報非対称性が大きく、短期資金を需要する発行体企業は、ムラバハ・スクークを複数回発行し、資金需要を充足すると考える。この理由は、ムラバハ・スクークは、外部投資家が、償還が訪れるごとに発行体企業の債務履行能力をモニターすることが可能であり、かつ投資収益率があらかじめコスト・プラス・セールス方式で確定しているため、投資家にとってマーケット・リスクが小さいためである。

仮説1：情報非対称性が大きいスクーク発行企業は、償還期間が短いムラバハ・スクークを複数回発行し、資金需要を充足する。

　本章の2つめの仮説は、特別目的会社（SPC）を設立し（**図表8-5**①）、このSPCに自らの生産設備を売却した上でリース契約を締結し（同②）、スクークを発行するイジャラ・スクークについてである（同③）。本章の仮説では、株式市場において将来の成長機会を高く評価される企業が、一方で金融制約に直面するとき、このイジャラ・スクークの選択確率を高めると仮説設定する。この仮説設定の理由は、イジャラ・スクークは、SPCに売却する自らの資産が、債務不履行時に清算処分され、代位弁済費用の一部となることで、エージェン

シー・コストが負担される仕組みを持つためである（同①）。このため，投資家側から事業内容が見えにくい企業でも，この資金調達手段による資金調達が可能となる。Bester（1985），Bester（1987），Besanko and Thakor（1987a），Besanko and Thakor（1987b），Chan and Thakor（1987），Boot et al.,（1991）は，通常の銀行市場，社債市場において，銀行借入，資産担保付証券発行時の担保が，調達手段選択にともない発生するエージェンシー・コストを負担する効果を持つことを指摘している。スクーク発行においても，イジャラ・スクークを選択する企業は，この担保資産によるエージェンシー・コスト負担機能を活用することで自らの成長機会を実現するため，このスクークを選択する。これが本章の第2の仮説である。

仮説2：長期資金を需要するスクーク発行企業の情報非対称性が大きい場合，イジャラ・スクークが選択される確率が高い。

本章の3つめの仮説は，利益分配型スクークであるムシャラカ・スクークの選択確率と発行体企業の特徴の関係についてである（**図表8－6**）。ムシャラカ・スクークを購入する投資家にとって，自らの投資収益率の高低は，スクーク購入後の発行体企業の事業パフォーマンスに依存する。この点で，ムシャラカ・スクークの発行は，普通株式発行と似た特徴を持ち，発行体企業には低い

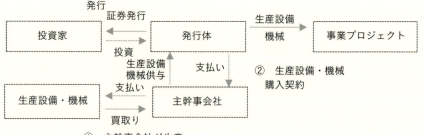

図表8－4　ムラバハ・スクークの構造

図表8－5　イジャラ・スクークの構造

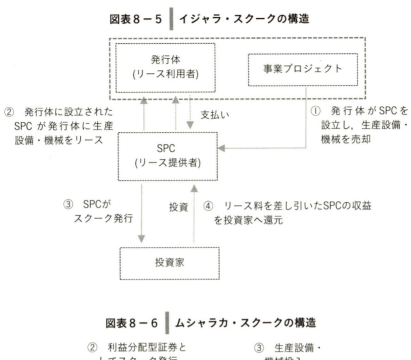

図表8－6　ムシャラカ・スクークの構造

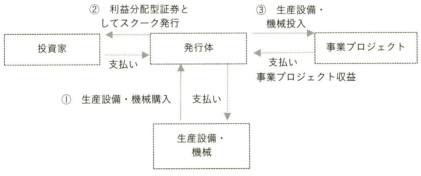

情報非対称性が投資家から求められる。このためGodlewski et al. (2016) は,情報非対称性が大きい発行体企業がムシャラカ・スクークを選択するための条件として,市場からの信認度が高い,シャリア学者が,シャリアボードに長期間,在任していることをあげている。これらの先行研究を踏まえ,本章は次の第3の仮説を設定する。

仮説3：長期資金を需要するスクーク発行企業の情報非対称性が小さい場合，ムシャラカ・スクークが選択される確率が高い。

4　分析方法

　本章では，マレーシアの上場企業の中からスクーク発行企業ならびに普通社債発行企業を抽出し，実証モデル（8.1）を推計することにより，仮説1-3を検証する。本実証分析では，実証モデル（8.1）の推計に，多項プロビット・モデルを採用し，ムラバハ・スクーク，イジャラ・スクーク，ムシャラカ・スクークの発行選択要因の共通点，相違点を確認する。実証モデル（8.1）の被説明変数には，それぞれ「ムラバハ・スクーク」選択の場合，「イジャラ・スクーク」の場合，「ムシャラカ・スクーク」，「その他のスクーク」，「普通社債」とする，カテゴリー変数 $SukukType$ を採用する。多項プロビット・モデルの推計におけるベース結果は，「普通社債」とする。

$$SukukType_i = const + \varphi_1 Market\ to\ Book + \varphi_2 Zscore_i \\ + \varphi_3 \ln TotalAsset_i + \varphi_4 FundSize_i + \varphi_5 \ln KZindex_i \\ + \varphi_6 Asymmetric_i + \varphi_7 Maturity_i + \varphi_8 TimeTrend_i + v_i \quad (8.1)$$

　実証モデル（8.1）の説明変数には，スクーク発行年の前年の簿価負債額にこの年の時価資本を加えた額を前年の簿価総資産残高で除した値，資本の時価・簿価比率（$Market\ to\ Book$）を採用する。また企業価値関連変数には，$Market\ to\ Book$ 以外に，スクーク発行日60日前から2日前までの59日間の累積超過収益率 CAR（$-60, -2$）を採用する。Brown and Warner（1985）の定式化にしたがい，各発行体企業の株価理論値を証券発行日の250日前から60日前の日次データを用いて推計し，この理論値からの乖離幅の累計値を算出する。実証モデル（8.1）はさらに，発行体企業の債務履行能力の高低を示す代理変数としてアルトマンのZスコア（$Zscore$）を採用する。また総資産残高，資金調達額のUSドル換算額の自然対数値 $TotalAsset$，$FundSize$ を，それぞれ企

業規模，資金調達規模の代理変数として採用する。

　他の説明変数には，企業の金融制約の度合いを表す変数として $KZindex$ を採用する。第5－7章同様，Kaplan and Zingales（1997），Lamont et al.（2001），Baker et al.（2003）にしたがい，$KZindex$ は第5章第4節の推計式を用いて算出する。その他，発行スクーク，普通社債の償還期間（$Maturity$）を説明変数として採用し，企業の情報非対称度（$Asymmetric$）を企業 i の情報非対称性の程度を示す変数として採用する。情報非対称度（$Asymmetric$）の算出についても，第5章第4節の計測方法に基づき算出する。

5　データ

　本章で用いる分析データは，トムソン・ロイター社 $Eikon$ および $ThomsonONE$ から入手した，スクークならびに普通社債発行データ，発行体企業の財務データ，株価関連日次データを用いている。分析対象企業は財務データが利用可能なマレーシア上場企業（金融業を除く）のうち，2000年から2017年の標本期間中にスクーク，普通社債を発行した企業を標本とした。またスクーク発行データにおいて，スクークのタイプ記載がないデータは，標本から除外した。この基準をもとに抽出した企業数は，スクーク発行企業が144社，このうちムラバハ・スクーク発行企業が78社，イジャラ・スクーク発行企業が19社，ムシャラカ・スクーク発行企業が34社である（図表8－7）。本章の実証モデル（8.1）は，主要取引銀行の資本データを説明変数として採用しないため，標本数は第7章のマレーシア上場企業を上回る。トムソン・ロイターのデータには，この3種類のスクーク以外に，ムダラバ，イスティスナ，アルワカラ・ビル・イスティマル，バイルナ，バイ・ビサマル・アジルの各スクークがあり，これらはすべて「その他スクーク」として13社を採用した。タイプが不明のスクークは13社存在し，これらは標本から除外した。標本期間中の普通社債発行体企業は123社であり，これらは1年未満の償還期間を持つ社債，担保付社債，海外起債，メディア・ターム・ノートを含む（図表8－8）。

　資本の時価・簿価比率（$Market\ to\ Book$）を算出するための資本（時価），

負債(簿価),総資産残高(簿価)の値はすべてトムソン・ロイター社 *Eikon* より入手した。また総資産残高(*TotalAsset*),スクークおよび社債発行額(*FundSize*),アルトマンのZスコア(*Zscore*)の算出式を構成する変数,運転資本,留保利益,支払利息・税控除前利益,売上高についても同様である。金融制約度(*KZindex*)を算出するための企業 i のキャッシュフロー,支払配当額,現預金残高もトムソン・ロイター社 *Eikon* から入手した。累積超過収益率 CAR (−60, −2) を算出するための企業 i, 市場インデックスの日次株価データについてもトムソン・ロイター社 *Eikon* より入手した。これら採用データの記述統計ならびに,タイプ別スクーク発行体財務データと他のスクーク発行体財務データの平均値,中央値の差の検定結果は,**図表8-8**,**図表8-9**,**図表8-10**に示されている。

図表8-7 タイプ別スクークの発行実績

図表のデータはトムソン・ロイター社 *ThomsonONE* より入手した。標本期間は2000−2017年である。データは,ムラバハ・スクーク,イジャラ・スクーク,ムシャラカ・スクーク,その他スクーク,普通社債の5種類の暦年ごとの発行実績を示している。「その他スクーク」にはイスティスナ,ムダラバ,アル・ワカラ・ビル・イスティマル,バイルナ,バイ・ビサマル・アジルの各スクーク発行頻度の合計値である。トムソン・ロイター社 *ThomsonONE* のスクーク発行データに種類が記載されていないスクークは表中から除外した。なお,発行体企業は上場企業のみであり,また産業分類60−67の集計値は金融業を除く発行頻度を示す。本章の標本は,ビューロ・ヴァン・ダイク社 *OSIRIS* に「主取引銀行」名の記載がない企業を含む。単位:社。

	スクーク発行社数計	ムラバハ・スクーク	イジャラ・スクーク	ムシャラカ・スクーク	その他	普通社債
2000年	0	0	0	0	0	5
2001年	0	0	0	0	0	18
2002年	0	0	0	0	0	0
2003年	1	0	1	0	0	1
2004年	3	1	2	0	0	3
2005年	1	1	0	0	0	13
2006年	1	0	1	0	0	10
2007年	7	3	4	0	0	4
2008年	12	4	2	6	0	5
2009年	4	2	1	0	1	4
2010年	6	5	0	1	0	5
2011年	15	7	5	2	1	7
2012年	13	6	3	4	1	4
2013年	15	6	2	7	1	10

2014年	20	13	0	5	5	9
2015年	17	10	1	5	2	8
2016年	12	9	1	2	0	9
2017年	17	13	0	2	2	8
合計	144	78	19	34	13	123

資料：トムソン・ロイター社 ThomsonONE

図表8-8　タイプ別スクーク発行体の産業別分布

図表のデータは，トムソン・ロイター社 ThomsonONE より入手した2000－2017年のタイプ別スクークの産業別分布を示す。データは，ムラバハ・スクーク，イジャラ・スクーク，ムシャラカ・スクーク，その他スクーク，普通社債の5種類の産業分類コード（SIC コード）ごとの発行実績を示している。「その他スクーク」にはイスティスナ，ムダラバ，アル・ワカラ・ビル・イスティマル，バイルナ，バイ・ビサマル・アジルの各スクーク発行頻度の合計値である。トムソン・ロイター社 ThomsonONE のスクーク発行データに種類が記載されていないスクークは表中から除外した。なお，発行体企業は上場企業のみであり，また産業分類60－67の集計値は金融業を除く発行頻度を示す。単位：社。

SIC 産業分類コード		スクーク発行社数計	ムラバハ・スクーク	イジャラ・スクーク	ムシャラカ・スクーク	その他	普通社債
01－14	農林水産業	20	11	7	1	1	25
15－17	建設業	9	8	0	1	0	7
20－39	製造業	34	22	0	12	0	27
40－49	電気ガス水道	42	10	12	10	10	32
50－59	小売卸売業	3	2	0	1	0	6
60－67	金融保険不動産	25	20	0	4	1	12
70－89	その他サービス	11	5	0	5	1	14
合計		144	78	19	34	13	123

資料：トムソン・ロイター社 ThomsonONE

図表8−9 標本企業の各変数の記述統計 I

図表は2000−2017年のマレーシアでのムラバハ・スクーク、イジャラ・スクーク、ムシャラカ・スクーク、普通社債発行企業の記述統計である。順に、企業価値関連変数である Market to Book、CAR(−60, −2)、CAR(+2, +60) および財務安全性に関する変数(Zscore)、企業規模(TotalAsset)、資金調達規模(FundSize)の平均値、中央値、標本数(N)を示している。

		Market to Book	CAR(−60, −2)	CAR(+2, +60)	Zscore	TotalAsset	FundSize
ムラバハ・スクーク	平均値	1.513	0.003	−0.033	1.579	7.150	3.698
	中央値	1.516	−0.010	−0.034	1.266	7.118	4.025
	N	78	78	78	78	78	78
イジャラ・スクーク	平均値	2.359	0.013	−0.009	1.747	7.756	4.498
	中央値	1.976	0.007	0.067	1.441	8.841	4.247
	N	19	19	19	19	19	19
ムシャラカ・スクーク	平均値	1.937	−0.012	0.027	1.748	7.513	4.273
	中央値	1.887	−0.002	0.006	1.634	7.373	4.360
	N	34	34	34	34	34	34
普通社債	平均値	1.611	−0.022	−0.038	1.658	7.189	4.281
	中央値	1.382	−0.008	−0.029	1.278	7.259	4.261
	N	123	123	123	123	123	123
合計	平均値	1.681	−0.006	−0.021	1.629	7.364	4.121
	中央値	1.481	−0.006	−0.012	1.482	7.284	4.146
	N	267	267	267	267	267	267
差分							
ムラバハ・スクークと他スクークとの差	スチューデント検定(t値)	−3.784***	0.031	−1.113	−0.980	−0.359	−1.216*
	ウィルコクソン検定(z値)	−2.844***	0.074	−2.224**	−1.894*	−1.511	−1.745*
イジャラ・スクークと他スクークとの差	スチューデント検定(t値)	2.710***	0.225	0.215	0.743	0.841	1.536*
	ウィルコクソン検定(z値)	2.499**	0.494	1.885*	0.877	1.099	0.446
ムシャラカ・スクークと他スクークとの差	スチューデント検定(t値)	0.862	−0.811	1.612*	0.910	−1.199	0.557
	ウィルコクソン検定(z値)	−0.514	−0.735	1.584*	1.112	−0.210	1.557

注:***、**、*はそれぞれ1%、5%、10%での有意水準を示す。
資料:トムソン・ロイター社 Eikon より著者算出

図表 8-10 標本企業の各変数の記述統計 2

図表は前図表に続き，2000－2017年のマレーシアでのムラバハ・スクーク，イジャラ・スクーク，ムシャラカ・スクーク，普通社債発行企業の記述統計である。順に，調達序列関連変数である *KZindex*, *Asymmetric* および償還期間（*Maturity*）．の平均値，中央値，標本数（N）を示している。

		KZindex	Asymmetric	Maturity
ムラバハ・スクーク	平均値	9.053	0.568	5.666
	中央値	6.798	0.574	5.192
	N	43	42	43
イジャラ・スクーク	平均値	4.661	0.308	7.718
	中央値	3.156	0.463	9.932
	N	17	17	17
ムシャラカ・スクーク	平均値	8.724	−0.181	11.347
	中央値	7.235	0.046	6.425
	N	18	18	20
普通社債	平均値	7.518	−0.118	4.614
	中央値	7.841	0.256	5.479
	N	66	65	67
合計	平均値	7.143	−0.009	6.072
	中央値	6.059	0.277	5.012
	N	155	153	172
差分	ムラバハ・スクークと他スクークとの差			
	スチューデント検定（*t* 値）	1.737 **	0.691	−1.697 *
	ウィルコクソン検定（*Z* 値）	2.613 ***	0.684	−2.512 **
	イジャラ・スクークと他スクークとの差			
	スチューデント検定（*t* 値）	−2.144 **	1.561 *	0.275
	ウィルコクソン検定（*Z* 値）	−2.335 **	1.933 *	2.941 ***
	ムシャラカ・スクークと他スクークとの差			
	スチューデント検定（*t* 値）	0.591	−2.696 ***	2.225 **
	ウィルコクソン検定（*Z* 値）	−0.595	−2.241 **	0.713

注：***，**，* はそれぞれ 1 %，5 %，10％での有意水準を示す。
資料：トムソン・ロイター社 *Eikon* より筆者算出

6 推計結果

6.1 タイプ別スクークの選択

図表 8-11(1)-(6)は，実証モデル（8.1）の多項プロビット・モデルによる推計結果を示している。*SukukType*「普通社債」の場合のベース結果は，紙幅の

制約により省略する。推計式(1)‐(6)の標本は，2000‐2017年のマレーシア上場企業のスクーク発行企業と普通社債発行企業である。推計式(1)(4)は $SukukType$「＝1」すなわち発行体企業がムラバハ・スクークを選択する場合の推計結果を示している。推計式(2)(5)は $SukukType$「イジャラ・スクーク」，(3)(6)は $SukukType$「ムシャラカ・スクーク」を選択する場合の推計結果である。$SukukType$「その他のスクーク」の場合の推計結果の記載は省略する。推計式(1)‐(3)は市場で評価される企業価値を示す代理変数として資本の時価・簿価比率（$Market\ to\ Book$）を採用し，(4)‐(6)は累積超過収益率 CAR（－60，－2）を用いている。

図表8‐11の推計式(2)を見ると，資本の時価・簿価比率（$Market\ to\ Book$）の係数値は正の有意な値を示している。また推計式(5)においても，累積超過収益率 CAR（－60，－2）の係数は正の有意な結果を示している。これらの結果から，イジャラ・スクークを発行する企業の1つの特徴が，将来に成長機会を持つため，資本市場において企業価値が高く評価されている企業であることを指摘することができる。他方，資本の時価・簿価比率（$Market\ to\ Book$）と累積超過収益率 CAR（－60，－2）の係数値は，推計式(1)，(3)，(6)では非有意であった。これらの結果は，ムラバハ・スクーク，ムシャラカ・スクーク発行企業は，必ずしも資金調達時に有望な成長機会を持つとは見なされていないことを示唆している。

推計式(2)では，アルトマンのZスコア（$Zscore$）の係数値が有意な負の値を示している。この結果は，企業の財務安全性が高ければ高いほど，イジャラ・スクークを選択する確率が低下することを示している。また，推計式(1)および(4)は，資金調達規模（$FundSize$）の係数値が有意な負の値を示している。一方，推計式(2)，(3)，(5)，(6)はこの係数値は非有意であった。これらの結果は，スクーク発行体企業の中でも，少額の資金調達を行う企業は，ムラバハ・スクークを選択する確率が高いことを示している。さらに，推計式(3)および(6)は，情報非対称度（$Asymmetric$）の係数値が負の有意な値を示している。これらの結果は，情報非対称性の度合いが大きい（小さい）企業は，ムシャラカ・スクークを選択する確率が低い（高い）ことを示している。

第8章 イスラム金融選択序列の研究：スクーク市場のケース 259

図表8-11 タイプ別スクーク選択の決定要因：多項プロビット・モデルによる推計結果

図表は多項プロビット・モデル（8.1）の推計結果を示している。スクーク発行企業およびスクーク発行企業のうち普通社債発行企業のマレーシア上場企業は2000-2017年のマレーシア上場企業のうち、スクーク、スクークまたは普通社債、ジャラ、スクークまたは普通社債、（3）ムシャラカ、スクークまたは普通社債の被説明変数をそれぞれ、（4）ムラバハ、スクーク vs. 普通社債、（5）イジャラ、スクーク vs. 普通社債、（6）ムシャラカ、スクーク vs. 普通社債のベースはいずれも普通社債である。推計式（1）-（3）のベースはいずれも普通社債。（5）イジャラ、スクークまたは普通社債の被説明変数はいずれも普通社債である。ThomsonONEにおいて、スクークのタイプが記述されないディールは標本から除外した。また、ムダラバ、イスティスナ、ロイター社、アルワカラ、ビル・イスティマル、バイ・ビザナル・アジル、バイ・ビザナル・アジルの「その他スクーク」も標本から除外している。

推計方法	(1) SukukType：ムラバハ スクーク vs. 普通社債 多項プロビット・モデル	(2) SukukType：イジャラ スクーク vs. 普通社債 多項プロビット・モデル	(3) SukukType：ムシャラカ スクーク vs. 普通社債	(4) SukukType：ムラバハ スクーク vs. 普通社債	(5) SukukType：イジャラ スクーク vs. 普通社債 多項プロビット・モデル	(6) SukukType：ムシャラカ スクーク vs. 普通社債
被説明変数						
Market Book	1.236 (1.550)	3.488*** (3.330)	−1.397 (−0.890)	3.285* (1.880)	4.169* (1.870)	−0.640 (−0.320)
CAR(−60, −2)	−0.890 (−1.330)	−1.071*** (−2.760)	0.326 (0.540)	−0.404 (−0.760)	−0.358 (−0.670)	−0.118 (−0.290)
Z Score	−0.199 (−1.360)	−0.535** (−2.120)	−0.052 (−0.210)	−0.301 (−0.590)	−0.709 (−1.490)	−0.236 (−0.960)
TotalAsset	−0.160* (−1.850)	0.013 (0.190)	0.659 (0.460)	−0.654* (−1.870)	−0.097 (−0.210)	0.285 (0.810)
FundSize	0.055 (0.650)	0.062 (0.790)	−0.057 (−0.490)	−0.031 (−0.390)	−0.488* (−1.900)	0.016 (0.190)
KZindex	0.031 (0.110)	0.397 (1.210)	−0.598** (−2.120)	0.010 (0.090)	0.333 (0.980)	−0.321* (−1.750)
Asymmetric	0.079 (0.690)	0.811** (2.120)	0.190** (2.200)	0.022 (0.990)	0.441*** (2.960)	0.296** (2.140)
Maturity	−1.308 (−0.710)	−8.709*** (−3.120)	−5.280** (−1.460)	−0.044 (−0.020)	−4.913** (−2.040)	−8.169 (−1.200)
Intercept						
産業ダミー	yes	yes	yes	yes	yes	yes
時間トレンド	yes	yes	yes	yes	yes	yes
時間トレンド2乗	yes	yes	yes	yes	yes	yes
標本数			254			254
ワルド χ^2 検定			71.01**			69.21**
Log Likelihood			−132.2			−131.9

注：***、**、*はそれぞれ1％、5％、10％での有意水準を示す。

6.2 再検証

図表8-12は，前節で示したタイプ別スクークを選択する要因に関する再検証結果を示している。推計式(7)-(9)は二値プロビット・モデルの推計結果である。推計式(7)は，企業iがムラバハ・スクークを選択した場合を「=1」，その他のスクークを発行した場合を「=0」としている。推計式(8)は，企業iがイジャラ・スクークを選択した場合を「=1」，その他のスクークを発行した場合を「=0」としている。推計式(9)は，企業iがムシャラカ・スクークを選択した場合を「=1」，その他のスクークを発行した場合を「=0」としている。推計式(7)-(9)の標本は，普通社債発行企業を除外し，スクーク発行企業のみから構成されている。

推計式(7)では，資金調達規模（$FundSize$）の係数値が有意な負の値を示しており，この結果は図表8-11の推計式(1)および(4)の結果と整合する。図表8-11では，推計式(2)，(3)，(5)において，資金調達規模（$FundSize$）の係数値は非有意であったが，図表8-12の推計式(8)および(9)では，これらの係数値は有意に正の値を示している。これらの結果は，資金調達規模が大きい企業は，スクーク発行において，イジャラ・スクークもしくはムシャラカ・スクークを選択する確率が高いことを示している。推計式(8)では，資本の時価・簿価比率（$Market\ to\ Book$）の係数値が，正の有意な値を示しており，この結果は，図表8-11における推計式(2)および(5)の結果と整合する。また推計式(9)は情報非対称度（$Asymmetric$）の係数値が負の有意な値を示している。この結果は，図表8-11の推計式(3)および(6)と整合し，情報非対称性の度合いが大きい（小さい）企業は，ムシャラカ・スクークの選択確率が低い（高い）ことを示している。

図表8-12 タイプ別スクーク選択の決定要因：二値プロビット・モデルによる推計結果

図表は二値プロビット・モデルによるモデル（8.1）の推計結果を示している。標本データは2000－2017年のマレーシア上場企業のうちのスクーク発行企業である。推計式(7)の被説明変数は Murabahah sukuk（ムラバハ・スクークを選択＝1，その他スクーク＝0），推計式(8)の被説明変数が Ijarah sukuk（イジャラ・スクークを選択＝1，その他スクーク＝0），推計式(9)の被説明変数が Musyarakah sukuk（ムシャラカ・スクークを選択＝1，その他スクーク＝0）である。トムソン・ロイター社 ThomsonONE において，スクークのタイプが記述されないディールは標本から除外した。また，ムダラバ，イスティスナ，アルワカラ・ビル・イスティマル，バイルナ，バイ・ビサマル・アジルの「その他スクーク」も標本から除外している。

	被説明変数		
	(7)	(8)	(9)
推計方法	ムラバハ・スクークを選択＝1，その他＝0 二値プロビット・モデル	イジャラ・スクークを選択＝1，その他＝0 二値プロビット・モデル	ムシャラカ・スクークを選択＝1，その他＝0 二値プロビット・モデル
Market Book	－1.449 **	2.084 **	0.412
	（－2.360）	（2.110）	（0.310）
Z Score	0.660	－0.514	0.090
	（1.490）	（－1.250）	（0.410）
TotalAsset	0.625 **	－0.620 *	－0.480
	（2.220）	（－1.810）	（－1.410）
FundSize	－0.590 ***	0.399 *	0.625 **
	（－2.630）	（1.690）	（2.290）
KZindex	－0.081	－0.002	0.042
	（－0.760）	（－0.070）	（1.160）
Asymmetric	0.444 **	0.728 *	－0.390 *
	（2.040）	（1.900）	（－1.910）
Intercept	4.790 **	－6.193 **	－4.533
	（2.550）	（－2.360）	（－1.360）
産業ダミー	yes	yes	no
時間トレンド	yes	yes	yes
時間トレンド2乗	yes	yes	yes
標本数	131	131	131
LR chi2	15.4 **	32.3 ***	17.9 **
pseudoR2	0.201	0.107	0.164

注：***，**，*はそれぞれ1％，5％，10％での有意水準を示す。

6.3 タイプ別スクーク選択と発行後の経営パフォーマンス

図表 8-13はタイプ別スクークの選択と，資金調達後の経営パフォーマンスの関係に関する実証分析結果を示している。推計式(10)-(11)は被説明変数として，スクーク発行2日後から60日後までの累積超過収益率 $CAR(+2, +60)$ を採用し，それぞれの発行体企業が選択したタイプ別スクークを「=1」，その他を「=0」とするダミー変数 *Murabahah sukuk*, *Ijarah sukuk*, *Musyarakah sukuk* を説明変数として採用している。説明変数にはその他，*Market to Book*, $CAR(-60, -2)$, *KZindex* とこれら3変数とタイプ別スクーク選択のダミー変数の交差項を採用している。標本は前節同様，スクーク発行体企業のみである。*ThomsonONE* において，タイプの記載がないディールデータは，標本から除外した。

図表 8-13の推計式(10)は，*Murabahah sukuk*×*Market to Book*, *Ijarah sukuk*×*Market to Book*, *Musyarakah sukuk*×*Market to Book* の係数値が負の有意な値を示している。一方，推計式(11)では，*Murabahah sukuk*×$CAR(-60, -2)$ および *Ijarah sukuk*×$CAR(-60, -2)$ の係数値は，正の有意な結果を示している。推計式(11)では，*Musyarakah sukuk*×$CAR(-60, -2)$ の係数値は非有意であった。また推計式(10)(11)では，*Murabahah sukuk*×*KZindex* の係数値はともに非有意であったが，*Ijarah sukuk*×*KZindex* の係数値はともに有意な負の値を示している。これは，強い金融制約下にあるイジャラ・スクークの発行体は，資金調達後，高い累積超過収益率を記録していることを示唆している。*Musyarakah sukuk* × *KZindex* の係数値は，推計式(10)では有意な負の値，(11)では非有意であった。

図表 8-13 スクーク発行後の累積超過収益率と発行体企業の経営上の特徴

図表は最小二乗法による，タイプ別スクーク発行の選択と，スクーク発行後の累積株価超過収益率の関係に関する推計結果を示している。標本データは2000－2017年のマレーシア上場企業のうちのスクーク発行企業である。推計式(10)(11)の被説明変数はスクーク発行後2日後から60日後までの累積株価超過収益率 CAR（+2, +60）である。説明変数は，ムラバハ・スクークを選択する場合を「＝1」とするダミー変数 Murabahah sukuk，イジャラ・スクークを選択する場合を「＝1」とするダミー変数，ムシャラカ・スクークを選択する場合を「＝1」とするダミー変数 Musyarakah sukuk，を採用している。それぞれのダミー変数は，当該タイプのスクーク以外の選択の場合は「＝0」とした。これらの説明変数以外に，スクーク発行直前の決算年度の資本の時価・簿価比率（Market to Book），発行直前 CAR（-60, -2），発行時の累積株価超過収益率 CAR（-1, +1），を説明変数として採用している。企業 i の金融制約の度合いの代理変数として KZindex を併せて採用した。トムソン・ロイター社 Thomson ONE において，スクークのタイプが記述されないディールは標本から除外した。また，ムダラバ，イスティスナ，アルワカラ・ビル・イスティマル，バイルナ，バイ・ビサマル・アジルの「その他スクーク」も標本から除外している。

	(10)		(11)	
	CAR (+2, +60)		CAR (+2, +60)	
推計方法	最小二乗法		最小二乗法	
Murabahah sukuk	1.088	*	-0.060	
	(1.880)		(-0.710)	
Ijara sukuk	3.393	***	0.171	**
	(3.950)		(2.100)	
Musharakah sukuk	1.439	**	0.193	
	(2.330)		(1.280)	
Market to Book	-1.055	**		
	(-2.200)			
CAR (-60, -2)			-0.084	
			(-1.200)	
CAR (-1, +1)				
KZindex	-0.012		-0.007	
	(-1.370)		(-0.690)	
Murabahah sukuk x Market to Book	-0.682	**		
	(-2.090)			
Murabahah sukuk x CAR (-60, -2)			1.298	*
			(1.790)	
Murabahah sukuk x KZindex	-0.008		0.007	
	(-1.100)		(0.690)	
Ijara sukuk x Market to Book	-1.461	***		
	(-3.810)			
Ijara sukuk x CAR (-60, -2)			2.173	**
			(2.510)	
Ijara sukuk x KZindex	-0.123	***	-0.028	***
	(-5.350)		(-3.340)	

Musyarakah sukuk x Market to Book	−0.550 **	
	(−2.220)	
Musyarakah sukuk x CAR(−60, −2)		0.721
		(0.770)
Musyarakah sukuk x KZindex	−0.037 *	−0.007
	(−1.650)	(−0.440)
Market to Book^2	0.364 ***	
	(3.260)	
CAR(−60, −2)^2		0.417
		(0.290)
KZindex^2	0.008 **	0.004
	(2.120)	(0.810)
定数項	1.073	0.148
	(1.230)	(1.250)
産業ダミー	yes	yes
時間トレンド	yes	yes
時間トレンド2乗	yes	yes
標本数	131	131
自由度調整済み R^2	0.193	0.190

注：***，**，*はそれぞれ1％，5％，10％での有意水準を示す。

7　考察：エージェンシー・コスト負担効果

　調達序列理論に関わる一連の先行研究は，資金調達手段のエージェンシー・コストの大小が資金調達手段の優先順位を決定すると主張する。本章の実証分析結果も，それぞれの発行体企業の情報非対称性ならびにスクークのエージェンシー・コスト負担効果の大きさが，スクーク選択に影響を与えるとの結果を示している。

　具体的には，図表8-12の実証分析結果は，発行体企業の情報非対称度（*Asymmetric*）とムラバハ・スクーク選択確率が，正に有意な関係を持つことを示している。この結果は，ムラバハ・スクーク選択は，他のスクークを選択した企業に比べ，情報非対称度が大きい企業が，これまで選択してきたと解釈することができる。また，図表8-11〜図表8-13は同時に，発行体企業の金融制約度（*KZindex*）はムラバハ・スクークの選択に影響を与えないとの結果を示している。この結果は，金融制約が大きい企業も小さな企業も，ムラバハ・

スクークを選択していることを示唆している。ムラバハ・スクークは，コスト・プラス・セールス型スクークであるため，ムラバハ・スクークを購入する投資家には，投資額に一定割合が上乗せされた投資収益が還元される。他方，図表8-10の償還期間の差の検定結果は，ムラバハ・スクークの償還期間が，3つのスクークの中では有意に最短であることを示している。さらに図表8-11，図表8-12の推計結果は，ムラバハ・スクークの選択確率と資金調達規模（$FundSize$）が，有意に負の関係にあることを示している。これらの結果は，本章の仮説1が支持されることを示している。本章の第1の実証分析の結果をまとめると，ムラバハ・スクークは，情報非対称度が大きく，償還期間が短い資金を需要する企業に選択されると結論付けられる。また，原データを確認すると，ムラバハ・スクーク発行企業は，短期資金を複数回ロールオーバーする事例が多く，これは他のスクーク発行企業には見られない特徴である。この仕組みの特徴のため，ムラバハ・スクークは，情報の非対称性が大きい発行体企業が，まず少額資金を調達し，後に複数回発行する過程を辿ることが多いと見られる。

　図表8-12の実証分析結果は，発行体企業の情報非対称度（$Asymmetric$）とイジャラ・スクークの選択確率が，正に有意な関係にあることを示している。これらの結果は，他のスクーク発行企業に比べ，情報非対称度が大きな企業がイジャラ・スクークを選択する確率が高いことを示している。次に図表8-11，図表8-12の実証分析結果は，イジャラ・スクークの発行選択確率と，発行体企業の企業価値の大きさが，正の関係にあることを示している。図表8-11，図表8-12では，発行体企業の企業価値の代理変数として資本の時価・簿価比率（$Market\ to\ Book$），累積超過収益率 $CAR\ (-60, -2)$ のいずれを採用した場合にも，この正の関係が有意であることを示している。さらに図表8-13では，イジャラ・スクークを選択する企業を「=1」とするダミー変数（$Ijarah\ sukuk$）と企業の金融制約度（$KZindex$）の交差項が，資金調達後の累積超過収益率に負の影響を与える結果を示している。この結果は，資金調達前に金融制約に直面する企業によるイジャラ・スクークの発行は，その後の発行体企業の企業価値の増大にプラスの影響を持つと解釈することができる。そして，この実証分析結果は，本章の仮説2を支持している。普通社債の発行選択の決定

要因に関する先行研究では，Dong et al.（2011）が，企業価値の代理変数と金融制約の代理変数の交差項が，逆に普通社債の発行選択にマイナスの影響を与えると結論付けている。本章の実証結果とDong et al.（2011）との違いは，イジャラ・スクークは普通社債とは異なり，特別目的会社が持つ担保価値がエージェンシー・コストを負担することから，金融制約が強いが，高成長機会を持つ企業に選好される確率が高いと解釈することができる。これらの実証分析結果を総合すると，イジャラ・スクークは，情報非対称性が大きい，有望な成長機会を持つ発行体企業が選択しやすい資金調達手段であると結論付けることができる。

　最後に，本章の実証分析結果は，発行体企業の情報非対称性の大小が，ムシャラカ・スクークの選択においても，重要な決定要因であることを示している。図表8-11，図表8-12の実証分析結果は，発行体企業の情報非対称度（$Asymmetric$）が小さい企業ほど，ムシャラカ・スクークを選択する確率が高いことを示している。この結果は，エージェンシー・コストを償還期間の短期化により負担するムラバハ・スクーク，有形固定資産の担保価値により賄うイジャラ・スクークの選択とは異なる結果を示している。Abedifar et al.（2015）が指摘する通り，ムシャラカ・スクークと株式発行の選択決定要因は，ともに利益分配型の証券であるがゆえ，情報非対称性が低く，企業の事業活動の投資家に対する透明性が高い企業のみが選択するという点で酷似している。換言すれば，本章の実証分析結果は，ムシャラカ・スクークは，エージェンシー・コストを，スクークを購入する投資家が負担せざるを得ないことから，ムラバハ・スクークやイジャラ・スクークの発行よりも，発行体企業の情報非対称性の低さが企業に求められる資金調達手段であることを示しており，本章の仮説3を支持している。これらの結論をまとめれば，3つのスクークの中で，償還期間が長い大規模資金を需要する企業は，ムシャラカ・スクークを選択するが，このスクークを選択できる発行体企業の情報非対称性は低位であることが要件となる。イオン・クレジット・サービスやトヨタ・キャピタル・マレーシアなどの日本企業の現地法人が，マレーシアでスクーク発行を行う場合，ムシャラカ・スクークが選択される確率が高い理由も，親会社を含む企業グループ全体の経営の透明性が高いためであると解釈することができる。

8 結論：市場内金融ヒエラルキーの構造

　本章は，スクーク発行による資金調達の実施を計画する発行体企業が，どのタイプのスクークを選択するかについて，その企業の特徴と選択決定要因に関する実証分析を行った。結果は，スクーク発行市場においても，調達手段それぞれのエージェンシー・コスト負担効果の大きさの順に，資金調達手段の選択が決定されるという点で，スクーク市場にも調達手段選択の金融ヒエラルキーが存在することを明らかにした。具体的には，外部投資家から経営情報が見えにくいと見なされる発行体企業は，まず第1にムラバハ・スクークの発行選択確率を高め，この資金調達手段を複数回用いることで，自らの資金需要を充足する。優先的にムラバハ・スクークが選択される理由は，この手段を用いることで短期資金を複数回調達する場合，発行体企業の情報非対称性が大きくとも，償還のたびに債務履行能力が確認されることで，エージェンシー・コストが負担されるためである。設備投資資金をはじめとする長期の大規模資金を需要する発行体企業は，イジャラ・スクーク，ムシャラカ・スクークの順に資金調達手段を選択する。イジャラ・スクークとムシャラカ・スクークの選択においては，前者は情報非対称性の大きい企業に選択され，後者は情報非対称性が小さな企業のみが選択する。また前者は，金融制約に直面しながらも有望な企業の将来の成長機会を持つ発行体がエージェンシー・コストを負担するための手段として採用するケースが多く，マレーシアのような新興国市場では特に有力な直接金融手段と位置付けられている。ムシャラカ・スクークを選択する企業は，新興国市場ではむしろマイノリティーに属する，経営内容の透明性が高い企業が選択する確率が高いことから，今後，ロンドン市場や東京市場などの主要先進国市場において，先進国企業が利用する可能性を示している。

　本章の分析は，タイプ別のスクークの選択を促す要因として，どのような企業の特徴があげられるか，マレーシア企業を標本として実証分析を行ってきた。発行実績が多いムラバハ・スクーク，イジャラ・スクーク，ムシャラカ・スクークをその研究対象として取り上げたが，逆に言えば発行実績が少ないス

クークは分析の対象から除外している。イスティスナ，ムダラバ，アル・ワカラビル・イスティマールなどの標本が少ないスクークは分析の対象から除外されている。これらのスクークの構造が，何かしらの市場メカニズムを促す機能を具備するのか否か，そして今後は発行実績が増大してゆくのか否かは不透明なままである。今後の研究に委ねたい。

終　章

新興国市場のファイナンス分析：結論

1　結論1：新たな国際資本フローがもたらす新興国への影響

✓ 新興国向けクロスボーダーM&Aと国内M&Aでは，被買収企業の特徴が異なる。
✓ クロスボーダーM&Aによる外国企業の企業価値は，国内M&Aよりも上昇する。
✓ 新興国向けクロスボーダーM&A誘致は，政府国有株放出を後押しする。
✓ 新興国の法制整備と税制改革は，2つの対内直接投資をともに促す。
✓ 外国企業の本国での持続的な高株価はグリーンフィールド直接投資を促すが，クロスボーダーM&Aは実施発表前後のみ株価が変動する。

　第1章「市場経済移行国とクロスボーダーM&A：中国・インドの経験」，第2章「グリーンフィールド直接投資 vs. クロスボーダーM&A：新興国進出手段の選択決定要因」では，国際資本フローの中でも近年，顕著な変化を見せる外国直接投資と新興国との関係を分析した。1990年代まで，先進国企業の海外進出手段は，グリーンフィールド直接投資が，外国直接投資のほぼすべてを占める時代が続いてきた。21世紀に入り，こうした時代は変化を迎え，グリーンフィールド直接投資の代わりにクロスボーダーM&Aを選択することで「時間を買う」先進国企業が急増している。こうした中，本書は，この直接投資の新潮流が新興国の経済発展に対し，いかなる影響をもたらしてきたのか，7つの仮説検証を行った。
　第1章における第1の結論は次の通りである。多くの新興国では経済発展の

初期時点において,多くの国有企業が存在する。ともに1991年以降,市場経済化を進める中国・インドでは,現預金比率が高いキャッシュ潤沢企業,株価が過小評価される企業が,外国企業の買収対象となっている。そしてこの被買収企業の特徴は,国内企業が買収する被買収企業には当てはまらない。第2の結論もこの1つめの結論に関係する。中国,インド企業を買収した外国企業の株価,株主価値は,中国,インド企業を買収した現地企業の株価,株主価値よりも上昇している。それゆえ,クロスボーダーM&Aと,現地企業同士の場合の,企業買収時の異なる株価効果は,被買収企業の異なる特徴からもたらされると結論付けられる。第3の結論は,外国企業の被買収企業の経営情報の探索に関してである。中国,インド企業を買収した外国企業は,これらの被買収企業が非上場企業である場合,上場企業を買収するケースよりも,より高い株価の上昇を経験している。よって,外国企業は,経営情報の入手が困難である新興国の非上場企業の買収において,過去のM&Aの経験やディールのノウハウ等から,より高い収益機会を実現している可能性が高いと結論付けられる。

　第1章の実証分析は,併せて次の分析結果を示している。現地企業による現地企業の買収では,現地の買収者は,発行済み株式数に対する非流通株比率や政府保有比率が高いという特徴を持つ被買収企業を選好している。そして,外国企業が好む被買収企業の現預金比率という特徴は,現地買収企業の意思決定には影響を与えない。この実証結果は,現地企業同士の買収は,政府保有株の放出には貢献するものの,買収企業の将来の成長に,どのようにプラスに働くのか,実証的証拠が存在しないことを示している。この実証結果を,第1,第2,第3の結論と併せて考察すると,第4の結論として,国内のみで政府保有株の放出を進める国・地域よりも,クロスボーダーM&Aの誘致は,より迅速に政府保有株の放出を進め,国内外の株主価値を高めることができる,との結論を導くことができる。また,クロスボーダーM&Aの誘致は,新興国の国有企業の事業再構築を積極的に進めることも可能となる。この過程において,外国企業が被買収企業の潤沢な現預金を,適切に設備投資や研究開発投資に活用すれば,被買収企業の成長機会をも高める可能性がある。

　次に,どのような新興国の法制度やマクロ経済の特徴,そして外国企業の行動様式が,グリーンフィールド直接投資,クロスボーダーM&Aのどちらを誘

致する要因となるのか。この点に関する第2章の結論は，次の4点である。まず新興国側の法制整備がもたらす対内直接投資の誘致効果について，多くの先行研究は，知的財産法制の整備がグリーンフィールド直接投資を誘致する効果が大きいと報告している。第2章は，知的財産法制の整備は，グリーンフィールド直接投資に加え，クロスボーダーM&Aを誘致する効果も大きいこと，これに加え，投資家保護法制の強化は，クロスボーダーM&Aのみを誘致する効果が大きいことを第1の結論として導出している。この第2章1つめの結論は，新興国政府による知的財産法制の整備は，グリーンフィールド直接投資，クロスボーダーM&Aの双方の対内投資増加を通じ，雇用創出，所得増進に直結することを意味している。そして，新興国政府による投資家保護関連法制の強化は，さらなるクロスボーダーM&Aの増加を通じ，政府株放出と現地企業の事業再構築をより迅速に進めることにつながる。

　第2章の第2の結論は，新興国のマクロ経済の特徴がもたらす，グリーンフィールド直接投資とクロスボーダーM&A誘致への影響についてである。第2章の実証分析結果によれば，大きな人口規模，低位な法人税率，二国間貿易取引の拡大は，いずれも双方の直接投資を促進する効果を持つ。そしてこれらの実証結果は，多くの先行研究の成果と一致する。したがって，第2章の第2の結論は，新興国政府は，外国企業の投資誘致を促すためには，法制整備に加え，魅力的な法人税制，自由貿易の推進が，グリーンフィールド直接投資，クロスボーダーM&A，双方の増加につながることを示している。

　第2章は続いて次の第3の結論を示している。過去に当該新興国において，グリーンフィールド直接投資を実施した経験を持つ外国企業は，次回以降の投資もグリーンフィールド直接投資を選択する確率が高い。この第2章の第3の結論は，次の解釈が可能である。第2章の実証分析結果は，他方，外国企業が生産拠点（販売拠点）を設立する場合，グリーンフィールド直接投資（クロスボーダーM&A）を選択する確率が高いことを示している。この点を踏まえると，過去にグリーンフィールド直接投資により現地生産ネットワークの構築を進めてきた外国企業は，このネットワークの拡大や強化もグリーンフィールド直接投資を用いる可能性が高い。一方で，外国企業が，これまで進出した経験がない国・地域において，販売網を敷設する場合には，すでに販売ネットワー

クを持つ現地企業を買収する確率が高い。

　第2章の第4の結論は，外国企業の本国での株価変動がもたらすグリーンフィールド直接投資とクロスボーダーM&Aの選択への影響についてである。先行研究が指摘する通り，第2章の実証分析においても，外国企業の株価は，グリーンフィールド直接投資，クロスボーダーM&Aの選択確率と，ともに正の関係を持つことが示されている。ただし，第2章の新たな知見は，この外国企業の「株価上昇」のタイミングが，2つの直接投資では異なる点である。グリーンフィールド直接投資を選択する外国企業は，かねてより本国製品・サービス市場において，成功を収めている企業が多い。それゆえ，これらの外国企業の株価が，直接投資実施直近まで長期にわたり高く推移することが，グリーンフィールド直接投資の選択確率を高める。他方，クロスボーダーM&Aは，未進出国・地域への新規進出時に採用されるケースが多く，現地での販売網の構築に用いられる場合が多い。したがって，このケースでは，直接投資実施時までの長期的な株価は，この選択に影響を与えず，むしろ投資発表前後に影響をもたらすことが，第2章の第4の結論である。

2　結論2：新興国と銀行危機・過剰債務問題のメカニズム

✓ 国有銀行－国有企業関係が多い新興国では政府が銀行機能安定を保証する。
✓ 国有企業民営化は，これらの企業の主取引銀行のエクスポージャを高める。
✓ 国有企業が民営化後，財閥グループに保有される場合，主取引銀行の経営リスクは更に高まる。
✓ 国有銀行が民営化後，財閥グループに保有される場合，借り手企業の負債比率が上昇する。
✓ 国有銀行民営化後，外国人所有比率が高まる場合，融資審査が厳格化する。

　第3章「『2つの中国』のファイナンス研究」，第4章「新興国の銀行－企業関係：市場経済化と銀行エクスポージャの検証」では，新興国では，なぜ市場

終章　新興国市場のファイナンス分析：結論　273

経済化の過程で,銀行危機が頻発するのか,そして借り手企業の債務はなぜ経済発展が進む中で時に肥大化するのか,そのメカニズムを解明した。ヤノシュ・コルナイ名誉教授の1979年,1980年の著作以降,「ソフトな予算制約」の存在は,社会主義体制下の国々のみならず,多くの新興国,発展途上国で観察されている。この政府－企業間の産業金融は,本来は,新興国・途上国の幼稚産業を将来,基幹産業に育てるための開発政策上の仕組みである。しかし,本書第3章,第4章は,この「ソフトな予算制約」の存在が,新興国において市場経済化,経済発展が進むとともに,逆に銀行危機と企業の過剰債務問題の一因となりうることを立証している。

　第3章の分析対象として採用した中国,台湾は,いずれも1951年から1988年まで,国有銀行－国有企業の貸出リレーションシップが,開発政策と産業金融において重要な役割を担ってきた。1989年以降,この両岸政府の銀行行政は,今日においても国有銀行－国有企業の強い貸出リレーションシップを維持する中国と,銀行市場の競争政策を推進した台湾という,両極端な道のりを歩んできた。第3章は,この二極化後の両岸銀行市場が,結局のところ,どちらがより安定的で経済発展への貢献度が高かったのか,そして銀行危機の原因となるリスク選択行動にどのような違いが生まれているのか,について,3つの仮説検証を行った。

　まず第3章第1の結論は次の通りである。直観的な理解通り,中国の銀行市場は台湾よりも,上位銀行の市場占有率が高く,不完全競争度が高い。中国では更に,2016年までの貸出金利規制や窓口指導により,銀行の収益を維持することで,政府はこれらの国有銀行を通じ,政府の開発政策に適う国有企業へのファイナンスを継続させてきた。一方,台湾では,1990年代の李登輝政権下では新設行が相次ぎ誕生し,2000年代の陳水扁,馬英九時代には,米国(シティバンク),英国(HSBC銀行),シンガポール(DBS銀行),豪州(ANZ銀行)からの銀行進出を認めてきたため,銀行市場は完全競争市場に近い状況にある。当然,前者の場合,国有銀行の貸出リレーションシップ維持の代償として,借り手企業や預金者は,より低いレベルの金融サービスを余儀なくされるのに対し,後者は金融持ち株会社を通じる,より高いレベルの金融サービスを借り手企業や預金者にもたらしてきた。換言すれば,第3章の1つめの結論は,「2

つの中国」における銀行機能の安定は，中国では政府部門のコスト負担と利用者の効用逸失によりもたらされ，台湾では，銀行自身の利潤最大化とリスク選択行動により，維持されてきたと解釈することができる。

　第3章の第2の結論は，市場経済化が進行する過程での，中国，台湾の銀行の投融資事業におけるリスクテイク行動についてである。第3章の実証分析は，中国，台湾ともに銀行の政府保有比率が高ければ高いほど，これらの銀行が投融資事業において，債務履行能力が必ずしも高くはない企業への投融資を行っていることを示している。この点は，政府保有比率が高い上位4銀行が市場をほぼ寡占する中国では，銀行システム全体が高い信用リスクに潜在的に晒されていることを意味する。一方，政府保有比率が高い銀行の市場支配力が小さい台湾では，銀行システム全体が請け負う信用リスクは中国ほど大きくはない。

　第3章の第3の結論は，銀行の所有構造とリスク選択行動の関係についてである。制度改革により，将来的に収益の減少が見込まれる場合，リスクを積極的に採ることでこれを補おうとするのか否かにおいて，中国と台湾の銀行は，その行動様式が異なっている。中国の商業銀行は，仮に銀行の収益が将来的に見込めない中でも，リスク選択行動が変化することはない。この理由は，もともと信用リスクが高い借り手への融資が多いことに加え，主要株主である政府が，利潤最大化よりも開発政策の要諦としての役割を国有銀行に求めているためである。台湾の場合，民間部門に所有される銀行ほど，銀行の収益が将来的に見込めない場合，積極的なリスクテイク行動へまい進する。しかし，この所有者の中に外国人株主が増加する場合，こうしたリスク選択行動には歯止めがかかる。台湾では，個々の銀行所有者が，利潤最大化とリスクのトレードオフを選択した結果，金融システム全体として安定的な銀行機能が維持されている。

　第4章は分析対象を拡大し，インドネシア，タイ，フィリピン，マレーシア，シンガポール，インド，パキスタン，中国，韓国，トルコ，ロシアの11カ国の標本を採用した。ここでの実証分析では，これらの国々の銀行－企業関係と銀行エクスポージャとの関係を検証し，次の4つの結論を導出した。第1の結論は，国有銀行－民営化企業のリレーションシップが多い銀行のリスク・エクスポージャについてである。第3章の中国と台湾に関する研究によれば，政府保有比率が高い銀行が，数多くの国有企業と取引する場合，銀行自身の経営リス

クは，政府がこのコストを負担するため，必ずしも大きくはない。これに対し第4章は次の結論を導出している。国有銀行の経営リスクは，市場経済化の過程において，借り手企業の民営化が先行的に進行した場合，一転して，上昇する。その理由は，国有銀行を主取引銀行とする（旧）国有借り手企業が，政府保有株放出後も債務履行能力が高くない企業が多いためである。

　第4章の第2の結論は，国有銀行が地場ビジネス・グループ企業と数多くの長期取引関係を持つ場合の経営リスクについてである。先行研究が指摘する通り，地場ビジネス・グループは，民間企業でありながらも，政府から事業プロジェクトの受注や政府予算からの金融支援など，様々な癒着関係を持つことが多い。また，国有企業が民営化される場合には，地場ビジネス・グループが主要所有者となるケースも散見される。こうした状況の中，地場ビジネス・グループ企業と長期取引関係を持つ国有銀行は，必ずしも債務履行能力が高い借り手企業のみと貸出約定契約を締結している訳ではない。さらに，第4章は，国内銀行が地場ビジネス・グループに所有される場合の経営リスクについても，第3の結論として導出している。地場ビジネス・グループが国内主要銀行の主要株主となる場合，その多くの借り手企業も地場ビジネス・グループ所属企業である場合が多い。この際，銀行の利潤最大化に貢献しない借り手企業との間で，貸出リレーションシップが維持されるケースが発生しやすい。結果的に，借り手企業の債務履行能力を超える銀行融資がもたらされ，銀行の経営パフォーマンスを悪化させる。新興国では，銀行部門，非金融部門ともに，政府保有株式の放出による民営化が，遅かれ早かれ進められる。第4章の第2，第3の結論は，国有銀行が国有借り手企業との間で，維持可能であったはずの金融仲介機能が，両者の民営化の過程で，民間非金融部門に，返済能力を上回る借入を増加させ，銀行のエクスポージャを増大させるプロセスを示している。

　第4章の第4の結論は，新興国が，将来の長期的な成長のためには，直接金融市場の育成に踏み出さなければならない理由を示している。新興国銀行の所有者が外国人である場合，これらの銀行の経営リスクは低下する。この結論は，本書第3章ならびに他の多くの先行研究の成果とも一致する。その理由は，現地借り手企業に関する情報を持たない外国人株主が，銀行経営者に貸出審査の厳格化を促すことが一因であると考えられる。債務履行能力の高低にかかわら

ず，グループ内企業の資金需要に応えようとする地場ビジネス・グループ銀行とは異なり，外国人所有銀行の目的は，経営健全化と株主価値最大化である。したがって，経済発展の過程で，外国人所有比率が上昇する銀行の場合，上記の目的に適わない融資先が仕分けされる確率が高まる。この場合，外国人所有銀行の経営リスクは低下するが，借り手企業の資金調達は，かつてほどには円滑に進まず，資金調達が困難化する状況が多発する。このとき，借り手企業は，直接金融市場へのアプローチを後押しされ，金融資本市場での資金調達を目指す企業が増加する。

3 結論3：新興国金融マーケット発展の決定要因

✓ 新興国企業の資金需要が主取引銀行の資本規模を上回るとき，社債・株式発行確率が高まる。
✓ 新興国においても，高株価企業のみが負債選択時の社債発行確率を高める。
✓ 社債発行選択確率が高い新興国企業は，情報非対称性が小さい企業である。
✓ 新興国資本市場は市場アクセス性が高い企業群と低い企業群より構成される。
✓ 高市場アクセス企業は，株式発行確率が高く，過剰債務に陥りにくい。

　第5章「新興国企業の負債選択：社債発行決定要因の研究」，第6章「市場アクセス性と新興国企業の資本構成」は，どのような要因が，新興国の金融資本市場の発展を後押しするのか，もしくは阻害するのか，またそれは，主要先進国の場合と，いかなる点が異なるのかを検証した。先行研究では，銀行－企業関係が，経済発展時の産業金融において，主導的な役割を果たすことが，日本やドイツのような主要先進国のみならず，多くの新興国においても確認されている。しかし後者の場合，「高所得国」への入り口に差し掛かるまでに，銀行システムの不安定化や借り手企業の過剰債務問題など，成長を制約，もしくは頓挫させる問題がもたらされることが多い。第5－6章は，新興国企業が，さらなる成長段階へテイクオフする際，どのような複数の要件を充足すれば，より大規模資金調達が可能な直接金融を利用することが可能であるのかを，企

業データ，市場データを用い，結論を導出している。

　第5章は，先行研究からもたらされた先進国企業の負債選択要因に関する知見をもとに，新興国企業の社債発行決定要因が，どのような点が異なるのかを検証している。この点において，銀行－企業関係がもたらす，新興国固有の社債発行要因に関する第1の結論は，次の通りである。新興国と主要先進国企業の重要な違いは，その資金需要規模の成長速度である。マクロ経済成長率が5％を超える新興国の多くは，自国の内需に比べ，相対的に規模が大きい米国や中国などの外需にこの成長率が牽引される。この大規模な外需に応えるため，生産能力増強を目指す新興国企業の資金需要の拡大テンポも迅速化する。一方で，輸出産業ではない主取引銀行の自己資本の拡大は，借り手企業の資金需要拡大ほど迅速ではない。また，株主価値の希薄化を忌避する既存株主からの影響その他により，マクロ経済成長率を下回ることもある。このとき，借り手企業は，自社の利益を過度に銀行借入利息として支払うことを余儀なくされる銀行－企業関係の継続よりも，より資金調達コストが安価でかつ，大規模資金調達が可能となる社債発行選択の確率を高める。

　第5章第2の結論は，新興国企業の株価と社債発行選択の関係についてである。企業の株価が上昇した場合，この企業が社債発行・株式発行のどちらを選択するのかは，先進国企業の研究においても，未だ見解の一致を見ていない。本書第5章は，この点について次の結論を導出している。新興国では，企業の株価と社債発行選択確率は正の関係を持つ。その理由は，主要先進国よりも，むしろ新興国でこそ，銀行借入依存型企業が多いためである。具体的には，主取引銀行からの金融救済を必要としない新興国企業は，やはり成長機会が多いと見なされる高株価企業である。新興国に銀行借入依存型企業が多い理由，すなわち銀行からの金融支援オプションを保っておきたい借り手企業が多い理由は，企業自身の対処能力を超える国内政治情勢や社会秩序の混乱，外需の急変等の外部環境変化が，先進国よりも多発するためである。それゆえ，高株価企業が社債を発行する傾向は，主要先進国よりも顕著であり，逆にこの両者の強すぎる関係がこれまで，社債発行企業数が伸び悩んできた一因でもある。

　第3の結論は，新興国企業の経営情報の透明性が与える社債発行選択確率への影響についてである。先進国社債市場は，一般的に社債市場の規模が大きく，

世界の主要格付け機関から格付けを取得している発行体企業が数多く参加している。そして，これらの企業の情報非対称性は，情報仲介機関の活動や企業自身のIR活動等の努力を通じて，軽減されていることが多い。一方，新興国市場では，社債発行を行う企業の事業情報や信用情報を，外部投資家が入手することは容易ではなく，地場情報仲介機関の信用情報も国際的な信用度に乏しい。こうした新興国の異なる市場環境の下では，社債発行体企業の情報非対称性は，社債発行選択において大きな影響力を持つ。すなわち，資金需要規模の拡大が銀行資本の成長よりも迅速で，高株価企業であっても，投資家から見て，経営情報が見えにくい新興国企業は，社債発行を選択することができず，銀行借入を継続する。この点も，新興国において社債発行社数がこれまで伸び悩んできたもう1つの理由である。

　新興国において，企業部門の過剰債務問題がたびたび発生する理由は，債務比率の分母の一部，資本の増加率が，分子の負債増加率を下回るためである。第6章は，新興国の中から，市場の発展度と歴史的経緯が似通うASEAN所得上位4カ国企業を標本として，いかなる要因が，企業の資本増強を後押しするのか，あるいは妨げるのか，その要因を検証した。第6章は，主要先進国の中小企業の株式発行の規定要因として，先行研究が重要視する「市場アクセス性」が，新興国ではより多くの企業の増資に影響を与えるとの結論を導出している。第6章第1の結論は，次の通りである。新興国では，新規株式公開後，追加的に公募増資を経験しない企業は，継続的に，資金調達を銀行借入に依存する。新興国では，政府が資本市場育成策として，現地有力企業に株式上場を働きかけることが多い。この結果，多くの国では，政府と癒着関係を持つビジネス・グループ企業が上場企業となる。それゆえ，新規株式公開は，企業の市場アクセス性の改善，すなわち企業の資金調達時の限界費用の逓減，企業情報の外部公開の促進，には必ずしも直結しない。しかし，新規株式公開後，公募増資を繰り返す企業は，その実施頻度が高まるほど，資金調達時の限界（金融）費用も逓減し，外部投資家への情報量も増大する。それゆえ，これらの企業は，公募増資が度重なるほど，さらなる株式発行の選択確率を高める。

　第6章第2，第3の結論は，現代ファイナンス理論ではこれまで説明されていない，企業の株式発行を規定する新興国固有の要因についてである。新興国

企業を観察すると，企業の資金調達手段の選択と，その金融費用との関係には，全般的には因果関係は見られない。この点は，新興国研究において，世界のファイナンス研究者を，長きにわたり悩ませてきた。しかし，この母集団を，市場アクセス性が高い企業に限定すると，資金調達時の金融費用と株式発行の選択確率は，明白な関係が検出される。すなわち，現代ファイナンス理論が主張する，いわゆるトレードオフ理論は，新興国では市場アクセス性が高い，少数の企業にのみ整合する。この点は，株価，株主価値希薄化と株式発行選択の関係についても同様である。新興国企業の，資金調達後の業績見通しと株式発行選択は，一般的には因果関係は見られない。しかし，この母集団を，市場アクセス性が高い企業に限定すると，将来の株主価値希薄化を相殺する，高株価と好業績見通しは，企業の株式発行確率を高める。

第6章の3つの結論は同時に，いかに新興国における株式発行市場の育成が困難であるかも示している。新興国企業が，銀行借入依存型ファイナンスから，より巨額資金を公募株式市場で調達するためには，まず企業の市場アクセス性を改善する必要がある。新興国においても過去，政府主導により地場格付け機関が設立されてきた経緯がある。また，2000年代のアジア債券市場構想においても，域内格付け機関の設立を後押しする施策が進められている。しかし，これらの政府主導による情報仲介者の育成は，必ずしも，市場育成に貢献しているとは言い難い。第5章，第6章の結論は，これらの施策よりも，市場メカニズムのもとで，現地企業の公募増資を後押しする市場育成策が，金融費用の逓減や情報非対称性の緩和を通じて，新興国企業の社債・株式発行選択確率を高めることに，有効であることを示している。現地企業の公募増資の頻度が高まることで，結果的に，米系主要格付け機関から格付けを取得する現地企業も増加するはずである。

4 結論4：イスラム金融市場が成長する理由

✓ スクーク市場が国内に存在する場合，高株価企業がこの市場を利用する。
✓ 社債・株式を発行できない情報非対称性が大きな新興国企業でも，スクーク

発行は可能である。
- ✓ 企業の情報非対称性を緩和するスクークは，特に新興国では選好されやすい。
- ✓ スクーク市場では，エージェンシー・コスト負担効果の大きさの順に，金融選択序列が存在する。

　第7章「イスラム金融の謎を解く：スクーク市場のマイクロストラクチャ」，第8章「イスラム金融選択序列の研究：スクーク市場のケース」は，なぜ，スクーク市場は，新興国において拡大を続けるのか，そしてこの直接金融市場は，新興国の普通社債・普通株市場とはどのような点が異なるのかについて，検証を行った。第5章の新興国企業の普通社債市場との比較の観点から，第7章もスクーク発行企業と主取引銀行との関係，発行体企業の株価，情報非対称性の3点に焦点を当てている。また，第8章は，複数の異なるスクーク発行が持つ資金調達ストラクチャが，発行体企業の情報非対称性を軽減するメカニズムを考察し，エージェンシー・コスト負担効果の大きさの順に，スクーク内においても，選択序列が存在することを実証的に示している。

　第7章は，企業のスクーク発行選択要因と，普通社債では，どのような類似点が存在するのか，そして相違点が存在するのかについて，2つの結論を導出している。この点において，新興国企業の株価効果がもたらす，スクーク発行選択と，普通社債発行選択の類似点に関する第1の結論は，次の通りである。第5章の結論において示した通り，新興国において普通社債を発行する企業は，高株価企業が多い。その理由は，主取引銀行との長期的な貸出関係の維持，将来の金融支援を必要としない企業は，将来も有望事業を擁する高株価企業であるためである。スクーク発行においても，この状況は同じである。銀行借入依存型企業が多いマレーシア，インドネシアにおいても，資金調達手段としてスクーク発行を選択する企業は，上記と同様の理由で高株価企業が多い。換言すれば，企業の資金調達規模の成長速度が高い新興国では，国内にスクーク市場が存在する場合，高株価企業は，社債・株式発行に加え，スクーク発行というもう1つの選択肢を携えることになる。

　それではどのような要因が，スクーク発行企業と普通社債発行企業とを分け隔てるのか。第2の結論は，発行体企業の情報非対称性とスクーク発行選択確

率との正の関係についてである。借り手企業の資金需要が主取引銀行の資本の規模を相対的に上回る場合，これらの借り手企業が高株価企業であれば，社債・株式発行による資金調達の可能性を模索する。しかし，この要件を充足するためには，社債発行の場合は，低い情報非対称性，株式発行の場合は更に，低い金融費用，経営者－株主間の将来業績見通しの一致，が求められる。これらの要件を充足できない場合，企業は大規模資金調達と生産能力増強をあきらめざるをえない。10数種類のスクーク発行が可能なスクーク発行市場では，情報非対称性が大きい企業でさえも，利用可能な仕組みが存在する。このため，社債・株式発行が行えない企業であっても，大規模資金調達が可能となることが，2010年代にスクーク市場が拡大した理由である。スクーク発行のほとんどが，私募市場で行われている理由も，発行体の多くが情報非対称性が大きい企業であるためである。

　第8章は，スクーク市場での発行体企業の資金調達活動が，現代ファイナンス理論から見て，どのように説明されるべきであるのかを検証することを目的としている。具体的には，ムラバハ，イジャラ，ムシャラカ，イスティスナ，アルワカラ・ビル・イスティマル，ムダラバ，バイルナ，バイ・ビサマル・アジルの各スクークのうち，発行頻度で全体の9割超を占める，ムラバハ，イジャラ，ムシャラカ・スクークの選択決定要因が異なること，および発行体企業の情報非対称性を軽減する大きさの順に，これらに選択序列が存在することを実証的に明らかにしている。第7章で結論付けた通り，スクークと普通社債の選択決定要因が異なることと同様，ムラバハ，イジャラ，ムシャラカ・スクークの選択順序も，エージェンシー・コスト負担効果の大きさの順に決定されるという結論を導出している。

　2000年代，日中韓＋ASEAN財務相会合（2012年より日中韓＋ASEAN財務大臣・中央銀行総裁会合）が進めてきたアジア債券市場は，様々な市場育成策を参加国政府が協力することでの，域内債券市場育成を目指してきた。これらの域内金融協力とは一線を画す形で，イスラム債市場が純粋な市場メカニズムのもとで拡大を続けてきた理由はなぜなのかを，第8章の3つの結論は示している。第8章第1の結論は，最も，選択確率が高いムラバハ・スクークが，なぜ，スクーク発行体から優先的に選択されるのかについてである。その理由

は，発行体企業の経営情報に関する情報非対称性の大小に関わりなく，あらゆる企業が，この調達手段の選択を投資家に許されるためである。ムラバハ・スクークを選択する企業は，一般的に，償還期間が短い，少額資金を複数回調達することで，最終的な総資金需要を充足する。このため，投資家は償還期末ごとに発行体の債務履行能力を逐次確認し，あらかじめ確定された投資リターンを授受する。この短期資金調達をロールオーバーする資金調達スキームが，大きな情報非対称性を持つ企業でさえも選択可能する，ムラバハ・スクークのエージェンシー・コスト負担機能である。

　第8章第2，第3の結論は，大規模長期資金を調達する際に用いられる，イジャラ・スクークとムシャラカ・スクークの選択序列に関してである。イジャラ・スクークは，情報非対称性が大きい企業でも選択することが可能であり，ムシャラカ・スクークは情報非対称性が小さな企業のみが選択可能である。イジャラ・スクークが2010年代前半，世界のスクーク市場を牽引するまでに多くの企業に選好された理由は次の通りである。イジャラ・スクークも，発行体企業の情報非対称性を軽減するメカニズムを，その資金調達ストラクチャの中に有する。ムラバハ・スクークも同様に，情報非対称性を軽減するメカニズムを持つが，両者の違いは，イジャラ・スクークは長期大規模資金の調達が一度の発行で可能となる点である。イジャラ・スクークは，発行体企業が設立する特別目的会社（SPC）が保有する，生産設備・不動産を担保とする資産担保証券である。この担保資産が，債務不履行時には債権者への代位弁済の役割を果たすため，投資家は，情報非対称性が大きな発行体であっても過度な信用リスクを負わずに済むことになる。利益分配型証券であるムシャラカ・スクークには，発行体企業の情報非対称性を軽減するメカニズムは存在しない。加えて，投資家はムシャラカ・スクークへの投資によって受け取る投資リターンは，発行体企業の資金調達後の事業パフォーマンスに依存する。それゆえ，ムシャラカ・スクークは，情報非対称性が小さな企業のみが，選択可能となる。これら3つの結論は，スクーク市場においても，調達手段の選択序列が存在し，発行体企業は，エージェンシー・コスト負担効果の大きな順に，ムラバハ・スクーク，イジャラ・スクーク，ムシャラカ・スクークを選択することになることを同時に結論付けている。

おわりに

　2018年1月に米国政府が発動した対中国輸入制限措置はその後，両国が追加報復関税措置を実施する事態に発展している。また日本－中国関係も，2012年の日本政府による尖閣諸島（中国名：魚釣島）国有化以降，長らく深刻な緊張関係が続いてきた。グレアム・アリソン教授による「ツキジデスの罠」が示唆する通り，新興国台頭時の大国との対立は，21世紀の現代においても焦眉の問題である。一方で，現代の世界経済では，先進国からの新興国向け直接投資は，現地の雇用創出，技術移転を促し，所得水準を上昇させることで，新興国の国民・有権者の政治体制への支持を後押しする。それゆえ，新興国向け直接投資は，先進国企業の利潤最大化と，新興国の政治体制安定という，両者の利害が一致することで，潜在的な対立構造の緩衝役を担っているとも言える。2つの直接投資のうち，特にクロスボーダーM&Aは，今後も「時間を買いたい」先進国企業にとって，重要な進出手段となる。本書の結論は，日本企業の中国企業買収が，日本企業の株主価値増大と中国企業の事業再構築の双方に貢献することを示唆している。そして，中国が高所得国入りする将来には，中国企業による「一帯一路」周辺国，例えば中央アジア企業の買収も，中国企業の株主価値増大と中央アジア公営企業の事業再構築を後押しする。この先進国 vs. 新興国対立構造における投資の緩衝効果をより高めるためには，先進国は新興国に，これらの国々への海外企業からの投資を促進する法制改革，税制改革の有効性を論す必要がある。そして先進国，新興国双方が，資本市場育成と，自由貿易推進のための環境整備に取り組まなければならない。

　国有銀行，国有企業間の長期取引関係からもたらされる「ソフトな予算制約」は，1人当たり所得1,000USドル未満の低所得国には，必要不可欠な産業金融手段である。一方で，これらの国々では，中所得国へ仲間入りした後でさえも，貸し手，借り手が，この産業金融手段を，自ら放棄するインセンティブが存在しない。市場経済化の進展とともに，この「ソフトな予算制約」を市場から退出させるメカニズムがなければ，新興国は今後も銀行危機と，借り手企業の過

剰債務問題を繰り返すことになる。本書の結論は，銀行の所有構造と，その融資時のリスク選択が，統計的な因果関係を持つことを示している。この結論を踏まえると，ありきたりだが，新興国でこそ，所有者からの貸し手－借り手関係の監視を徹底させる銀行行政が，「ソフトな予算制約」の市場退出と銀行危機の防止に効果をもたらすはずである。また，借り手企業の過剰債務問題の回避には，資金調達手段の多様化を促す，金融資本市場育成策が不可欠だ。輸出主導工業化を指向する新興国企業の資金需要規模の成長速度は著しく速い。新興国企業が，この急拡大する資金需要を，銀行借入で賄い続けるとき，過剰債務問題が深刻化する。企業の資金調達手段の多様化は，主取引銀行への過大な借入金利払いのみならず，銀行の資本能力を超える貸出約定契約の締結を回避することができる。逆説的だが，金融発展が進む国・地域，社債市場が発展している新興国は，銀行危機や過剰債務問題に見舞われることはない。なぜなら，外部投資家は過剰債務を持つ発行体企業の社債へそもそも投資することはないからである。

　1990年代前半，非居住者円建て債券，サムライ債発行が人気を博した理由は，当時1,000兆円の大台に差し掛かかった，日本の個人金融資産に，買い手としての期待が集まったためである。2010年代半ば，中国の家計金融資産の増大を背景に，非居住者人民元建て債券，パンダ債の発行が相次いだ経緯も同様である。この四半世紀の東アジアの歴史は，2025年以降の国際金融市場では，非居住者によるイスラム債，スクークの発行が相次ぐ可能性を暗黙的に示している。米調査機関ピュー・リサーチ・センターの2018年報告は，イスラム人口が現在の約16億人，世界全人口比23％から，2050年には約28億人（同30％）へ増加し，キリスト教徒の約29億人（同31％）にほぼ肩を並べると予測している。そして，同報告によれば，このとき，世界最大の上場企業数を擁するインドが，イスラム人口において，インドネシアを上回るという。スクークには「エージェンシー・コスト負担効果」という，発行体企業，投資家に選択される理由がある。そして，この効果の大きさの順に金融選択序列が存在する。スクーク発行がファイナンス理論に整合するということは，現代の普通社債，普通株同様，日本企業や米国企業がスクークを「普通に」発行する時代が将来，訪れても，なんら不思議ではない。また，先行研究が教える通り，シャリアボードの承認を

経たスクークの発行が，2050年28億人のイスラム社会の消費者の，発行体事業に対する倫理的信認につながることも，この潮流を後押しするだろう。

　最後に，本書『新興国市場のファイナンス分析』への収録が叶わなかった2つの課題を示しておきたい。1つめは，新興国市場ならびに企業債務の「ドル化」の問題である。筆者は "Who Issues Debt Securities in Emerging Economies," 2011年，*MPRA Paper*, No. 33623以降，新興国企業の資金調達時の通貨選択要因の解明に取り組んできた。具体的には，USドル建て国債市場の発行残高が償還残存期間ごとに不均一であることが，企業の社債発行通貨選択に影響をもたらす「ギャップ・フィリング理論」と，新興国通貨制度との関係検証を試みてきた。7年間の研究活動にもかかわらず，十分な実証的証拠を得ることができなかったため，本テーマの本書への収録を断念した。2つめは，新興国の政府部門の過剰債務問題についてである。「過剰債務問題」は，企業，政府，家計，の3経済部門，いずれにおいても起こりうる。本書は，この3つの過剰債務問題のうち，アジア新興国で深刻化する企業部門の過剰債務問題に焦点を当てている。そして，中南米諸国で多発する政府部門の過剰債務問題は，財政学分野の研究課題であるとの認識から，本書は網羅していない。家計部門の過剰債務問題については，筆者は，家計の住宅ローン過剰債務に関する研究を Nagano and Yeom（2014）において発表している。ただしこの研究は，分析対象国が新興国ではなく，日本であるため，本書の収録から除外した。

　本書の刊行に際し，一方ならぬご厚情ならびにご尽力を賜った中央経済社学術書編集部・納見伸之編集長に，記して御礼申し上げる。また本書は，公益財団法人日本証券奨学財団（Japan Securities Scholarship Foundation）の出版助成を受けている。

　本書をわが家計債務ファイナンス最大の功労者，永野多惠子に捧げる。

2019年3月

ゲーテ大学SAFE研究所にて

永野　護

初出一覧

　本書は，下記の原著を参考に再執筆した。ここでは全10章の全体構成に合わせ，先行研究調査と標本データを直近まで遡及し，仮説を再設定，再推計を行った上で，新たに論点を設定している。特に，第3章，第4章では，直近の先行研究の動向を踏まえ，分析対象国・地域を変更している。第1章，第2章はJSPS科研費24530357，第3章，第4章，第5章はJSPS科研費15K03550，第6章，第7章，第8章はJSPS科研費18K01701の助成による成果の一部である。

第1章　市場経済移行国とクロスボーダーM&A：中国・インドの経験
Nagano, M. and Y. Yuan (2013), "Cross-border Acquisitions in a Transition Economy: Recent Experience of China and India," *Journal of Asian Economics*, Vol.24, pp.66-79.
（コピーライト・クリアランス・センターRightsLinkライセンス番号　4474720727300）

第2章　グリーンフィールド直接投資 vs. クロスボーダーM&A：新興国進出手段の
　　　　選択決定要因
Nagano, M. (2013), "Similarities and Differences among Cross-border M&A and Greenfield FDI Determinants," *Emerging Markets Review,* Vol.16, pp.100-118.
（同ライセンス番号　4473430884793）

第3章　「2つの中国」のファイナンス研究
Nagano, M., S. E. Chun, and M.H. Lee, (2008), "Ownership Structure and Risk Taking Behavior by Banks in Korea and Japan," *Asian Economic Journal*, Vol.25, pp.151-175.
（同ライセンス番号　4471720827157）

第4章　新興国の銀行－企業関係：市場経済化と銀行エクスポージャの検証
Nagano, M. (2016)," The Bank-Firm Relationship during Economic Transition: The Impacts on Bank Performance," *Emerging Markets Review*, Vol.28, pp.117-139.
（同ライセンス番号　4471730338413）

第5章　新興国企業の負債選択：社債発行決定要因の研究
Nagano, M. (2018)," What Promotes/Prevents Firm Bond Issuance in Emerging Economies: Bank-Firm Relationship or Information Asymmetry?" *International Review of Economics and Finance*, Vol. 56, pp.161-177.
（同ライセンス番号　4472780928715）

第7章　イスラム金融の謎を解く：スクーク市場のマイクロストラクチャ
Nagano, M. (2017)," Sukuk Issuance and Information Asymmetry : Why Do Firms Issue *Sukuk*?" *Pacific-Basin Finance Journal*, Vol. 42, pp.142-157.
（同ライセンス番号　4472780335842）

第8章　イスラム金融選択序列の研究：スクーク市場のケース
Nagano, M. (2016), " Who Issues *Sukuk*, and When? : An Analysis of the Determinants of Islamic Bond Issuance," *Review of Financial Economics*," Vol. 31, pp.45-55.
（同ライセンス番号　4497061223103）

参考文献

Abedifar, Pejman, Shahid M. Ebrahim, Philip Molyneux, and Amine Tarazi (2015), "Islamic Banking and Finance: Recent Empirical Literature and Directions for Future Research," *Journal of Economic Survey*, Vol. 29, pp. 637–670.

Ağca, Şenay, Gianni De Nicolò, and Enrica Detragiache (2013), "Banking Sector Reforms and Corporate Leverage in Emerging Markets," *Emerging Markets Review*, Vol. 17, pp. 125–149.

Agoraki, Maria-Eleni K., Manthos D. Delis, and Fotios Pasiouras (2011), "Regulations, Competition and Bank Risk-Taking in Transition Countries," *Journal of Financial Stability*, Vol. 7, pp. 38–48.

Agrawal, Anup, Jeffrey F. Jaffe, and Gershon N. Mandelker (1992), "The Post-merger Performance of Acquiring Firms: A Re-examination of an Anomaly," *Journal of Finance* Vol. 47, pp.1605–1621.

Ahern, Kenneth R., Daniele Daminelli, Cesare Fracassi (2012), "Lost in Translation? The Effect of Cultural Values on Mergers around the World," *Journal of Financial Economics*, Vol. 117, pp. 165–189.

Ahmed, Hasib, M. Kabir Hassan, and Blake Rayfield (2018), "When and Why Firms Issue *Sukuk*?," *Managerial Finance*, Vol. 44, pp.774–786.

Allini, Alessandra, Soliman Rakha, David G. McMillan (2018), "Pecking Order and Market Timing Theory in Emerging Markets: The Case of Egyptian Firms," *Research in International Business and Finance*, Vol. 44, pp. 297–308.

Alvarez, Roberto, and Holger Gorg (2007), "Multinationals as Stabilizers? Economic Crisis and Plant Employment Growth," Institute for the Study of Labor, *IZA Discussion Paper*, No. 2692.

Amihud, Yakov (2002), "Illiquidity and Stock Returns: Cross-Section and time-Series Effects," *Journal of Financial Markets*, Vol. 5, pp.31–56.

Amihud, Yakov, Haim Mendelson, and Beni Lauterbach (1997), "Market Microstructure and Securities Values: Evidence from the Tel Aviv Stock Exchange," *Journal of Financial Economics*, Vol. 45, pp. 365–390.

Anderson, Ronald C., and Donald R. Fraser (2000), "Corporate Control, Bank Risk Taking, and the Health of the Banking Industry," *Journal of Banking & Finance*, Vol. 24, pp. 1383–1398.

Andrade, Gregor, and Erik Stafford (2004), "Investigating the Economic Role of Mergers," *Journal of Corporate Finance*, Vol. 10, pp. 1–36.

Andrade, Gregor, Mark Mitchell, and Erik Stafford (2001), "New Evidence and Perspectives on Mergers," *Journal of Economic Perspectives*, Vol. 15, pp.103-120.

Ararat, Melsa, Bernald S. Black, and B. Burcin Yurtoglu (2017), "The Effect of Corporate Governance on Firm Value and Probability: Time-series Evidence from Turkey," *Emerging Markets Review*, Vol. 30, pp. 113-132.

Arikawa, Yasuhiro, and Hideaki Miyajima (2005), "Relationship Banking and Debt Choice: Evidence from the Liberalization in Japan," *Corporate Governance: An International Review*, Vol. 13, pp. 408-418.

Asharaf, Ayesha, Direk Herzer, and Peter Nunnenkamp (2017), "Greenfield FDI, Cross-border M&As, and Government Size," *Journal of International Trade and Economic Development*, Vol. 26, pp. 566-584.

Asian Development Bank (1999), "Interpreting Asian Financial Crisis," *ADB EDRC Briefing Notes*, No. 10.

Asquith, Paul, and David Mullins (1986), "Equity Issues and Offering Dilution," *Journal of Financial Economics*, Vol. 15, pp.61-89.

Azmat, Saad, Michael Skully, and Kym Brown (2014), "Issuer's Choice of Islamic Bond Type," *Pacific-Basin Finance Journal*, Vol. 28, pp. 122-135.

Bader, Mohammed Khaled I., Shamsher Mohamad, Mohamed Ariff, and Taufiq Hassan (2008), "Cost Revenue, and Profit Efficiency of Islamic versus Conventional Banks: International Evidence Using Data Envelopment Analysis," *Islamic Economic Studies*, Vol. 15, pp. 23-54.

Bai, Chong-En, and Lixin Colin Xu (2005), "Incentives for CEOs with Multitasks: Evidence from Chinese State-owned Enterprises," *Journal of Comparative Economics*, Vol. 33, Issue 3, pp. 517-539.

Baker, Malcolm P., and Jeffrey Wurgler (2002), "Market Timing and Capital Structure," *Journal of Finance*, Vol. 57, pp. 1-32.

Baker, Malcolm, Jeremy C. Stein, and Jeffrey Wurgler (2003), "When Does the Market Matter? Stock Prices and the Investment of Equity-Dependent Firms," *Quarterly Journal of Economics*, Vol. 118, pp. 969-1005.

Bakiciol, Tamer (2017), "The Impact of Durable Relationship with Banks when Crisis Hits," *Emerging Markets Finance and Trade*, Vol. 53, pp. 2609-2624.

Baltagi, Badi, H. (2008), *Econometric Analysis of Panel Data*, Wiley, New York.

Bandyopadhyay, Arindam, and Nandita Malini Barna (2016), "Factors Determining Capital Structure and Corporate Finance," *Quarterly Review of Economics and*

Finance, Vol. 161, pp. 160-172.

Barry, Thierno Amadou, Laetitia Lepetit, and Amine Tarazi (2011), "Ownership Structure and Risk in Publicly Held and Privately Owned Banks," *Journal of Banking & Finance*, Vol. 35, pp. 1327-1340.

Barth, James R., Philipp F. Bartholomew and Michael C. Bradley (1990), "The Determinants of Thrift Institution Resolution Costs," *Journal of Finance*, Vol. 45, pp. 731-754.

Barucci, Emilio, and Fabrizio Mattesini (2008), "Bank Shareholding and Lending: Complementarity or Substitution? Some Evidence from a Panel of Large Italian Firms," *Journal of Banking & Finance*, Vol. 32, pp. 2237-2247.

Battese, George E., and Tim J. Coelli (1995), "A Model for Technical Inefficiency Effects in a Stochastic Frontier Production Function for Panel Data," *Empirical Economics*, Vol. 20, pp. 325-332.

Beck, Thorsten, Asli Demirguc-Kunt, and Ouarda Merrouche (2013), "Islamic vs. Conventional Banking: Business Model, Efficiency and Stability," *Journal of Banking & Finance*, Vol. 37, pp. 433-447.

Berger, Allen N., and Gregory F. Udell (1995), "Relationship Lending and Lines of Credit in Small Firm Finance," *Journal of Business*, Vol. 68, pp. 351-381.

Berger, Allen N., George R.G. Clarke, Robert Cull, Leora Klapper, and Gregory F. Udell (2005), "Corporate Governance and Bank Performance: A Joint Analysis of the Static, Selection, and Dynamic Effects of Domestic, Foreign, and State Ownership," *Journal of Banking & Finance*, Vol. 29, pp. 2179-2221.

Berger, Philip G. and Eli Ofek (1995), "Diversification's Effect on Firm Value," *Journal of Financial Economics* Vol. 37, pp. 39-65.

Berle, Adolf A., and Gardiner C. Means (1932), *The Modern Corporation and Private Property*. Commerce Clearing House, New York.

Besanko, David, and Anjan V. Thakor (1987a), "Collateral and Rationing: Sorting Equilibria in Monopolistic and Competitive Credit Markets," *International Economic Review*, Vol. 28, pp. 671-689.

Besanko, David, and Anjan V. Thakor (1987b), "Competitive Equilibrium in the Credit Market Under Asymmetric Information," *Journal of Economic Theory*, Vol. 42, pp.167-182.

Bester, Helmut (1985), "Screening vs. Rationing in Credit Markets with Imperfect Information," *American Economic Review*, Vol.75, pp. 850-855.

Bester, Helmut (1987), "The Role of Collateral in Credit Markets with Imperfect Information," *European Economic Review*, Vol. 31, pp.887-899.

Bhagat, Sanjai, Min Dong, David Hirshleifer, and Robert Noah (2005), "Do Tender Offers Create Value? New Methods and Evidence," *Journal of Financial Economics*, Vol. 76, pp. 61-98.

Bharath, Sreedhar T., Paolo Pasquariello, and Guojun Wu (2009), "Does Asymmetric Information Drive Capital Structure Decisions?" *Review of Financial Studies*, Vol. 22, pp. 3212-3243.

Billett, Matthew, Mark Flannery, and Jon Garfinkel (2011), "Frequent Issuers' Influence on Long-run Post-Issuance Returns," *Journal of Financial Economics*, Vol. 99, pp.349-364.

Billett, Matthew, Tao-Hsen Dolly King, and David C. Mauer (2007), "Growth Opportunities and the Choice of Leverage, Debt Maturity, and Covenants," *Journal of Finance*, Vol. 62, pp.697-730.

Bolton, Patrick, and Xavier Freixas (2000), "Equity, Bonds and Bank Debt: Capital Structure and Financial Market Equilibrium under Asymmetric Information," *Journal of Political Economy*, Vol. 108, pp.324-351.

Bolton, Patrick, and Xavier Freixas (2006), "Financial Architecture in Emerging Market Economies," Working Paper Series No. 290, Inter-American Development Bank.

Bolton, Patrick, and Xavier Freixas (2008), "How can Emerging Market Economies Benefit from a Corporate Bond Market?," *Bond Markets in Latin America*, Eduardo Borensztein, Kevin Cowan, Barry Eichengreen and Ugo Panizza eds., The MIT Press., pp. 29-49.

Bondt, Gabe D. (2005), "Determinants of Corporate Debt Securities in the Euro Area," *European Journal of Finance*, Vo. 11, pp.493-509.

Bonin, John P., Iftekhar Hasan, and Paul Wachtel (2005a), "Privatization Matters: Bank Efficiency in Transition Countries," *Journal of Banking & Finance*, Vol. 29, pp. 2155-2178.

Bonin, John P., Iftekhar Hasan, and Paul Wachtel (2005b), "Bank Performance, Efficiency and Ownership in Transition Countries," *Journal of Banking & Finance*, Vol. 29, pp.31-53.

Boot, Arnoud W. A. (2000), "Relationship Banking: What Do We Know?" *Journal of Financial Intermediation*, Vol. 9, pp. 7-25.

Boot, Arnoud, Anjan V. Thakor, and Gregory F. Udell (1991), "Secured Lending and Default Risk: Equilibrium Analysis, Policy Implications and Empirical Results," *Economic Journal*, Vol. 101, pp. 458-472.

Booth, James R., Marcia M. Cornett, and Hassan Tehranian (2002), "Boards of Directors, Ownership, and Regulation," *Journal of Banking & Finance*, Vol. 26, pp. 1973-1996.

Borisova, Ginka, and William L. Megginson (2011), "Does Government Ownership Affect the Cost of Debt? Evidence from Privatization," *Review of Financial Studies*, Vol. 24, pp. 2693-2737.

Borisova, Ginka, Paul Brockman, Jesus M. Salas, and Andrey Zagorchev (2012), "Government Ownership and Corporate Governance: Evidence from the EU," *Journal of Banking & Finance*, Vol. 36, pp. 2917-2934.

Bortolotti, Bernardo, and Mara Faccio (2009), "Government Control of Privatized Firms," *Review of Financial Studies*, Vol. 22, pp. 2907-2939.

Boubakri, Narjess, Jean-Claude Cosset, and Omrane Guedhami (2008), "Privatization in Developing Countries: Performance and Ownership Effects," *Development Policy Review*, Vol. 26, pp. 275-308.

Boubakri, Narjess, Jean-Claude Cosset, and Walid Saffar (2008), "Political Connections of Newly Privatized Firms," *Journal of Corporate Finance*, Vol. 14, pp. 654-673.

Boubakri, Narjess, Jean-Claude Cosset, and Walid Saffar (2013), "The Role of State and Foreign Owners in Corporate Risk-Taking: Evidence from Privatization," *Journal of Financial Economics*, Vol. 108, pp. 641-658.

Boubakri, Narjess, Jean-Claude Cosset, Klaus Fischer, and Omrane Guedhami (2005), "Privatization and Bank Performance in Developing Countries," *Journal of Banking & Finance*, Vol. 29, pp. 2015-2041.

Bourkhis, Khawla, and Mahmoud S. Nabi (2013), "Islamic and Conventional Banks' Soundness During the 2007-2008 Financial Crisis," *Review of Financial Economics*, Vol. 22, pp. 68-77.

Bradley, Michael, Anand Desai, and E. Han Kim (1988), "Synergistic Gain from Corporate Acquisitions and their Division between the Stockholders of Target and Acquiring Firms," *Journal of Financial Economics*, Vol. 21, pp.61-98.

Braga, CA. Primo, Carsten Fink (1998), "Reforming Intellectual Property Rights Regimes: Challenges for Developing Countries," *Journal of International Economic Law*, Vol. 1, pp. 537-554.

Branstetter, Lee, Raymond Fisman, and Foley, C. Fritz (2006), "Do Stronger Intellectual Property Rights Increase International Technology Transfer? Empirical Evidence from U.S. Firm-level Data," *Quarterly Journal of Economics*, Vol. 121, Vol. 321-349.

Branstetter, Lee, Raymond Fisman, C. Fritz Foley, and Kamal Saggi (2011), "Does Intellectual Property Rights Reform Spur Industrial Development?" *Journal of International Economics*, Vol. 83, pp. 27-36.

Brav, Omer (2009), "Access to Capital, Capital Structure, and the Funding of the Firm," *Journal of Finance*, Vol. 64, pp. 263-308.

Brei, Michael, and Alfredo Schclarek (2013), "Public Bank Lending in the Time of Crisis," *Journal of Financial Stability*, Vol. 9, pp.820-830.

Bresnahan, Timothy F. (1982), "The Oligopoly Solution Concept is Identified," *Economic Letters*, Vol. 10, pp. 87-92.

Brown, Stephen J., and Jerold B. Warner (1985), "Using Daily Stock Returns: The Case of Event Studies," *Journal of Financial Economics*, Vol. 14, pp. 3-31.

Bruinshoofd, Allard, and Leo De Haan (2012), "Market Timing and Corporate Capital Structure: A Transatlantic Comparison," *Applied Economics*, Vol. 44, pp. 3691-3703.

Buser, Stephan A., Andrew H. Chen, and Edward J. Kane (1981), "Federal Deposit Insurance, Regulatory Policy, and Optimal Bank Capital," *Journal of Finance*, Vol. 35, pp. 51-60.

Caprio, Gerard, Luc Laeven, and Ross Levine (2003), "Governance and Bank Valuation," *Journal of Financial Intermediation*, Vol. 16, pp. 584-617.

Castro, Fernanda, Aquiles E. G. Kalatzis, and Carlos Martins-Filho (2015), "Financing in an Emerging Economy: Does Financial Development or Financial Structure Matter?" *Emerging Markets Review*, Vol. 23, pp. 96-123.

Cebenoyan, A. Sinan, Elizabeth S. Cooperman, and Charles A. Register (1995), "Deregulation, Reregulation, Equity Ownership, and S&L Risk Taking," *Financial Management*, Vol. 24, pp. 63-76.

Chan, Yuk-Shee, and Anjan V. Thakor (1987), "Collateral and Competitive Equilibria with Moral Hazard and Private Information," *Journal of Finance*, Vol. 42, pp. 345-363.

Chang, Saeyong (1998), "Takeovers of Privately Held Targets, Methods of Payment, and Bidder Returns," *Journal of Finance*, Vol. 53, pp.773-784.

Chari, Ausha, Paige P. Ouimet, and Linda L. Tesar (2010), "The Value of Control in Emerging Markets," *Review of Financial Studies*, Vol. 23, pp.1741-1770.

Chen, Carl R., Thomas L. Steiner, and Ann M. Whyte (2014), "Risk-taking Behavior and Management Ownership in Depository Institutions," *Journal of Financial Research*, Vol. 21, pp. 1-16.

Chen, Yan-Shing, Chung-Hua Shen, and Chih-Yung Lin (2013), "The Benefits of Political Connection : Evidence from Individual Bank-Loan Contracts," *Journal of Financial Services Research*, Vol. 45, pp. 287-305.

Chen, Zhian, Jinmin Du, Donghui Li, and Rui Ouyang (2013), "Does Foreign Institutional Ownership Increase Return Volatility? Evidence from China," *Journal of Banking & Finance*, Vol. 37, pp. 660-669.

Chen, Zhiyuan, Yong Li, and Jie Zhang (2016), "The Bank-Firm Relationship : Helping or Grabbing?" *International Review of Economics and Finance*, Vol. 42. pp. 385-403.

Chong, Beng Soon and Ming-Hua Liu (2009), "Islamic Banking: Interest-Free or Interest-Based?" *Pacific-Basin Finance Journal*, Vol. 17, pp. 125-144.

Chow, Clement K. W., Frank M. Song, and Kit Pong Wong (2010), "Investment and the Soft Budget Constraint in China," *International Review of Economics and Finance*, Vol. 19, pp. 219-227.

Chun, Sun Eae, Mamoru Nagano and Min Hwan Lee (2008), "Ownership Structure and Risk Taking Behavior by Banks in Korea and Japan, " *Asian Economic Journal*, Vol.25, pp.151-175.

Cihak, Martin, and Heiko Hesse (2010), "Islamic Banks and Financial Stability : An Empirical Analysis," *Journal of Financial Service Research*, Vol. 38, pp. 95-113.

Claessens, Stijin, and B. Burcin Yurtoglu (2013), "Corporate Governance in Emerging Markets : A Survey," *Emerging Markets Review*, Vol. 15, pp. 1-33.

Claessens, Stijn, Simeon Djankov, and Larry H. P. Lang (2000), "The Separation of Ownership and Control in East Asian Corporations," *Journal of Financial Economics*, Vol. 58, pp.81-112.

Clarke, George R. G., Robert Cull, and Mary M. Shirley (2005), "Bank Privatization in Developing Countries : A Summary of Lessons and Findings," *Journal of Banking & Finance*, Vol. 29, pp. 1905-1930.

Cooley, Thomas F., Ramon Marimon, and Vincenzo Quadrini (2004), "Aggregate Consequences of Limited Contract Enforceability," *Journal of Political Economy*,

Vol. 112, pp. 817-847.
Cooper, Kerry S., John C. Groth, and William E. Avera (1985), "Liquidity, Exchange Listing, and Common Stock Performance," *Journal of Economics and Business*, Vol. 37, pp. 19-33.
Cull, Robert, Maria Soledad, and Martinez Peria (2013), "Bank Ownership and Lending Patterns during the 2008-2009 Financial Crisis : Evidence from Latin America and Eastern Europe," *Journal of Banking & Finance*, Vol. 37, pp. 4861-4878.
Dahya, Jay, Orlin Dimitrov, and John J. McConnell (2008), "Dominant Shareholders, Corporate Boards and Corporate Value : A Cross-Country Analysis," *Journal of Financial Economics*, Vol. 87, pp.73-100.
Datta, Sudip, Mai Iskandar-Datta, and Kartik Raman (2005), "Managerial Stock Ownership and the Maturity Structure of Corporate Debt," *Journal of Finance*, Vol.60, pp. 2333-2350.
Davis, E. Philip (2001), "Multiple Avenues of Intermediation, Corporate Finance and Financial Stability," *IMF Working Paper*, 01/115.
Davydov, Denis, Jussi Nikkinen, and Sami Vahamaa (2014), "Does the Decision to Issue Public Debt Affect Firm Valuation? Russian Evidence," *Emerging Markets Review*, Vol. 20, pp. 136-151.
Demirguc-Kunt, Asli, and Ross Levine, eds. (2001), *Financial Structure and Economic Growth : A Cross-Country Comparison of Banks, Markets, and Development*, Cambridge, MA : MIT Press.
Demsetz, Rebecca S., Marc R. Saidenberg, and Philip E. Strahan (1997), "Agency Problems and Risk Taking at Banks," Federal Reserve Bank of New York, *Research Paper*, No. 9709.
Denis, David J., and Vassil T. Mihov (2003), "The Choice among Bank Debt, Non-bank Private Debt, and Public Debt : Evidence from New Corporate Borrowings," *Journal of Financial Economics*, Vol. 70, pp. 3-28.
Ding, Cherng G., Chiu-Hui Wu, and Pao-Long Chang (2013), "The Influence of Government Intervention on the Trajectory of Bank Performance During the Global Financial Crisis : A Comparative Study Among Asian Economies," *Journal of Financial Stability*, Vol. 9, pp.556-564.
Dittmar, Amy K., and Anjan V. Thakor (2007), "Why Do Firms Issue Equity," *Journal of Finance*, Vol. 62, pp.1-54.
Donaldson, Gordon (1961), *Corporate Debt Capacity : A Study of Corporate Debt Policy*

and the Determination of Corporate Debt Capacity, Harvard Business School, Division of Research, Harvard University, Boston, MA.

Dong Ming, Igor Loncarski, Jenke ter Horst, and Chris Veld (2012), "What Drives Security Issuance Decisions: Market Timing, Pecking Order, or Both?," *Financial Management*, Vol. 41, pp. 637-663.

Dong, Jing, and Yan-nan Gou (2010), "Corporate Governance Structure, Managerial Discretion, and the R&D Investment in China," *International Review of Economics and Finance*, Vol. 19, pp. 180-188.

Ebrahim, M. Shahid, Aziz Jaafar, Fatma A. Omar, and Murizah Osman Salleh (2016), "Can Islamic Injunctions Indemnify the Structural Flaws of Securitized Debt?" *Journal of Corporate Finance*, Vol. 37, pp. 271-286.

Elyasiani Elyas, and Lawrence G. Goldberg (2004), "Relationship Lending: A Survey of the Literature," *Journal of Economics and Business*, Vol. 56, pp. 315-330.

Erel, Isil, Rose C. Liao, and Michael S. Weisbach (2012), "Determinants of Cross-border Mergers and Acquisitions," *Journal of Finance*, Vol.67, pp. 1045-1082.

Erel, Isil, Yeejin Jang, and Michael Weisbach (2015), "Do Acquisitions Relieve Target Firms' Financial Constraints?" , *Journal of Finance*, Vol. 70, pp. 289-328.

Fama, Eugene F., and Kenneth R. French (1997), "Industry Costs of Equity," *Journal of Financial Economics*, Vol. 43, pp.153-193.

Fama, Eugene F., and Kenneth R. French (2005), "Financing Decisions: Who Issues Stock?," *Journal of Financial Economics*, Vol. 76, pp.549-582.

Fan, Joseph P.H., T.J. Wong, and Tianyu Zhang (2007), "Politically Connected CEOs, Corporate Governance, and Post-IPO Performance of China's Newly Partially Privatized Firms," *Journal of Financial Economics*, Vol. 84, pp. 330-357.

Ferreira, Miguel A., Massimo Massa, and Pedro P. Matos (2009), "Shareholders at the Gate? Institutional Investors and Cross-border Mergers and Acquisitions," *Review of Financial Studies*, Vol. 23, pp. 601-644.

Firth, Michael, Paul H. Malatesta, Qingquan Xin, and Liping Xu (2012), "Corporate Investment, Government Control, and Financing Channels: Evidence from China's Listed Companies," *Journal of Corporate Finance*, Vol. 18, pp. 433-450.

Fries, Steven, and Anita Taci (2005), "Cost Efficiency of Banks in Transition: Evidence from 289 Banks in 15 Post-communist Countries," *Journal of Banking & Finance*, Vol. 29, pp. 55-81.

Fuller, Kathleen, Jeffry Netter, and Mike Stegemoller (2002), "What do Returns to

Acquiring Firms Tell Us? Evidence from Firms that Make Many Acquisitions," *Journal of Finance*, Vol. 57, pp.1763-1793.

Galloway, Tina. M., Winson B. Lee, and Dianne M. Roden (1997), "Banks' Changing Incentives and Opportunities for Risk Taking," *Journal of Banking & Finance*, Vol. 21, pp. 509-27.

George, Thomas J., Gautam Kaul, and M. Nimalendran (1991), "Estimation of the Bid-Ask Spread and Its Components: A New Approach," *Review of Financial Studies*, Vol. 4, pp. 623-656.

Gersl, Adam and Petr Jakubik (2016), "Relationship Lending in Emerging Markets: Evidence from the Czech Republic," Josef C. Brade and Paul Wachtel eds. *Global Banking Crisis and Emerging Markets*, Palgrave Macmillan, pp. 75-97.

Gibson, Michael S. (1995), "Can Bank Health Affect Investment? Evidence from Japan," *Journal of Business*, Vol. 68, pp. 281-308.

Ginarte, Juan C., and Walter G. Park (1997), "Determinants of Patent Rights: A Cross-national Study," *Research Policy*, Vol. 26, pp. 283-301.

Giovanni, Julian (2005), "What Drives Capital Flows? The Case of Coss-border M&A Activity and Financial Deepening," *Journal of International Economics*, Vol. 65, pp.127-149.

Glass, Amy Jocelyn, and Kamal Saggi (2002), "Intellectual Property Rights and Foreign Direct Investment," *Journal of International Economics*, Vol. 56, pp. 387-410.

Godlewski, Christophe J., Rima Turk-Ariss, and Laurent Weill (2013), "*Sukuk* vs. Conventional Bonds: A Stock Market Perspective," *Journal of Comparative Economics*, Vol. 41, pp. 745-761.

Godlewski, Christophe J., Rima Turk-Ariss, and Laurent Weill (2016), "Do the Type of *Sukuk* and Choice of *Sharia* Scholar Matter?," *Journal of Economic Behavior and Organization*, Vol. 132, pp. 63-76.

Gomes, Armando, and Gordon Phillips (2012), "Why Do Public Firms Issue Private and Public Securities?" *Journal of Financial Intermediation*, Vol. 21, pp. 549-722.

Gompers, Paul A., Joy L. Ishii, and Andrew Metrick (2003), "Corporate Governance and Equity Prices," *Quarterly Journal of Economics*, Vol. 118, pp. 107-155.

Gonzalez, Francisco (2005), "Bank Regulation and Risk-taking Incentives: An International Comparison of Bank Risk," *Journal of Banking & Finance*, Vol. 29, pp. 1153-1184.

Gorton, Gary, and Richard Rosen (1995), "Corporate Control, Portfolio Choice, and the

Decline of Banking," *Journal of Finance*, Vol. 50, pp. 1377-1420.

Goyal, Vidhan K., Alessandro Nova, and Laura Zanetti (2011), "Capital Market Access and Financing of Private Firms," *International Review of Finance*, Vol. 11, pp. 155 -179.

Graham, John R., and Campbell R. Harvey (2001), "The Theory and Practice of Corporate Finance : Evidence from the Field," *Journal of Financial Economics*, Vol. 60, pp.187-243.

Grossman, Sanford, and Oliver Hart (1986), "The Costs and Benefits of Ownership : A Theory of Vertical and Lateral Integration," *Journal of Political Economy*, Vol. 94, pp. 691-719.

Hale, Galina, and Joao A. C. Santos (2008), "The Decision to First Enter the Public Bond Market : The Role of Reputation, Funding Choices, and Bank Relationships," *Journal of Banking & Finance*, Vol. 32, pp.1928-1940.

Hale, Galina, and Joao A. C. Santos (2008), "The Decision to First Enter the Public Bond Market : The Role of Reputation, Funding Choices, and Bank Relationships," *Journal of Banking & Finance*, Vol. 32, pp.1928-1940.

Halim, Zairihan Abdul, Janice How, and Peter Verhoeven (2017), "Agency Costs and Corporate *Sukuk* Issuance," *Pacific-Basin Finance Journal*, Vol. 42, pp. 83-95.

Hansen, Robert. G., and John R. Lott (1996), "Externalities and Corporate Objectives in a World with Diversified Shareholders/consumers," *Journal of Financial and Quantitative Analysis*, Vol. 31, pp.43-68.

Hanson, Robert C. (1992), "Tender Offers and Free Cash Flow : An Empirical Analysis," *Financial Review*, Vol. 27, pp.185-209.

Hao, Xiangchao, Jing Shi, and Jian Yang (2014), "The Differential Impact of the Bank-Firm Relationship on IPO Underpricing : Evidence from China," *Pacific-Basin Finance Journal*, Vol. 30, pp. 207-232.

Harford, Jarrad (1999), "Corporate Cash Reserves and Acquisitions," *Journal of Finance*, Vol. 54, pp.1969-1997.

Harford, Jarrad (2005), "What Drives Merger Waves?" *Journal of Financial Economics*, Vol. 77, pp.529-560.

Harris, Milton, and Artur Raviv (1993), "Differences of Opinion Make a Horse Race," *Review of Financial Studies*, Vol. 6, pp.473-506.

Harvey, Campbell R., Karl V. Lins, and Andrew H. Roper (2004), "The Effect of Capital Structure When Expected Agency Costs Are Extreme," *Journal of Financial

Economics, Vol. 74, pp.3-30.

Hasan, Maher, and Jemma Dridi (2010), "The Effect of the Global Crisis on Islamic and Conventional Banks : A Comparative Study," *IMF Working Paper* WP/10/201/.

Hasbrouch, Joel (1985), "The Characteristic of Takeover Targets. Q and Other Measures," *Journal of Banking & Finance*, Vol. 9, pp.351-362.

Hassan, M. Kabir (2006), "The X-Efficiency in Islamic Banks," *Islamic Economic Studies*, Vol. 13, pp. 49-78.

Hassan, M. Kabir, Paltrinieri Andrea, Alberto Dreassi, and Alex Sclip (2018), "The Determinants of Co-movement Dynamics between *Sukuk* and Conventional Bonds," *Quarterly Review of Economics and Finance*, Vol. 68, pp. 73-84.

Hausman, Jerry. A., and William E. Taylor (1981), "Panel Data and Unobservable Individual Effects," *Econometrica*, Vol. 49, pp. 1377-1398.

Head, Keith, and John Ries (2008), "FDI as an Outcome of the Market for Corporate Control : Theory and Evidence," *Journal of International Economics*, Vol. 74, pp.2-20.

Heckman, James J. (1979), "Sample Selection Bias as a Specification Error," *Econometrica*, Vol. 47, pp. 153-161.

Helpman, Elhanan (1993), "Innovation, Imitation, and Intellectual Property Rights," *Econometrica*, Vol. 61, pp.1247-1280.

Henderson, Brian J., Narasimhan Jegadeesh, and Michael S. Weisbach (2006), "World Markets for Raising New Capital," *Journal of Financial Economics*, Vol. 82, pp.63-101.

Himmelberg, Charles P., R. Glenn Hubbard, and Darius Palia (1998), "Understanding the Determinants of Managerial Ownership and the Link between Ownership and Performance," *Journal of Financial Economics*, Vol. 53, pp. 353-84.

Holderness, Clifford, Randall S. Kroszer, and Dennis Sheehan (1999), "Were the Good Old Days that Good? Changes in Managerial Stock Ownership since the Great Depression," *Journal of Finance*, Vol. 54, pp. 435-469.

Hoshi, Takeo, and Anil K. Kashyap (1990), "Evidence on Q and Investment for Japanese Firms," *Journal of the Japanese and International Economies*, Vol.4, pp.371-400.

Hoshi, Takeo, Anil Kashyap, and David Scharfstein (1991), "Corporate Structure, Liquidity, and Investment : Evidence from Japanese Industrial Groups," *Quarterly Journal of Economics*, Vol. 106, pp.33-60.

Hossain, Mahmud, Pankaj K. Jain, and Santanu Mitra (2013), "State Ownership and Bank Equity in the Asia-Pacific Region," *Pacific-Basin Finance Journal*, Vol. 21, pp. 914-931.

Hou, Xiaohui, Quing Wang, and Qi Zhang (2014), "Market Structure, Risk Taking, and the Efficiency of Chinese Commercial Banks," *Emerging Markets Review*, Vol. 20, pp. 75-88.

Houston, Joel F., and Christopher James (1995), "CEO Compensation and Bank Risk: Is Compensation in Banking Structured to Promote Risk Taking?" *Journal of Monetary Economics*, Vol. 36, pp. 405-431.

Hovakimian, Armen, Tim Opler, and Sheridan Titman (2001), "The Debt-Equity Choice," *Journal of Financial and Quantitative Analysis*, Vol. 36, pp. 1-24.

Hsiang-Chun, Michael Lin and Hong Bo (2012), "State-ownership and Financial Constraints on Investment of Chinese-listed Firms: New Evidence," *The European Journal of Finance*, Vol. 18 pp. 497-513.

Huizinga, Harry P., and Johannes Voget (2009), "International Taxation and the Direction and Volume of Cross-border M&As," *Journal of Finance*, Vol. 64, pp. 1217-1249.

Iannotta, Giuliano, Giacomo Nocera, and Andrea Sironi (2007), "Ownership Structure, Risk and Performance in the European Banking Industry," *Journal of Banking & Finance*, Vol. 31, pp. 2127-2149.

Iannotta, Giuliano, Giacomo Nocera, and Andrea Sironi (2013), "The Impact of Government Ownership on Bank Risk," *Journal of Financial Intermediation*, Vol. 22, pp. 152-176.

Ivus, Olena (2010), "Do Stronger Patent Rights Raise High-tech Exports to the Developing World?" *Journal of International Economics*, Vol. 81, pp.38-47.

Javorcik, Beata Smarzynska (2004), "The Composition of Foreign Direct Investment and Protection of Intellectual Property Rights: Evidence from Transition Economies," *European Economic Review*, Vol. 48, pp. 39-62.

Jensen, Michael C., and William H. Meckling (1976), "The Theory of Firm: Managerial Behavior, Agency Costs and Ownership Structure," *Journal of Financial Economics*, Vol. 3, pp. 305-365.

Jensen, Michael C. (1986), "Agency Costs of Free Cash Flow, Corporate Finance, and Takeovers," *American Economic Review*, Vol. 76, pp.323-329.

Jensen, Michael C. (1988), "Takeovers; Their Causes and Consequences," *Journal of*

Economic Perspective, Vol. 2, pp.21-48.

Judge, George G., R. Carter Hill, William E. Griffiths, Helmut Lutkepohl, and Tsoung-Chao Lee (1982), *Introduction to The Theory and Practice of Econometrics*. Wiley, New York.

Jung, Kooyul, Yong-Cheol Kim, and René M. Stulz (1996), "Timing, Investment Opportunities, Managerial Discretion, and the Security Issue Decision," *Journal of Financial Economics*, Vol. 42, pp.159-186.

Kang, Jung-Koo, Yong-Cheol Kim, and Rene M. Stulz (1999), "The Under-reaction Hypothesis and the New Issue Puzzle : Evidence from Japan," *Review of Financial Studies*, Vol. 12, pp. 519-534.

Kaplan, Steven N., and Luigi Zingales (1997), "Do Investment-Cash Flow Sensitivities Provide Useful Measures of Financing Constraints?," *Quarterly Journal of Economics*, Vol. 112, pp.169-215.

Karlsson, Sune, Nannan Lundin, Frederik Sjoholm, and Ping He (2009), "Foreign Firms and Chinese Employment," *The World Economy*, Vol. 32, pp. 178-201.

Keeley, Michael C. (1990), "Deposit Insurance, Risk and Market Power in Banking," *American Economic Review*, Vol. 80, pp. 1183-1200.

Khwaja, Asim I., and Atif Mian (2005), "Do Lenders Favor Politically Connected Firms? Rent provision in an Emerging Financial Market," *Quarterly Journal of Economics*, Vol. 120, pp.1371-1411.

Kim, Kenneth A., Sang-Hyop Lee, and S. Ghon Rhee (2007), "Large Shareholder Monitoring and Regulation : The Japanese Banking Experience," *Journal of Economics and Business*, Vol. 59, pp. 466-486.

Kim, Young-Han (2009), "Cross-border M&A vs. Greenfield FDI : Economic Integration and its Welfare Impact," *Journal of Policy Modeling*, Vol. 31, pp.87-101.

Kimura, Fukunari, Kazunobu Hayakawa, and Zheng Ji (2008), "Does International Fragmentation Occur in Sectors Other Than Machinery?" *Asian Economic Journal*, Vol. 22, pp. 343-358.

Kimura, Fukunari, and Kozo Kiyota (2006), "Exports, FDI, and Productivity : Dynamic Evidence from Japanese Firms," *Review of World Economics* (Weltwirtschaftliches Archiv), Vol. 142, pp. 695-719.

Klein, Paul-Oliver, and Laurent Weill (2016), "Why Do Companies Issue *Sukuk*?" *Review of Financial Economics*, Vol. 31, pp. 26-33.

Knopf, John D., and John L. Teall (1996), "Risk Taking Behavior in the U.S. Thrift Industry : Ownership Structure and Regulatory Changes," *Journal of Banking & Finance*, Vol. 20, pp. 1329-1350.

Kole, Stacey R., and Kenneth M. Lehn (1999), "Deregulation and the Adaptation of Governance Structure : The Case of the U.S. Airline Industry," *Journal of Financial Economics*, Vol. 52, pp. 79-117.

Konings, Jozef, Marian Rizov, and Hylke Vandenbussche (2003), "Investment and Credit Constraints in Transition Economies : Micro Evidence from Poland, the Czech Republic, Bulgaria and Romania," *Economics Letters*, Vol. 78, pp. 253-258.

Konishi, Masaru, and Yukihiro Yasuda (2004), "Factors Affecting Bank Risk Taking : Evidence from Japan," *Journal of Banking & Finance*, Vol. 28, pp. 215-232.

Kornai, Janos (1979), "Resource-Constrained versus Demand-Constrained Systems," *Econometrica*, Vol. 47, pp. 801-819.

Kornai, Janos (1980), "The Dilemmas of a Socialist Economy : The Hungarian Experience," *Cambridge Journal of Economics*, Vol. 4, pp. 147-157.

La Porta, Rafael, Florencio Lopez-de-Silanes, Andrei Shleifer, and Robert W. Vishny (1998), "Law and Finance," *Journal of Political Economy*, Vol. 106, pp. 1113-1155.

Laeven, Luc, and Ross Levine (2009), "Bank Governance, Regulation and Risk Taking," *Journal of Financial Economics*, Vol. 93, pp. 259-275.

Lai, Edwin L.C. (1998), "International Intellectual Property Rights Protection and the Rate of Product Innovation," *Journal of Development Economics*, Vol. 55, pp. 133-153.

Lamont, Owen, Christopher Polk, and Jesus Saa-Requejo (2001), "Financial Constraints and Stock Returns," *Review of Financial Studies*, Vol. 14, pp.529-554.

Lang, Larry H. P., Ralph A. Walkling, and Rene M. Stulz (1989), "Managerial Performance, Tobin's Q and the Gains from Successful Tender Offers," *Journal of Financial Economics*, Vol. 24, pp.137-154.

LaPorta, Rafael, Florencio Lopez-De-Silanes, and Andrei Shleifer (2006), "What Works in Securities Laws?" *Journal of Finance*, Vol. 61, pp. 1-32.

Lau, Lawrence J. (1982) "On Identifying the Degree of Competitiveness from Industry Price and Output Data," *Economics Letters*, Vol. 10, pp. 93-99.

Lee, Jeong-Yeon, and Edwin Mansfield (1996), "Intellectual Property Protection and U.S. Foreign Direct Investment," *Review of Economics and Statistics*, Vol. 78, pp. 181-186.

Lee, Min-Hwan, and Mamoru Nagano (2008), "Market Competition before and after Bank Merger Wave : A Comparative Study of Korea and Japan," *Pacific Economic Review*, Vol. 13, pp. 604-619.

Lee, Seok Weon (2004), "Regulation, Corporate Control and Bank Risk Taking," *Corporate Ownership and Control*, Vol. 1, pp. 108-117.

Lemmon, Michael L., and Jaime F. Zender (2010), "Debt Capacity and Tests of Capital Structure Theories," *Journal of Financial and Quantitative Analysis*, Vol. 45, pp.1161-1187.

Lensink, Robert, Aljar Meesters, and Ilko Naaborg (2008), "Bank Efficiency and Foreign Ownership : Do Good Institutions Matter?" *Journal of Banking & Finance*, Vol. 32, pp. 834-844.

Li, David D., and Minsong Liang (1998), "Causes of the Soft Budget Constraint : Evidence on Three Explanations," *Journal of Comparative Economics*, Vol. 26, pp. 104-116.

Li, Donghui, Quang N. Nguyen, Peter K. Pham, and Steven X. Wei (2011), "Large Foreign Ownership and Firm-Level Stock Return Volatility in Emerging Markets," *Journal of Financial and Quantitative Analysis*, Vol. 46, pp. 1127-1155.

Lin, Chen, Yue Ma, Paul Malatesta, and Yuhai Xuan (2013), "Corporate Ownership Structure and the Choice between Bank Debt and Public Debt," *Journal of Financial Economics*, Vol. 109, pp.517-534.

Lin, Hsiang-Chun Michael, and Hong Bo (2012), "State-ownership and Financial Constraints on Investment of Chinese-listed Firms : New Evidence," *European Journal of Finance*, Vol. 18, pp. 497-513.

Lizal, Lubomir and Jan Svejnar (2002), "Investment, Credit Rationing, and the Soft Budget Constraint : Evidence from Czech Panel Data," *Review of Economics and Statistics*, Vol. 84, pp. 353-370.

Llorente, Guillermo, Gideon Saar, and Jiang Want (2002), "Dynamic Volume-Return Relation of Individual Stocks," *Review of Financial Studies*, Vol. 15, pp. 1005-1047.

Mansfield, Edwin (1995), "Intellectual Property Protection, Foreign Direct Investment and Technology Transfer," *International Finance Corporation Discussion Paper* No. 27.

Marcus, Alan J. (1983), "The Bank Capital Decision : A Time Series-cross Section Analysis," *Journal of Finance*, Vol. 38, pp. 1217-1232.

Martin, Pablo San, and Paolo Saona (2017), "Capital Structure in the Chilean Corporate

Sector: Revisiting the Stylized Facts," *Research in International Business and Finance*, Vol. 40, pp. 163-174.

Maskus, Keith E. (1998), "Strengthening Intellectual Property Rights in Asia: Implications for Australia," *Australian Economic Papers*, Vol. 37, pp. 346-361.

Maskus, Keith E., and Mohan Penubarti (1995), "How Trade-related are Intellectual Property Rights?" *Journal of International Economics*, Vol. 39, pp. 227-248.

McConnell, John J., and Henri Servaes (1990), "Additional Evidence on Equity Ownership and Corporate Value," *Journal of Financial Economics*, Vol. 27, pp. 595-612.

McKinnon, Ronald I. (1973), *Money & Capital in Economic Development*, Washington, D.C., The Brookings Institution, 1973.

Mikkelson, Wayne H., and M. Megan Partch (1989), "Managers' Voting Rights and Corporate Control," *Journal of Financial Economics*, Vol. 25, pp.263-290.

Mitchell, Mark L., and J. Harold Mulherin (1996), "The Impact of Industry Shocks on Takeover and Restructuring Activity," *Journal of Financial Economics*, Vol. 41, pp. 193-229.

Mizen, Paul, and Serafeim Tsoukas (2013), "What Promotes Greater Use of the Corporate Bond Market? A Study of the Issuance Behavior of Firms in Asia," *Oxford Economic Papers*, Vol. 66, pp.1-27.

Moeller, Sara B., Frederik P. Shlingemann, and Rene M. Stulz (2004), "Firm Size and the Gains from Acquisitions," *Journal of Financial Economics*, Vol. 73, pp.201-228.

Mohamed, Hisham Hanifa, Mansur Masih, and Obiyathulla I. Bacha (2015), "Why Do Issuers Issue *Sukuk* or Conventioal Bond? Evidence from Malaysian Listed Firms Using Partial Adjustment Models," *Pacific-Basin Finance Journal*, Vol. 34, pp. 233-252.

Mohsni, Sana, and Isaac Otchere (2014), "Risk Taking Behavior of Privatized Banks," *Journal of Corporate Finance*, Vol. 129, pp. 122-142.

Mokhtar, Hamim S. Ahmad, Jalan Dato' Onn, Naziruddin Abdullah, and Syed M. Alhabshi (2006), "Efficiency of Islamic Banking in Malaysia: A Stochastic Frontier Approach," *Journal of Economic Cooperation*, Vol. 27, pp. 37-70.

Molyneux, Phillip, Yener Altunbas, and Edward P. Gardener (1996), *Efficiency in European Banking*, Chichester: John Wiley & Sons Ltd.

Moore, Tomoe (2009), "Soft Budget Constraints in EU Transition Economy Enterprises," *International Finance*, Vol. 12, pp. 411-430.

Morck, Randall, Andrei Shleifer, and Robert W. Vishny (1988), "Management Ownership and Market Valuation : An Empirical Analysis," *Journal of Financial Economics*, Vol. 20, pp. 293-316.

Morck, Randall, Andrei Shleifer, and Robert W. Vishny (1990), "Do Managerial Motives Drive Bad Acquisitions?" *Journal of Finance*, Vol.45, pp.31-48.

Morck, Randall, Andrei Shleifer, and Robert W. Vishny (1988), "Alternative Mechanism for Corporate Control," *NBER Working Paper Series* No. 2532, National Bureau of Economic Research.

Morey, Matthew, Aron Gottesman, Edward Baker, and Ben Godridge (2009), "Does Better Corporate Governance Result in Higher Valuations in Emerging Markets? Another Examination Using a New Data Set," *Journal of Banking & Finance*, Vol. 33, pp. 254-262.

Mueller, Dennis C., and Evgeni Peev (2007), "Corporate Governance and Investment in Central and Eastern Europe," *Journal of Comparative Economics*, Vol. 34, pp. 357-377.

Myers, Stewart C. (1984), "The Capital Structure Puzzle," *Journal of Finance*, Vol. 39, pp.575-592.

Myers, Stewart C., and Nicholas S. Majluf (1984), "Corporate Financing and Investment Decisions When Firms Have Information that Investors Do Not Have," *Journal of Financial Economics*, Vol. 13, pp.187-221.

Mykhayliv, Dariya, and Klaus G. Zauner (2013), "Investment Behavior and Ownership Structures in Ukraine : Soft Budget Constraints, Government Ownership and Private Benefits of Control," *Journal of Comparative Economics*, Vol. 41, pp. 265-278.

Naaborg, Ilko, and Robert Lensink (2008), "Banking in Transition Economies : Does Foreign Ownership Enhance Profitability?" *European Journal of Finance*, Vol. 14, pp. 545-562.

Naifar, Nader, Shawkat Hammoudeh, and Mohamed S. Al dohaiman (2016), "Dependence Structure between *Sukuk* and Stock Market Conditions : An Empirical Analysis with Archimedean Copulas," *Journal of International Financial Markets, Institutions and Money*, Vol. 44, pp. 148-165.

Nair-Reichert, Usha, and Roderick Duncan (2008), "Patent Regimes, Host Country Policies, and the Nature of MNE Activities," *Review of International Economics*, Vol. 16, pp. 783-797.

Nagano, Mamoru, and Yuan Yuan (2013), "Cross-border Acquisitions in a Transition Economy : Recent Experience of China and India," *Journal of Asian Economics*, Vol.24, pp.66-79.

Nagano, Mamoru, and Dong Ho Yeom (2013), "Another Determinants of Household Leverage : Evidence from Japan's Mortgage Loan Data" , *International Review of Finance*, Vol.14, pp. 105-139,

Nagano, Mamoru (2013), "Similarities and Differences among Cross-border M&A and Greenfield FDI Determinants," *Emerging Markets Review*, Vol.16, pp.100-118.

Nagano, Mamoru (2016), "The Bank-Firm Relationship during Economic Transition : The Impacts on Bank Performance," *Emerging Markets Review*, Vol.28, pp.117-139.

Nagano, Mamoru (2017), "*Sukuk* Issuance and Information Asymmetry : Why Do Firms Issue *Sukuk*?," *Pacific-Basin Finance Journal*, Vol. 42, pp.142-157.

Nagano, Mamoru (2018), "What Promotes/Prevents Firm Bond Issuance in Emerging Economies : Bank-Firm Relationship or Information Asymmetry?" *International Review of Economics and Finance*, Vol. 56, pp.161-177.

Nagano, Mamoru (2018), "Who Issues *Sukuk*, and When? : An Analysis of the Determinants of Islamic Bond Issuance," *Review of Financial Economics*," Vol. 31, pp.45-55.

Narayan, Paresh Kumar, Seema Narayan, and Kannan Sivananthan Thuraisamy (2014), "Can Institutions and Macroeconomic Factors Predict Stock Returns in Emerging Markets?" *Emerging Markets Review*, Vol. 19, pp. 77-95.

Nathan, Alli, and Edwin H. Neave (1989), "Competition and Contestability in Canada's Financial System Empirical Results," *Canadian Journal of Economics*, Vol. 22, pp. 576-594.

Neary, Peter (2004), "Rationalizing the Penn World Table : True Multilateral Indices for International Comparisons of Real Income," *American Economic Review*, Vol. 94, pp. 1411-1428.

Neary, Peter (2009), "Trade Costs and Foreign Direct Investment," *International Review of Economics and Finance*, Vol. 18, pp. 207-218.

Nocke, Volker, and Stephen Yeaple (2007), "Cross-border Mergers and Acquisitions vs. Greenfield Foreign Direct Investment : the Role of Firm Heterogeneity," *Journal of International Economics*, Vol. 72, pp.336-365.

Olken, Benjamin A., and Patrick Barron (2009), "The Simple Economics of Extortion :

Evidence from Trucking in Aceh," *Journal of Political Economy*, Vol. 117, pp. 417–452.

Olson, Dennis, and Taisier A. Zoubi (2008), "Using Accounting Ratios to Distinguish between Islamic and Conventional Banks in the GCC Region," *The International Journal of Accounting*, Vol. 43, pp. 45–65.

Ongena, Steven, and İlkay Şendeniz-Yüncü (2011), "Which Firms Engage Small, Foreign, or State Banks? And Who Goes Islamic? Evidence from Turkey," *Journal of Banking & Finance*, Vol. 35, pp. 3213–3324.

Otchere, Isaac (2005), "Do Privatized Banks in Middle- and Low-income Countries Perform Better Than Rival Banks? An Intra-industry Analysis of Bank Privatization," *Journal of Banking & Finance*, Vol. 29, pp. 2067–2093.

Panzar, John C., and James N. Rosse (1987), "Testing for Monopoly Equilibrium," *Journal of Industrial Economics*, Vol. 35, pp. 443–56.

Park, Walter G., and Douglas Lippoldt (2005), "International Licensing and the Strengthening of Intellectual Property Rights in Developing Countries during the 1990s," *OECD Economic Studies*, No. 4, 2005/1.

Pastor, Lubos, and Robert F. Stambaugh (2003), "Liquidity Risk and Expected Stock Returns," *Journal of Political Economy*, Vol. 111, pp. 642–685.

Pennathur, Anita, and Sharmila Vishwasrao (2014), "The Financial Crisis and Bank-Client Relationships : Foreign Ownership, Transparency, and Portfolio Selection," *Journal of Banking & Finance*, Vol. 42, pp. 232–246.

Pessarossi, Pierre, and Laurent Weill (2013), "Choice of Corporate Debt in China : The Role of State Ownership," *China Economic Review*, Vol. 26, pp.1–16.

Poncet, Sandra, Walter Steingress, and Hylke Vandenbussche (2010), "Financial Constraints in China : Firm-level Evidence," *China Economic Review*, Vol. 21, pp. 411–422.

Pound, John (1988), "Proxy Contests and the Efficiency of Shareholder Oversight," *Journal of Financial Economics*, Vol. 22, pp. 237–265.

Pringle, John J. (1974), "The Capital Decision in Commercial Banks," *Journal of Finance*, Vol. 29, pp. 779–795.

Rafiquzzaman, Mohammed (2002), "The Impact of Patent Rights on International Trade : Evidence from Canada," *Canadian Journal of Economics*, Vol. 35, pp. 307–330.

Rajan, Raghuram G, and Luigi Zingales (1995), "What Do We Know About Capital

Structure: Some Evidence from International Data," *Journal of Finance*, Vol. 50, pp.1421-1460.

Rajan, Raghuram G. (1992), "Insiders and Outsiders: The Choice between Informed and Arm's-Length Debt," *Journal of Finance*, Vol. 47, pp. 1367-1423.

Rajan, Raghuram G., and Luigi Zingales (1998), "Financial Dependence and Growth," *American Economic Review*, Vol. 88, pp.559-586.

Rapp, Richard, and Richard P. Rozek (1990), "Benefits and Costs of Intellectual Property Protection in Developing Countries," *Journal of World Trade*, Vol. 24, pp. 75-102.

Rau, P. Raghavendra, and Theo Vermaelen bc (1998), "Glamour, Value and the Post-acquisition Performance of Acquiring Firms," *Journal of Financial Economics*, Vol. 49, pp.223-253.

Roll, Richard (1984), "A Simple Implicit Measure of the Effective Bid-Ask Spread in an Efficient Market," *Journal of Finance*, Vol. 39, pp. 1127-1139.

Ross, Stephen A. (1989), "Institutional Markets, Financial Markets, and Financial Innovation," *Journal of Finance*, Vol. 44, pp. 541-556.

Ruiz-Mallorquí, Maria Victoria, and Domingo J. Santana-Martín (2011), "Dominant Institutional Owners and Firm Value," *Journal of Banking & Finance*, Vol. 35, pp. 118-129.

Saiz, Patricio, and Rafael Castro (2017), "Foreign Direct Investment and Intellectual Property Rights: International Intangible Assets in Spain over the Long-term," Enterprise and Society, Vol. 18, pp. 846-892.

Santomero, Anthony M., and Ronald D. Watson (1977), "Determining an Optimal Capital Standard for the Banking Industry," *Journal of Finance*, Vol. 32, pp. 1267-1282.

Saunders, Anthony, Elizabeth Strock, and Nicholaos G. Travlos (1990), "Ownership Structure, Deregulation and Bank Risk Taking," *Journal of Finance*, Vol. 45, pp. 643-654.

Servaes, Henri (1991), "Tobin's Q and the Gain from Takeovers," *Journal of Finance*, Vol. 46, pp. 409-419.

Shaffer, Sherrill, and James DiSalvo (1994), "Conduct in a Banking Duopoly," *Journal of Banking & Finance*, Vol. 18, pp. 1063-1082.

Sharpe, Ian G. (1995), "Determinants of Capital Structure of Australian Trading Banks," *Asia Pacific Journal of Management*, Vol. 12, pp. 97-121.

Sharpe, Steven A. (1990), "Asymmetric Information, Bank Lending, and Implicit Contracts : A Stylized Model of Customer Relations," *Journal of Finance*, Vol. 45, pp.1069-1087.

Shaw, Edward S. (1973), *Financial Deepening in Economic Development*, New York, Oxford University Press, 1973.

Shen, Carl Hsin-han (2014), "Pecking Order, Access to Public Debt Market, and Information Asymmetry," *International Review of Economics & Finance*, Vol. 29, pp.291-306.

Shleifer, Andrei, and Robert W. Vishny (1986), "Large Shareholders and Corporate Control," *Journal of Political Economy*, Vol. 95, pp.461-488.

Shleifer, Andrei, and Robert W. Vishny (1988), "A Survey of Corporate Governance," *Journal of Finance*, Vol. 52, pp.737-783.

Shleifer, Andrei, and Robert W. Vishny (2003), "Stock Market Driven Acquisitions," *Journal of Financial Economics*, Vol. 70, pp. 295-311.

Shyam-Sunder, Lakshmi, and Stewart C. Myers (1999), "Testing Static Tradeoff against Pecking Order Models of Capital Structure," *Journal of Financial Economics*, Vol.51, pp.219-244.

Sirower, Mark L. (1997), *The Synergy Trap : How Companies Lose the Acquisition Game*, Free Press.

Smith, Pamela J. (2001), "How do Foreign Patent Rights Affect U.S. Exports, Affiliate Sales, and Licenses?" *Journal of International Economics*, Vol. 55, pp. 411-439.

Smith, Richard L., and Joo-Hyun Kim (1994), "The Combined Effects of Fee Cash Flow and Financial Slack on Bidder and Target Stock Returns," *Journal of Business*, Vol. 67, pp.281-310.

Soedarmono, Wahyoe, Fouad Machrouh, and Amine Tarazi (2013), "Bank Competition, Crisis and Risk Taking : Evidence from Emerging Markets in Asia," *Journal of International Financial Markets, Institutions and Money*, Vol. 23, pp. 196-221.

Song, Moon H., and Ralph A. Walking (1993), "The Impact of Managerial Ownership on Acquisition Attempts and Target Shareholder Wealth," *Journal of Financial and Quantitative Analysis*, Vol. 28, pp.439-457.

Srairi, Samir (2010), "Cost and Profit Efficiency of Conventional and Islamic Banks in GCC Countries," *Journal of Productivity Analysis*, Vol. 34, pp. 45-62.

Stepanock, Ignat (2014), "Cross-border Mergers and Greenfield Foreign Direct Investment," *Review of International Economics*, Vol. 23, pp. 111-136.

Svensson, Jakob (2005), "Eight Questions about Corruption," *Journal of Economic Perspectives*, Vol. 19, pp. 19-42.

Taboada, Alvaro G. (2011), "The Impact of Changes in Bank Ownership Structure on the Allocation of Capital : International Evidence," *Journal of Banking & Finance*, Vol. 35, pp. 2528-2543.

Taggart, Robert A., and Stuart I. Greenbaum (1978), "Bank Capital and Public Regulation," *Journal of Money, Credit, and Banking*, Vol. 10, pp. 158-169.

Tanaka, Hitoshi and Tatsuo Iwaisako (2014), "Intellectual Property Rights and Foreign Direct Investment : A Welfare Analysis," *European Economic Review*, Vol. 67, pp. 107-124.

Tian, Lihui, and Saul Estrin (2007), "Debt Financing, Soft Budget Constraints, and Government Ownership," *The Economics of Transition*, Vol. 15, pp. 461-481.

TurkAriss, Rima (2010), "Competitive Conditions in Islamic and Conventional Banking : A Global Perspective," *Review of Financial Economics*, Vol. 19, pp. 101-108.

Uchida, Hiroshi, and Yoshiro Tsutsui (2005), "Has Competition in the Japanese. Banking Sector Improved?" *Journal of Banking & Finance*, Vol. 29, pp. 419-439.

Udell, Gregory F., and Allen N. Berger (1995), "Relationship Lending and Lines of Credit in Small Firm Finance," *Journal of Business*, Vol. 68, pp. 351-381.

Uysal, Vahap B., Simi Kedia, and Venkatesh Panchapagesan (2008), "Geography and Acquirer Returns," *Journal of Financial Intermediation*, Vol. 17, pp. 256-275.

Van Binsbergen, Jules H., John Graham, and Jie Yang (2011), "The Cost of Debt," *Journal of Finance*, Vol. 65, pp. 2015-2444.

Vo, Xuan Vinh (2017), "Determinants of Capital Structure in Emerging Markets : Evidence from Vietnam," *Research in International Business and Finance*, Vol. 40, pp. 105-113.

Wei, Zuobao, Feixue Xie, and Shaorong Zhang (2005), "Ownership Structure and Firm Value in China's Privatized Firms : 1991-2001," *Journal of Financial and Quantitative Analysis*, Vol. 40, pp. 87-108.

Weinstein, David E., and Yishay Yafeh (1998), "On the Costs of a Bank-centered Financial System : Evidence from the Changing Main Bank Relations in Japan," *Journal of Finance*, Vol. 53, pp. 635-72.

Weisbrod, Steven R., Howard Lee, and Liliana Rohas-Suarex (1992), "Bank Risk and the Declining Franchise Value of the Banking System in the United States and

Japan," *International Monetary Fund Working Paper*, No. 92/45, International Monetary Fund, Washington, DC.

Wurgler, Jeffrey (2000), "Financial Markets and the Allocation of Capital," *Journal of Financial Economics*, Vol. 58, pp.187-214.

Xu, Nianhang, Xinzhong Xu, and Qingbo Yuan (2013), "Political Connections, Financing Friction, and Corporate Investment: Evidence from Chinese Listed Family Firms," *European Financial Management*, Vo. 19, pp. 675-702.

Yen, Ju-Fang, Chih-Yung Lin, Yan-Shing Chen, and Ying-Chen Huang (2014), "Founding Family Firms and Bank Loan Contracts," *Journal of Financial Services Research*, Vol. 48, pp. 53-82.

Zeidan, Rodrigo, Koresh Galil, Offer Moshe Shapir (2017), "Do Ultimate Owners Follow the Pecking Order Theory?" *Quarterly Reviews of Economics and Finance*, Vol. 67, pp. 45-50.

猪口孝（2003）『日本のアジア政策－アジアから見た期待と不信』，NTT出版。

篠原尚之（2018）『リーマン・ショック：元財務官の回想録』，毎日新聞出版。

■著者紹介

永野　護（ながの　まもる）

成蹊大学経済学部教授
1966年生まれ，東京都出身。
横浜市立大学商学部卒，大阪大学大学院国際公共政策研究科博士後期課程修了（博士，国際公共政策）。
三菱総合研究所主任研究員（1992-2007年），名古屋市立大学教授（2008-2011年）を経て2012年より現職。
この間，アジア開発銀行勤務（出向），ドイツ連邦銀行訪問研究員などを経る。
現在，ゲーテ大学ハウス・オブ・ファイナンスSAFE研究所上級訪問研究員，The East Asian Economic Association フェロー。
主な著作に，"The Bank-Firm Relationship during Economic Transition: The Impacts on Bank Performance," *Emerging Markets Review*, Vol. 28, 2016, "Similarities and Differences among Cross-border M&A and Greenfield FDI Determinants," *Emerging Markets Review*, Vol. 16, 2013など。

新興国市場のファイナンス分析

2019年3月30日　第1版第1刷発行

著　者　永　野　　　護
発行者　山　本　　　継
発行所　㈱中央経済社
発売元　㈱中央経済グループ
　　　　パブリッシング

〒101-0051　東京都千代田区神田神保町1-31-2
電話　03(3293)3371(編集代表)
　　　03(3293)3381(営業代表)
https://www.chuokeizai.co.jp/
印刷／昭和情報プロセス㈱
製本／誠　製　本㈱

©2019
Printed in Japan

＊頁の「欠落」や「順序違い」などがありましたらお取り替えいたしますので発売元までご送付ください。(送料小社負担)

ISBN978-4-502-29531-7　C3033

JCOPY〈出版者著作権管理機構委託出版物〉本書を無断で複写複製(コピー)することは,著作権法上の例外を除き,禁じられています。本書をコピーされる場合は事前に出版者著作権管理機構(JCOPY)の許諾を受けてください。
JCOPY〈http://www.jcopy.or.jp　eメール：info@jcopy.or.jp　電話：03-3513-6969〉